OEUVRES
COMPLÈTES
DE
J. J. ROUSSEAU

AVEC LES NOTES DE TOUS LES COMMENTATEURS;

NOUVELLE ÉDITION
ORNÉE DE QUARANTE-DEUX VIGNETTES,
GRAVÉES PAR NOS PLUS HABILES ARTISTES,

D'APRÈS LES DESSINS DE DEVÉRIA.

ÉMILE.

TOME II.

A PARIS,
CHEZ DALIBON, LIBRAIRE
DE S. A. R. MONSEIGNEUR LE DUC DE NEMOURS,
RUE SAINT-ANDRÉ-DES-ARCS, N° 41.

M DCCC XXVI.

OEUVRES

COMPLÈTES

DE

J. J. ROUSSEAU.

TOME IV.

PARIS. — IMPRIMERIE DE G. DOYEN
RUE SAINT-JACQUES, N. 38

ÉMILE

ou

DE L'ÉDUCATION.

ÉMILE

ou

DE L'ÉDUCATION.

LIVRE QUATRIÈME.

Que nous passons rapidement sur cette terre! le premier quart de la vie est écoulé avant qu'on en connoisse l'usage; le dernier quart s'écoule encore après qu'on a cessé d'en jouir. D'abord nous ne savons point vivre; bientôt nous ne le pouvons plus; et, dans l'intervalle qui sépare ces deux extrémités inutiles, les trois quarts du temps qui nous reste sont consumés par le sommeil, par le travail, par la douleur, par la contrainte, par les peines de toute espèce. La vie est courte, moins par le peu de temps qu'elle dure, que parce que, de ce peu de temps, nous n'en avons presque point pour la goûter. L'instant de la mort a beau être éloigné de celui de la naissance, la vie est toujours trop courte quand cet espace est mal rempli.

Nous naissons, pour ainsi dire, en deux fois:

l'une pour exister, et l'autre pour vivre; l'une pour l'espèce, et l'autre pour le sexe. Ceux qui regardent la femme comme un homme imparfait, ont tort sans doute : mais l'analogie extérieure est pour eux. Jusqu'à l'âge nubile, les enfants des deux sexes n'ont rien d'apparent qui les distingue; même visage, même figure, même teint, même voix, tout est égal : les filles sont des enfants, les garçons sont des enfants; le même nom suffit à des êtres si semblables. Les mâles en qui l'on empêche le développement ultérieur du sexe gardent cette conformité toute leur vie; ils sont toujours de grands enfants, et les femmes, ne perdant point cette même conformité, semblent, à bien des égards, ne jamais être autre chose.

Mais l'homme en général n'est pas fait pour rester toujours dans l'enfance. Il en sort au temps prescrit par la nature; et ce moment de crise, bien qu'assez court, a de longues influences.

Comme le mugissement de la mer précède de loin la tempête, cette orageuse révolution s'annonce par le murmure des passions naissantes; une fermentation sourde avertit de l'approche du danger. Un changement dans l'humeur, des emportements fréquents, une continuelle agitation d'esprit, rendent l'enfant presque indisciplinable. Il devient sourd à la voix qui le rendoit docile; c'est un lion dans sa fièvre; il méconnoît son guide, il ne veut plus être gouverné.

Aux signes moraux d'une humeur qui s'altère se joignent des changements sensibles dans la figure. Sa physionomie se développe et s'empreint d'un caractère ; le coton rare et doux qui croît au bas de ses joues brunit et prend de la consistance. Sa voix mue, ou plutôt il la perd : il n'est ni enfant ni homme, et ne peut prendre le ton d'aucun des deux. Ses yeux, ces organes de l'ame, qui n'ont rien dit jusqu'ici, trouvent un langage et de l'expression ; un feu naissant les anime, leurs regards plus vifs ont encore une sainte innocence, mais ils n'ont plus leur première imbécillité : il sent déjà qu'ils peuvent trop dire ; il commence à savoir les baisser et rougir ; il devient sensible avant de savoir ce qu'il sent ; il est inquiet sans raison de l'être. Tout cela peut venir lentement et vous laisser du temps encore : mais si sa vivacité se rend trop impatiente, si son emportement se change en fureur, s'il s'irrite et s'attendrit d'un instant à l'autre, s'il verse des pleurs sans sujet, si, près des objets qui commencent à devenir dangereux pour lui, son pouls s'élève et son œil s'enflamme, si la main d'une femme se posant sur la sienne le fait frissonner, s'il se trouble ou s'intimide auprès d'elle ; Ulysse, ô sage Ulysse ! prends garde à toi ; les outres que tu fermois avec tant de soin sont ouvertes ; les vents sont déjà déchaînés ; ne quitte plus un moment le gouvernail, ou tout est perdu.

C'est ici la seconde naissance dont j'ai parlé ;

c'est ici que l'homme naît véritablement à la vie, et que rien d'humain n'est étranger à lui. Jusqu'ici nos soins n'ont été que des jeux d'enfant; ils ne prennent qu'à présent une véritable importance. Cette époque où finissent les éducations ordinaires est proprement celle où la nôtre doit commencer; mais, pour bien exposer ce nouveau plan, reprenons de plus haut l'état des choses qui s'y rapportent.

Nos passions sont les principaux instruments de notre conservation : c'est donc une entreprise aussi vaine que ridicule de vouloir les détruire; c'est contrôler la nature, c'est réformer l'ouvrage de Dieu. Si Dieu disoit à l'homme d'anéantir les passions qu'il lui donne, Dieu voudroit et ne voudroit pas; il se contrediroit lui-même. Jamais il n'a donné cet ordre insensé; rien de pareil n'est écrit dans le cœur humain; et ce que Dieu veut qu'un homme fasse, il ne le lui fait pas dire par un autre homme, il le lui dit lui-même, il l'écrit au fond de son cœur.

Or je trouverois celui qui voudroit empêcher les passions de naître presque aussi fou que celui qui voudroit les anéantir; et ceux qui croiroient que tel a été mon projet jusqu'ici m'auroient sûrement fort mal entendu.

Mais raisonneroit-on bien si, de ce qu'il est dans la nature de l'homme d'avoir des passions, on alloit conclure que toutes les passions que nous sentons en nous et que nous voyons dans les autres sont naturelles ? Leur source est naturelle, il est vrai ; mais mille ruisseaux étrangers l'ont grossie ; c'est un grand fleuve qui s'accroît sans cesse, et dans lequel on retrouveroit à peine quelques gouttes de ses premières eaux. Nos passions naturelles sont très-bornées ; elles sont les instruments de notre liberté, elles tendent à nous conserver. Toutes celles qui nous subjuguent et nous détruisent nous viennent d'ailleurs ; la nature ne nous les donne pas, nous nous les approprions à son préjudice.

La source de nos passions, l'origine et le principe de toutes les autres ; la seule qui naît avec l'homme et ne le quitte jamais tant qu'il vit, est l'amour de soi : passion primitive, innée, antérieure à toute autre, et dont toutes les autres ne sont, en un sens, que des modifications. En ce sens, toutes, si l'on veut, sont naturelles. Mais la plupart de ces modifications ont des causes étrangères sans lesquelles elles n'auroient jamais lieu ; et ces mêmes modifications, loin de nous être avantageuses, nous sont nuisibles ; elles changent le premier objet et vont contre leur principe : c'est alors que l'homme se trouve hors de la nature, et se met en contradiction avec soi.

L'amour de soi-même est toujours bon, et toujours conforme à l'ordre. Chacun étant chargé spécialement de sa propre conservation, le premier et le plus important de ses soins est et doit être d'y veiller sans cesse : et comment y veilleroit-il ainsi, s'il n'y prenoit le plus grand intérêt ?

Il faut donc que nous nous aimions pour nous conserver ; il faut que nous nous aimions plus que toute chose ; et, par une suite immédiate du même sentiment, nous aimons ce qui nous conserve. Tout enfant s'attache à sa nourrice : Romulus devoit s'attacher à la louve qui l'avoit allaité. D'abord cet attachement est purement machinal. Ce qui favorise le bien-être d'un individu l'attire ; ce qui lui nuit le repousse : ce n'est là qu'un instinct aveugle. Ce qui transforme cet instinct en sentiment, l'attachement en amour, l'aversion en haine, c'est l'intention manifestée de nous nuire ou de nous être utile. On ne se passionne pas pour les êtres insensibles qui ne suivent que l'impulsion qu'on leur donne : mais ceux dont on attend du bien ou du mal par leur disposition intérieure, par leur volonté, ceux que nous voyons agir librement pour ou contre, nous inspirent des sentiments semblables à ceux qu'ils nous montrent. Ce qui nous sert, on le cherche ; mais ce qui nous veut servir, on l'aime : ce qui nous nuit, on le fuit ; mais ce qui nous veut nuire, on le hait.

Le premier sentiment d'un enfant est de s'aimer lui-même ; et le second, qui dérive du premier, est d'aimer ceux qui l'approchent ; car, dans l'état de foiblesse où il est, il ne connoît personne que par l'assistance et les soins qu'il reçoit. D'abord l'attachement qu'il a pour sa nourrice et sa gouvernante n'est qu'habitude. Il les cherche, parce qu'il a besoin d'elles et qu'il se trouve bien de les avoir; c'est plutôt connoissance que bienveillance. Il lui faut beaucoup de temps pour comprendre que non seulement elles lui sont utiles, mais qu'elles veulent l'être; et c'est alors qu'il commence à les aimer.

Un enfant est donc naturellement enclin à la bienveillance, parce qu'il voit que tout ce qui l'approche est porté à l'assister, et qu'il prend de cette observation l'habitude d'un sentiment favorable à son espèce : mais, à mesure qu'il étend ses relations, ses besoins, ses dépendances actives ou passives, le sentiment de ses rapports à autrui s'éveille, et produit celui des devoirs et des préférences. Alors l'enfant devient impérieux, jaloux, trompeur, vindicatif. Si on le plie à l'obéissance, ne voyant point l'utilité de ce qu'on lui commande, il l'attribue au caprice, à l'intention de le tourmenter, et il se mutine. Si on lui obéit à lui-même, aussitôt que quelque chose lui résiste, il y voit une rébellion, une intention de lui résister; il bat la chaise ou la table pour avoir désobéi. L'amour de soi, qui ne regarde qu'à nous, est content quand nos vrais besoins sont satisfaits; mais l'amour-propre, qui se compare, n'est jamais content et ne sauroit l'être, parce que ce sentiment, en nous préférant aux autres, exige aussi que les autres nous préfèrent à eux; ce qui est impossible. Voilà comment les passions douces et affectueuses naissent de l'amour de soi, et comment les passions haineuses et irascibles naissent de l'amour-propre. Ainsi, ce qui rend l'homme essentiellement bon est d'avoir peu de besoins, et de peu se comparer aux autres; ce qui le rend essentiellement méchant est d'avoir beaucoup de besoins, et de tenir beaucoup à l'opinion. Sur ce principe il est aisé de voir comment on peut diriger au bien ou au mal toutes les passions des enfants et des hommes. Il est vrai que, ne pouvant vivre toujours seuls, ils vivront difficilement toujours bons : cette difficulté même augmentera nécessairement avec leurs relations; et c'est en ceci surtout que les dangers de la société nous rendent l'art et les soins plus indispensables pour prévenir dans le cœur humain la dépravation qui naît de ses nouveaux besoins.

L'étude convenable à l'homme est celle de ses rapports. Tant qu'il ne se connoît que par son être physique, il doit s'étudier par ses rapports avec les choses; c'est l'emploi de son enfance : quand il commence à sentir son être moral, il doit s'étudier par ses rapports avec les hommes; c'est l'emploi de sa vie entière, à commencer au point où nous voilà parvenus.

Sitôt que l'homme a besoin d'une compagne, il n'est plus un être isolé, son cœur n'est plus seul. Toutes ses relations avec son espèce, toutes les affections de son ame naissent avec celle-là. Sa première passion fait bientôt fermenter les autres.

Le penchant de l'instinct est indéterminé. Un sexe est attiré vers l'autre; voilà le mouvement de la nature. Le choix, les préférences, l'attachement personnel, sont l'ouvrage des lumières, des préjugés, de l'habitude : il faut du temps et des connoissances pour nous rendre capables d'amour : on n'aime qu'après avoir jugé, on ne préfère qu'après avoir comparé. Ces jugements se font sans qu'on s'en aperçoive, mais ils n'en sont pas moins réels. Le véritable amour, quoi qu'on en dise, sera toujours honoré des hommes : car, bien que ses emportements nous égarent, bien qu'il n'exclue pas du cœur qui le sent des qualités odieuses, et même qu'il en produise, il en suppose pourtant toujours d'estimables, sans lesquelles on seroit hors d'état de le sentir. Ce choix qu'on met en opposition avec la raison nous vient d'elle. On a fait l'Amour aveugle, parce qu'il a de meilleurs yeux que nous, et qu'il voit des rapports que nous ne pouvons apercevoir. Pour qui n'auroit nulle idée de mérite ni de beauté, toute femme seroit également bonne, et la première venue seroit toujours la plus aimable. Loin que l'amour vienne de la nature, il est la règle et le frein de ses penchants : c'est par lui qu'excepté l'objet aimé un sexe n'est plus rien pour l'autre.

La préférence qu'on accorde, on veut l'obtenir;

l'amour doit être réciproque. Pour être aimé, il faut se rendre aimable ; pour être préféré, il faut se rendre plus aimable qu'un autre, plus aimable que tout autre, au moins aux yeux de l'objet aimé. De là les premiers regards sur ses semblables; de là les premières comparaisons avec eux; de là l'émulation, les rivalités, la jalousie. Un cœur plein d'un sentiment qui déborde aime à s'épancher : du besoin d'une maîtresse naît bientôt celui d'un ami. Celui qui sent combien il est doux d'être aimé voudroit l'être de tout le monde, et tous ne sauroient vouloir de préférence qu'il n'y ait beaucoup de mécontents. Avec l'amour et l'amitié naissent les dissensions, l'inimitié, la haine. Du sein de tant de passions diverses je vois l'opinion s'élever un trône inébranlable, et les stupides mortels, asservis à son empire, ne fonder leur propre existence que sur les jugements d'autrui.

Étendez ces idées, et vous verrez d'où vient à notre amour-propre la forme que nous lui croyons naturelle ; et comment l'amour de soi, cessant d'être un sentiment absolu, devient orgueil dans les grandes ames, vanité dans les petites, et dans toutes se nourrit sans cesse aux dépens du prochain. L'espèce de ces passions, n'ayant point son germe dans le cœur des enfants, n'y peut naître d'elle-même ; c'est nous seuls qui l'y portons, et jamais elles n'y prennent racine que par notre faute : mais il n'en est plus ainsi du cœur du jeune homme ; quoi que nous puissions faire, elles y naîtront malgré nous. Il est donc temps de changer de méthode.

Commençons par quelques réflexions importantes sur l'état critique dont il s'agit ici. Le passage de l'enfance à la puberté n'est pas tellement déterminé par la nature qu'il ne varie dans les individus selon les tempéraments, et dans les peuples selon les climats. Tout le monde sait les distinctions observées sur ce point entre les pays chauds et les pays froids, et chacun voit que les tempéraments ardents sont formés plus tôt que les autres : mais on peut se tromper sur les causes, et souvent attribuer au physique ce qu'il faut imputer au moral ; c'est un des abus les plus fréquents de la philosophie de notre siècle. Les instructions de la nature sont tardives et lentes ; celles des hommes sont presque toujours prématurées. Dans le premier cas, les sens éveillent l'imagination ; dans le second, l'imagination éveille les sens ; elle leur donne une activité précoce qui ne peut manquer d'énerver, d'affoiblir d'abord les individus, puis l'espèce même à la longue. Une observation plus générale et plus sûre que celle de l'effet des climats, est que la puberté et la puissance du sexe est toujours plus hâtive chez les peuples instruits et policés que chez les peuples ignorants et barbares [1]. Les enfants ont une sagacité singulière

[1] « Dans les villes, dit M. de Buffon, et chez les gens aisés, les

pour démêler à travers toutes les singeries de la décence les mauvaises mœurs qu'elle couvre. Le langage épuré qu'on leur dicte, les leçons d'honnêté qu'on leur donne, le voile du mystère qu'on affecte de tendre devant leurs yeux, sont autant d'aiguillons à leur curiosité. A la manière dont on s'y prend, il est clair que ce qu'on feint de leur cacher n'est que pour le leur apprendre; et c'est de toutes les instructions qu'on leur donne celle qui leur profite le mieux.

Consultez l'expérience, vous comprendrez à quel point cette méthode insensée accélère l'ouvrage de la nature et ruine le tempérament. C'est ici l'une des principales causes qui font dégénérer les races dans

« enfants, accoutumés à des nourritures abondantes et succulentes, « arrivent plus tôt à cet état; à la campagne et dans le pauvre peuple, « les enfants sont plus tardifs, parce qu'ils sont mal et trop peu « nourris; il leur faut deux ou trois années de plus. » (*Hist. nat.*, tom. IV, pag. 238, in-12.) J'admets l'observation, mais non l'explication, puisque, dans le pays où le villageois se nourrit très-bien et mange beaucoup, comme dans le Valais, et même en certains cantons montueux de l'Italie, comme le Frioul, l'âge de puberté dans les deux sexes est également plus tardif qu'au sein des villes, où, pour satisfaire la vanité, l'on met souvent dans le manger une extrême parcimonie, et où la plupart font, comme dit le proverbe, *habits de velours et ventre de son*. On est étonné, dans ces montagnes, de voir de grands garçons forts comme des hommes avoir encore la voix aiguë et le menton sans barbe, et de grandes filles, d'ailleurs très-formées, n'avoir aucun signe périodique de leur sexe. Différence qui me paroît venir uniquement de ce que, dans la simplicité de leurs mœurs, leur imagination, plus long-temps paisible et calme, fait plus tard fermenter leur sang, et rend leur tempérament moins précoce.

les villes. Les jeunes gens, épuisés de bonne heure, restent petits, foibles, mal faits, vieillissent au lieu de grandir, comme la vigne à qui l'on fait porter du fruit au printemps languit et meurt avant l'automne.

Il faut avoir vécu chez des peuples grossiers et simples pour connoître jusqu'à quel âge une heureuse ignorance y peut prolonger l'innocence des enfants. C'est un spectacle à la fois touchant et risible d'y voir les deux sexes, livrés à la sécurité de leurs cœurs, prolonger dans la fleur de l'âge et de la beauté les jeux naïfs de l'enfance, et montrer par leur familiarité même la pureté de leurs plaisirs. Quand enfin cette aimable jeunesse vient à se marier, les deux époux, se donnant mutuellement les prémices de leur personne, en sont plus chers l'un à l'autre; des multitudes d'enfants, sains et robustes, deviennent le gage d'une union que rien n'altère, et le fruit de la sagesse de leurs premiers ans.

Si l'âge où l'homme acquiert la conscience de son sexe diffère autant par l'effet de l'éducation que par l'action de la nature, il suit de la qu'on peut accélérer et retarder cet âge selon la manière dont on élèvera les enfants; et si le corps gagne ou perd de la consistance à mesure qu'on retarde ou qu'on accélère ce progrès, il suit aussi que, plus on s'applique à le retarder, plus un jeune homme acquiert de vigueur et de force. Je ne parle encore que des effets purement physiques : on verra bientôt qu'ils ne se bornent pas là.

De ces réflexions je tire la solution de cette question si souvent agitée, s'il convient d'éclairer les enfants de bonne heure sur les objets de leur curiosité, ou s'il vaut mieux leur donner le change par de modestes erreurs. Je pense qu'il ne faut faire ni l'un ni l'autre. Premièrement, cette curiosité ne leur vient point sans qu'on y ait donné lieu. Il faut donc faire en sorte qu'ils ne l'aient pas. En second lieu, des questions qu'on n'est pas forcé de résoudre n'exigent point qu'on trompe celui qui les fait : il vaut mieux lui imposer silence que de lui répondre en mentant. Il sera peu surpris de cette loi, si l'on a pris soin de l'y asservir dans les choses indifférentes. Enfin, si l'on prend le parti de répondre, que ce soit avec la plus grande simplicité, sans mystère, sans embarras, sans sourire. Il y a beaucoup moins de danger à satisfaire la curiosité de l'enfant qu'à l'exciter.

Que vos réponses soient toujours graves, courtes, décidées, et sans jamais paroître hésiter. Je n'ai pas besoin d'ajouter qu'elles doivent être vraies. On ne peut apprendre aux enfants le danger de mentir aux hommes, sans sentir, de la part des hommes, le danger plus grand de mentir aux enfants. Un seul mensonge avéré du maître à l'élève ruineroit à jamais tout le fruit de l'éducation.

Une ignorance absolue sur certaines matières est peut-être ce qui conviendroit le mieux aux enfants : mais qu'ils apprennent de bonne heure ce qu'il est impossible de leur cacher toujours. Il faut, ou que leur curiosité ne s'éveille en aucune manière, ou qu'elle soit satisfaite avant l'âge où elle n'est plus sans danger. Votre conduite avec votre élève dépend beaucoup en ceci de sa situation particulière, des sociétés qui l'environnent, des circonstances où l'on prévoit qu'il pourra se trouver, etc. Il importe ici de ne rien donner au hasard; et, si vous n'êtes pas sûr de lui faire ignorer jusqu'à seize ans la différence des sexes, ayez soin qu'il l'apprenne avant dix.

Je n'aime point qu'on affecte avec les enfants un langage trop épuré, ni qu'on fasse de longs détours, dont ils s'aperçoivent, pour éviter de donner aux choses leur véritable nom. Les bonnes mœurs, en ces matières, ont toujours beaucoup de simplicité; mais des imaginations souillées par le vice rendent l'oreille délicate, et forcent de raffiner sans cesse sur les expressions. Les termes grossiers sont sans conséquence; ce sont les idées lascives qu'il faut écarter.

Quoique la pudeur soit naturelle à l'espèce humaine, naturellement les enfants n'en ont point. La pudeur ne naît qu'avec la connoissance du mal: et comment les enfants, qui n'ont ni ne doivent avoir cette connoissance, auroient-ils le sentiment qui en est l'effet? Leur donner des leçons de pudeur et d'honnêteté, c'est leur apprendre qu'il y a des choses honteuses et déshonnêtes, c'est leur donner un désir secret de connoître ces choses-là. Tôt ou tard ils en viennent à bout, et la première étincelle qui touche à l'imagination accélère à coup sûr l'embrasement des sens. Quiconque rougit est déjà coupable; la vraie innocence n'a honte de rien.

Les enfants n'ont pas les mêmes désirs que les hommes; mais, sujets comme eux à la malpropreté qui blesse les sens, ils peuvent de ce seul assujettissement recevoir les mêmes leçons de bienséance. Suivez l'esprit de la nature, qui, plaçant dans les mêmes lieux les organes des plaisirs secrets et ceux des besoins dégoûtants, nous inspire les mêmes soins à différents âges, tantôt par une idée et tantôt par une autre; à l'homme par la modestie, à l'enfant par la propreté.

Je ne vois qu'un bon moyen de conserver aux enfants leur innocence; c'est que tous ceux qui les entourent la respectent et l'aiment. Sans cela, toute la retenue dont on tâche d'user avec eux se dément tôt ou tard; un sourire, un clin d'œil, un geste échappé, leur disent tout ce qu'on cherche à leur taire; il leur suffit, pour l'apprendre, de voir qu'on le leur a voulu cacher. La délicatesse de tours et d'expressions dont se servent entre eux les gens polis, supposant des lumières que les enfants ne doivent point avoir, est tout-à-fait déplacée avec eux : mais quand on honore vraiment leur simplicité, l'on prend aisément, en leur parlant, celle des termes qui leur conviennent. Il y a une certaine naïveté de langage qui sied et qui plaît à l'innocence : voilà le vrai ton qui détourne un enfant d'une dangereuse curiosité. En lui parlant simplement de tout, on ne lui laisse pas soupçonner qu'il reste rien de plus à lui dire. En joignant aux mots grossiers les idées déplaisantes qui leur conviennent, on étouffe le premier feu de l'imagination : on ne lui défend pas de prononcer ces mots et d'avoir ces idées ; mais on lui donne, sans qu'il y songe, de la répugnance à les rappeler. Et combien d'embarras cette liberté naïve ne sauve-t-elle point à ceux qui, la tirant de leur propre cœur, disent toujours ce qu'il faut dire, et le disent toujours comme ils l'ont senti !

Comment se font les enfants ? Question embarrassante qui vient assez naturellement aux enfants, et dont la réponse indiscrète ou prudente décide quelquefois de leurs mœurs et de leur santé pour toute leur vie. La manière la plus courte qu'une mère imagine pour s'en débarrasser sans tromper son fils, est de lui imposer silence. Cela seroit bon, si on l'y eût accoutumé de longue main dans des questions indifférentes ; et qu'il ne soupçonnât pas du mystère à ce nouveau ton. Mais rarement elle s'en tient là. *C'est le secret des gens mariés*, lui dira-t-elle ; *de petits garçons ne doivent point être si curieux.* Voilà qui est fort bien pour tirer d'embarras la mère : mais qu'elle sache que, piqué de cet air de mépris, le petit garçon n'aura pas un moment de repos qu'il n'ait appris le secret des gens mariés, et qu'il ne tardera pas de l'apprendre.

Qu'on me permette de rapporter une réponse bien différente que j'ai entendu faire à la même question, et qui me frappa d'autant plus, qu'elle partoit d'une femme aussi modeste dans ses discours que dans ses manières, mais qui savoit au besoin fouler aux pieds, pour le bien de son fils et pour la vertu, la fausse crainte du blâme et les vains propos des plaisants. Il n'y avoit pas long-temps que l'enfant avait jeté par les urines une petite pierre qui lui avoit déchiré l'urètre ; mais le mal passé étoit oublié. *Maman,* dit le petit étourdi, *comment se font les enfants ? Mon fils,* répond la mère sans hésiter, *les femmes les pissent avec des douleurs qui leur coûtent quelquefois la vie.* Que les fous rient, et que les sots soient scandalisés ; mais que les sages cherchent si jamais ils trouveront une réponse plus judicieuse et qui aille mieux à ses fins.

D'abord l'idée d'un besoin naturel et connu de l'enfant détourne celle d'une opération mystérieuse. Les idées accessoires de la douleur et de la mort couvrent celle-là d'un voile de tristesse qui amortit l'imagination et réprime la curiosité ; tout porte l'esprit sur les suites de l'accouchement, et non pas sur ses causes. Les infirmités de la nature humaine, des objets dégoûtants, des images de souffrance, voilà les éclaircissements où mène cette réponse, si la répugnance qu'elle inspire permet à l'enfant de les demander. Par où l'inquiétude des désirs aura-t-elle occasion de naître dans des entretiens ainsi dirigés ? et cependant vous voyez que la vérité n'a point été altérée, et qu'on n'a point eu besoin d'abuser son élève au lieu de l'instruire.

Vos enfants lisent ; ils prennent dans leurs lectures des connoissances qu'ils n'auroient pas s'ils n'avoient point lu. S'ils étudient, l'imagination s'allume et s'aiguise dans le silence du cabinet. S'ils vivent dans le monde, ils entendent un jargon bizarre, ils voient des exemples dont ils sont frappés : on leur a si bien persuadé qu'ils étoient hommes, que, dans tout ce que font les hommes en leur présence, ils cherchent aussitôt comment cela peut leur convenir : il faut bien que les actions d'autrui leur servent de modèle, quand les jugements d'autrui leur servent de loi. Des domestiques qu'on fait dépendre d'eux, par conséquent intéressés à leur plaire, leur font leur cour aux dépens des bonnes mœurs ; des gouvernantes rieuses leur tiennent à quatre ans des propos que la plus effrontée n'oseroit leur tenir à quinze. Bientôt elles oublient ce qu'elles ont dit ; mais ils n'oublient pas ce qu'ils ont entendu. Les entretiens polissons préparent les mœurs libertines : le laquais fripon rend l'enfant débauché ; et le secret de l'un sert de garant à celui de l'autre.

L'enfant élevé selon son âge est seul. Il ne connoît d'attachement que ceux de l'habitude ; il aime sa sœur comme sa montre, et son ami comme son chien. Il ne se sent d'aucun sexe, d'aucune espèce : l'homme et la femme lui sont également étrangers ; il ne rapporte à lui rien de ce qu'ils font ni de ce qu'ils disent : il ne le voit ni ne l'entend, ou n'y fait nulle attention ; leurs discours ne l'intéressent pas plus que leurs exemples : tout cela n'est point fait pour lui. Ce n'est pas une erreur artificieuse qu'on lui donne par cette méthode, c'est l'ignorance de la nature. Le temps vient où la même nature prend soin d'éclairer son élève ; et c'est alors seulement qu'elle l'a mis en état de profiter sans risque des leçons qu'elle lui donne. Voilà le principe : le détail des règles n'est pas de mon sujet ; et les moyens que je propose en vue d'autres objets servent encore d'exemple pour celui-ci.

Voulez-vous mettre l'ordre et la règle dans les passions naissantes, étendez l'espace durant lequel elles se développent, afin qu'elles aient le temps de s'arranger à mesure qu'elles naissent. Alors ce n'est pas l'homme qui les ordonne, c'est la nature elle-même, votre soin n'est que de la laisser arranger son travail. Si votre élève étoit seul, vous n'auriez rien à faire ; mais tout ce qui l'environne enflamme son imagination. Le torrent des préjugés l'entraîne : pour le retenir il faut le pousser en sens contraire. Il faut que le sentiment enchaîne l'imagination, et que la raison fasse taire l'opinion des hommes. La source de toutes les passions est la sensibilité, l'imagination détermine leur pente. Tout être qui sent ses rapports doit être affecté quand ces rapports s'altèrent, et qu'il en imagine ou qu'il en croit imaginer de plus convenables à sa nature. Ce sont les erreurs de l'imagination qui transforment en vices les passions de tous les êtres bornés, même des anges, s'ils en ont[1] : car il faudroit qu'ils connussent la nature de tous les êtres, pour savoir quels rapports conviennent le mieux à la leur.

Voici donc le sommaire de toute la sagesse humaine dans l'usage des passions : 1° sentir les vrais rapports de l'homme tant dans l'espèce que dans l'individu ; 2° ordonner toutes les affections de l'ame selon ces rapports.

Mais l'homme est-il maître d'ordonner ses affections selon tels ou tels rapports? Sans doute, s'il est maître de diriger son imagination sur tel ou tel objet, ou de lui donner telle ou telle habitude.

[1] * VARIANTE : *s'il y en a.* Telle est en effet la leçon du manuscrit autographe. On peut croire que l'auteur fut forcé d'y substituer, *s'ils en ont*, dans les premières éditions; mais puisque cette dernière leçon se trouve dans l'édition de Genève, il est vraisemblable qu'il s'est décidé à la laisser subsister dans le texte, préférablement à la première.

D'ailleurs il s'agit moins ici de ce qu'un homme peut faire sur lui-même que de ce que nous pouvons faire sur notre élève par le choix des circonstances où nous le plaçons. Exposer les moyens propres à le maintenir dans l'ordre de la nature, c'est dire assez comment il en peut sortir.

Tant que sa sensibilité reste bornée à son individu, il n'y a rien de moral dans ses actions; ce n'est que quand elle commence à s'étendre hors de lui, qu'il prend d'abord les sentiments, ensuite les notions du bien et du mal, qui le constituent véritablement homme, et partie intégrante de son espèce. C'est donc à ce premier point qu'il faut d'abord fixer nos observations.

Elles sont difficiles en ce que, pour les faire, il faut rejeter les exemples qui sont sous nos yeux, et chercher ceux où les développements successifs se font selon l'ordre de la nature.

Un enfant façonné, poli, civilisé, qui n'attend que la puissance de mettre en œuvre les instructions prématurées qu'il a reçues, ne se trompe jamais sur le moment où cette puissance lui survient. Loin de l'attendre il l'accélère, il donne à son sang une fermentation précoce, il sait quel doit être l'objet de ses désirs long-temps même avant qu'il les éprouve. Ce n'est pas la nature qui l'excite, c'est lui qui la force : elle n'a plus rien à lui apprendre en le faisant homme; il l'étoit par la pensée long-temps avant de l'être en effet.

La véritable marche de la nature est plus graduelle et plus lente. Peu à peu le sang s'enflamme, les esprits s'élaborent, le tempérament se forme. Le sage ouvrier qui dirige la fabrique a soin de perfectionner tous ses instruments avant de les mettre en œuvre : une longue inquiétude précède les premiers désirs, une longue ignorance leur donne le change; on désire sans savoir quoi. Le sang fermente et s'agite; une surabondance de vie cherche à s'étendre au dehors. L'œil s'anime et parcourt les autres êtres, on commence à prendre intérêt à ceux qui nous environnent, on commence à sentir qu'on n'est pas fait pour vivre seul : c'est ainsi que le cœur s'ouvre aux affections humaines, et devient capable d'attachement.

Le premier sentiment dont un jeune homme élevé soigneusement est susceptible n'est pas l'amour, c'est l'amitié. Le premier acte de son imagination naissante est de lui apprendre qu'il a des semblables, et l'espèce l'affecte avant le sexe. Voilà donc un autre avantage de l'innocence prolongée; c'est de profiter de la sensibilité naissante pour jeter dans le cœur du jeune adolescent les premières semences de l'humanité : avantage d'autant plus précieux que c'est le seul temps de la vie où les mêmes soins puissent avoir un vrai succès.

J'ai toujours vu que les jeunes gens corrompus de bonne heure, et livrés aux femmes et à la débauche, étoient inhumains et cruels; la fougue du tempérament les rendoit impatients, vindicatifs, furieux : leur imagination, pleine d'un seul objet, se refusoit à tout le reste; ils ne connoissoient ni pitié, ni miséricorde; ils auroient sacrifié père, mère, et l'univers entier, au moindre de leurs plaisirs. Au contraire, un jeune homme élevé dans une heureuse simplicité est porté par les premiers mouvements de la nature vers les passions tendres et affectueuses : son cœur compatissant s'émeut sur les peines de ses semblables; il tressaillit d'aise quand il revoit son camarade; ses bras savent trouver des étreintes caressantes, ses yeux savent verser des larmes d'attendrissement; il est sensible à la honte de déplaire, au regret d'avoir offensé. Si l'ardeur d'un sang qui s'enflamme le rend vif, emporté, colère, on voit le moment d'après toute la bonté de son cœur dans l'effusion de son repentir; il pleure, il gémit sur la blessure qu'il a faite; il voudroit au prix de son sang racheter celui qu'il a versé; tout son emportement s'éteint, toute sa fierté s'humilie devant le sentiment de sa faute. Est-il offensé lui-même; au fort de sa fureur, une excuse, un mot le désarme; il pardonne les torts d'autrui d'aussi bon cœur qu'il répare les siens. L'adolescence n'est l'âge ni de la vengeance ni de la haine; elle est celui de la commisération, de la clémence, de la générosité. Oui, je le soutiens et je ne crains point d'être démenti par l'expérience; un enfant qui n'est pas mal né, et qui a conservé jusqu'à vingt ans son innocence, est à cet âge le plus généreux, le meilleur, le plus aimant et le plus aimable des hommes. On ne vous a jamais rien dit de semblable ; je le crois bien ; vos philosophes, élevés dans toute la corruption des colléges, n'ont garde de savoir cela.

C'est la foiblesse de l'homme qui le rend sociable ; ce sont nos misères communes qui portent nos cœurs à l'humanité : nous ne lui devrions rien si nous n'étions pas hommes. Tout attachement est un signe d'insuffisance : si chacun de nous n'avoit nul besoin des autres, il ne songeroit guère à s'unir à eux. Ainsi de notre infirmité même naît notre frêle bonheur. Un être vraiment heureux est un être solitaire; Dieu seul jouit d'un bonheur absolu; mais qui de nous en a l'idée? Si quelque être imparfait pouvoit se suffire à lui-même, de quoi jouiroit-il selon nous ? Il seroit seul , il seroit misérable. Je ne conçois pas que celui qui n'a besoin de rien puisse aimer quelque chose : je ne conçois pas que celui qui n'aime rien puisse être heureux.

Il suit de là que nous nous attachons à nos semblables moins par le sentiment de leurs plaisirs que par celui de leurs peines; car nous y voyons bien mieux l'identité de notre nature et les garants de leur attachement pour nous. Si nos besoins communs nous unissent par intérêt, nos misères communes nous unissent par affection. L'aspect d'un homme heureux inspire aux autres moins d'amour que d'envie ; on l'accuseroit volontiers d'usurper un droit qu'il n'a pas en se faisant un bonheur exclusif; et l'amour-propre souffre encore en nous faisant sentir que cet homme n'a nul besoin de nous. Mais qui est-ce qui ne plaint pas le malheureux qu'il voit souffrir? Qui est-ce qui ne voudroit pas le délivrer de ses maux s'il n'en coûtoit qu'un souhait pour cela? L'imagination nous met à la place du misérable plutôt qu'à celle de l'homme heureux ; on sent que l'un de ces états nous touche de plus près que l'autre. La pitié est douce, parce qu'en se mettant à la place de celui qui souffre on sent pourtant le plaisir de ne pas souffrir comme lui. L'envie est amère, en ce que l'aspect d'un homme heureux, loin de mettre l'envieux à sa place, lui donne le regret de n'y pas être. Il semble que l'un nous exempte des maux qu'il souffre, et que l'autre nous ôte les biens dont il jouit.

Voulez-vous donc exciter et nourrir dans le cœur d'un jeune homme les premiers mouvements de la sensibilité naissante, et tourner son caractère vers la bienfaisance et vers la bonté; n'allez point faire germer en lui l'orgueil, la vanité, l'envie, par la trompeuse image du bonheur des hommes; n'exposez point d'abord à ses yeux la pompe des cours, le faste des palais, l'attrait des spectacles; ne le promenez point dans les cercles, dans les brillantes assemblées ; ne lui montrez l'extérieur de la grande société qu'après l'avoir mis en état de l'apprécier en elle-même. Lui montrer le monde avant qu'il connoisse les hommes, ce n'est pas le former, c'est le corrompre : ce n'est pas l'instruire, c'est le tromper.

Les hommes ne sont naturellement ni rois, ni grands, ni courtisans, ni riches; tous sont nés nus et pauvres, tous sujets aux misères de la vie, aux chagrins, aux maux, aux besoins, aux douleurs de toute espèce; enfin tous sont condamnés à la mort. Voilà ce qui est vraiment de l'homme; voilà de quoi nul mortel n'est exempt. Commencez donc par étudier de la nature humaine ce qui en est le plus inséparable, ce qui constitue le mieux l'humanité.

A seize ans l'adolescent sait ce que c'est que souffrir; car il a souffert lui-même; mais à peine sait-il que d'autres êtres souffrent aussi : le voir sans le sentir n'est pas le savoir, et, comme je l'ai dit cent fois, l'enfant, n'imaginant point ce que sentent les autres, ne connoît de maux que les siens : mais quand le premier développement des sens allume en lui le feu de l'imagination, il commence à se sentir dans ses semblables, à s'émouvoir de leurs plaintes, et à souffrir de leurs douleurs. C'est alors que le triste tableau de l'humanité souffrante doit porter à son cœur le premier attendrissement qu'il ait jamais éprouvé.

Si ce moment n'est pas facile à remarquer dans vos enfants, à qui vous en prenez-vous? Vous les instruisez de si bonne heure à jouer le sentiment, vous leur en apprenez sitôt le langage, que, parlant toujours sur le même ton, ils tournent vos leçons contre vous-même, et ne vous laissent nul moyen de distinguer quand, cessant de mentir, ils commencent à sentir ce qu'ils disent. Mais voyez mon Émile; à l'âge où je l'ai conduit il n'a ni senti ni menti. Avant de savoir ce que c'est qu'aimer, il n'a dit à personne, *Je vous aime bien*; on ne lui a point prescrit la contenance qu'il devoit prendre en entrant dans la chambre de son père, de sa mère, ou de son gouverneur malade; on ne lui a point montré l'art d'affecter la tristesse qu'il n'avoit pas. Il n'a feint de pleurer sur la mort de personne; car il ne sait ce que c'est que mourir. La même insensibilité qu'il a dans le cœur est aussi dans ses manières. Indifférent à tout, hors à lui-même, comme tous les autres enfants, il ne prend intérêt à personne; tout ce qui le distingue, est qu'il ne veut point paroître en prendre, et qu'il n'est pas faux comme eux.

Émile, ayant peu réfléchi sur les êtres sensibles, saura tard ce que c'est que souffrir et mourir. Les plaintes et les cris commenceront d'agiter ses entrailles, l'aspect du sang qui coule lui fera détourner les yeux; les convulsions d'un animal expirant lui donneront je ne sais quelle angoisse avant qu'il sache d'où lui viennent ces beaux mouvements. S'il étoit resté stupide et barbare, il ne les auroit pas; s'il étoit plus instruit, il en connoîtroit la source : il a déjà trop comparé d'idées pour ne rien sentir, et pas assez pour concevoir ce qu'il sent.

Ainsi naît la pitié, premier sentiment relatif qui touche le cœur humain selon l'ordre de la nature. Pour devenir sensible et pitoyable, il faut que l'enfant sache qu'il y a des êtres semblables à lui qui souffrent ce qu'il a souffert, qui sentent les douleurs qu'il a senties, et d'autres dont il doit avoir l'idée, comme pouvant les sentir aussi. En effet, comment nous laissons-nous émouvoir à la pitié, si ce n'est en nous transportant hors de nous et nous identifiant avec l'animal souffrant, en quittant, pour ainsi dire, notre être pour prendre le sien ? Nous ne souffrons qu'autant que nous jugeons qu'il souffre; ce n'est pas dans nous, c'est dans lui que nous souffrons. Ainsi nul ne devient sensible que quand son imagination s'anime et commence à le transporter hors de lui.

Pour exciter et nourrir cette sensibilité naissante, pour la guider ou la suivre dans sa pente naturelle, qu'avons-nous donc à faire, si ce n'est d'offrir au jeune homme des objets sur lesquels puisse agir la force expansive de son cœur, qui le dilatent, qui l'étendent sur les autres êtres, qui le fassent partout retrouver hors de lui; d'écarter avec soin ceux qui le resserrent, le concentrent, et tendent le ressort du moi humain ; c'est-à-dire en d'autres termes, d'exciter en lui la bonté, l'humanité, la commisération, la bienfaisance, toutes les passions attirantes et douces qui plaisent naturellement aux hommes, et d'empêcher de naître l'envie, la convoitise, la haine, toutes les passions repoussantes et cruelles, qui rendent, pour ainsi dire, la sensibilité non seulement nulle, mais négative, et font le tourment de celui qui les éprouve ?

Je crois pouvoir résumer toutes les réflexions précédentes en deux ou trois maximes précises, claires, et faciles à saisir.

PREMIÈRE MAXIME.

Il n'est pas dans le cœur humain de se mettre à la place des gens qui sont plus heureux que nous, mais seulement de ceux qui sont plus à plaindre.

Si l'on trouve des exceptions à cette maxime, elles sont plus apparentes que réelles. Ainsi l'on ne se met pas à la place du riche ou du grand auquel on s'attache ; même en s'attachant sincèrement, on ne fait que s'approprier une partie de son bien-être. Quelquefois on l'aime dans ses malheurs : mais, tant qu'il prospère, il n'a de véritable ami que celui qui n'est pas la dupe des apparences, et qui le plaint plus qu'il ne l'envie, malgré sa prospérité.

On est touché du bonheur de certains états, par exemple, de la vie champêtre et pastorale. Le charme de voir ces bonnes gens heureux n'est point empoisonné par l'envie, on s'intéresse à eux véritablement. Pourquoi cela ? parce qu'on se sent maître de descendre à cet état de paix et d'innocence, et de jouir de la même félicité : c'est un pis-aller qui ne donne que des idées agréables, attendu qu'il suffit d'en vouloir pour le pouvoir. Il y a toujours du plaisir à voir ses ressources, à contempler son propre bien, même quand on n'en veut pas user.

Il suit de là que, pour porter un jeune homme à l'humanité, loin de lui faire admirer le sort brillant des autres, il faut le lui montrer par les côtés tristes ; il faut le lui faire craindre. Alors, par une conséquence évidente, il doit se frayer une route au bonheur qui ne soit sur les traces de personne.

DEUXIÈME MAXIME.

On ne plaint jamais dans autrui que les maux dont on ne se croit pas exempt soi-même.

« Non ignara mali; miseris succurrere disco. »
Æneid., I, 630.

Je ne connois rien de si beau, de si profond, de si touchant, de si vrai, que ce vers-là.

Pourquoi les rois sont-ils sans pitié pour leurs sujets? c'est qu'ils comptent de n'être jamais hommes. Pourquoi les riches sont-ils si durs envers les pauvres? c'est qu'ils n'ont pas peur de le devenir. Pourquoi la noblesse a-t-elle un si grand mépris pour le peuple? c'est qu'un noble ne sera jamais roturier. Pourquoi les Turcs sont-ils généralement plus humains, plus hospitaliers que nous? c'est que, dans leur gouvernement tout-à-fait arbitraire, la grandeur et la fortune des particuliers étant toujours précaires et chancelantes, ils ne regardent point l'abaissement et la misère comme un état étranger à eux¹; chacun peut être demain ce qu'est aujourd'hui celui qu'il assiste. Cette réflexion, qui revient sans cesse dans les romans orientaux, donne à leur lecture je ne sais quoi d'attendrissant que n'a point tout l'apprêt de notre sèche morale.

N'accoutumez donc pas votre élève à regarder du haut de sa gloire les peines des infortunés, les travaux des misérables; et n'espérez pas lui apprendre à les plaindre, s'il les considère comme lui étant étrangers. Faites-lui bien comprendre que le sort de ces malheureux peut être le sien, que tous leurs maux sont sous ses pieds, que mille événements imprévus et inévitables peuvent l'y plonger d'un moment à l'autre. Apprenez-lui à ne compter ni sur la naissance, ni sur la santé, ni sur les richesses; montrez-lui toutes les vicissitudes de la fortune; cherchez-lui les exemples toujours

¹ * Cela paroît changer un peu maintenant : les états semblent venir plus fixes, et les hommes deviennent aussi plus durs.

trop fréquents de gens qui, d'un état plus élevé que le sien, sont tombés au-dessous de celui de ces malheureux : que ce soit par leur faute ou non, ce n'est pas maintenant de quoi il est question; sait-il seulement ce que c'est que faute ? N'empiétez jamais sur l'ordre de ses connoissances, et ne l'éclairez que par les lumières qui sont à sa portée : il n'a pas besoin d'être fort savant pour sentir que toute la prudence humaine ne peut lui répondre si dans une heure il sera vivant ou mourant; si les douleurs de la néphrétique ne lui feront point grincer les dents avant la nuit; si dans un mois il sera riche ou pauvre; si dans un an peut-être il ne ramera point sous le nerf de bœuf dans les galères d'Alger. Surtout n'allez pas lui dire tout cela froidement comme son catéchisme; qu'il voie, qu'il sente les calamités humaines : ébranlez, effrayez son imagination des périls dont tout homme est sans cesse environné; qu'il voie autour de lui tous ces abîmes, et qu'à vous les entendre décrire, il se presse contre vous de peur d'y tomber. Nous le rendrons timide et poltron, direz-vous. Nous verrons dans la suite; mais quant à présent, commençons par le rendre humain; voilà surtout ce qui nous importe.

TROISIÈME MAXIME.

La piété qu'on a du mal d'autrui ne se mesure pas sur la quantité de ce mal, mais sur le sentiment qu'on prête à ceux qui le souffrent.

On ne plaint un malheureux qu'autant qu'on croit qu'il se trouve à plaindre. Le sentiment physique de nos maux est plus borné qu'il ne semble ; mais c'est par la mémoire qui nous en fait sentir la continuité, c'est par l'imagination qui les étend sur l'avenir, qu'ils nous rendent vraiment à plaindre. Voilà, je pense, une des causes qui nous endurcissent plus aux maux des animaux qu'à ceux des hommes, quoique la sensibilité commune dût également nous identifier avec eux. On ne plaint guère un cheval de charretier dans son écurie, parce qu'on ne présume pas qu'en mangeant son foin il songe aux coups qu'il a reçus et aux fatigues qui l'attendent. On ne plaint pas non plus un mouton qu'on voit paître, quoiqu'on sache qu'il sera bientôt égorgé, parce qu'on juge qu'il ne prévoit pas son sort. Par extension, l'on s'endurcit ainsi sur le sort des hommes ; et les riches se consolent du mal qu'ils font aux pauvres, en les supposant assez stupides pour n'en rien sentir. En général je juge du prix que chacun met au bonheur de ses semblables par le cas qu'il paroît faire d'eux. Il est naturel qu'on fasse bon marché du bonheur des gens qu'on méprise. Ne vous étonnez donc plus si les politiques parlent du peuple avec tant de dédain; ni si la plupart des philosophes affectent de faire l'homme si méchant.

C'est le peuple qui compose le genre humain; ce qui n'est pas peuple est si peu de chose que ce n'est pas la peine de le compter. L'homme est le même dans tous les états : si cela est, les états les plus nombreux méritent le plus de respect. Devant celui qui pense, toutes les distinctions civiles disparoissent : il voit les mêmes passions, les mêmes sentiments dans le goujat et dans l'homme illustre; il n'y discerne que leur langage, qu'un coloris plus ou moins apprêté ; et si quelque différence essentielle les distingue, elle est au préjudice des plus dissimulés. Le peuple se montre tel qu'il est, et n'est pas aimable : mais il faut bien que les gens du monde se déguisent; s'ils se montroient tels qu'ils sont, ils feroient horreur.

Il y a, disent encore nos sages, même dose de bonheur et de peine dans tous les états. Maxime aussi funeste qu'insoutenable : car, si tous sont également heureux, qu'ai-je besoin de m'incommoder pour personne ? Que chacun reste comme il est : que l'esclave soit maltraité, que l'infirme souffre, que le gueux périsse ; il n'y a rien à gagner pour eux à changer d'état. Ils font l'énumération des peines du riche, et montrent l'inanité de ses vains plaisirs : quel grossier sophisme ! les peines du riche ne lui viennent point de son état, mais de lui seul, qui en abuse. Fût-il plus malheureux que le pauvre même, il n'est point à plaindre, parce que ses maux sont tous son ouvrage, et qu'il ne tient qu'à lui d'être heureux. Mais la peine du misérable lui vient des choses, de la rigueur du sort qui s'appesantit sur lui. Il n'y a point d'habitude qui lui puisse ôter le sentiment physique de la fatigue, de l'épuisement, de la faim : le bon esprit ni la sagesse ne servent de rien pour l'exempter des maux de son état. Que gagne Épictète de prévoir que son maître va lui casser la jambe? la lui casse-t-il moins pour cela? il a par-dessus son mal le mal de la prévoyance. Quand le peuple seroit aussi sensé que nous le supposons stupide, que pourroit-il être autre que ce qu'il est? que pourroit-il faire autre que ce qu'il fait? Étudiez les gens de cet ordre, vous verrez que, sous un autre langage, ils ont autant d'esprit et plus de bon sens que vous. Respectez donc votre espèce ; songez qu'elle est composée essentiellement de la collection des peuples; que, quand tous les rois et tous les philosophes en seroient ôtés, il n'y paroîtroit guère, et que les choses n'en iroient pas plus mal. En un mot, apprenez à votre élève à aimer tous les hommes, et même ceux qui les déprisent : faites en sorte qu'il ne se place dans aucune classe, mais qu'il se retrouve dans toutes : parlez devant lui du genre humain avec attendrissement, avec pitié même, mais jamais avec mépris. Homme, ne déshonore point l'homme.

C'est par ces routes et d'autres semblables, bien contraires à celles qui sont frayées, qu'il convient de pénétrer dans le cœur d'un jeune adolescent pour y exciter les premiers mouvements de la nature, le développer et l'étendre sur ses semblables; à quoi j'ajoute qu'il importe de mêler à ces mouvements le moins d'intérêt personnel qu'il est possible ; surtout point de vanité, point d'émulation, point de gloire, point de ces sentiments qui nous forcent de nous comparer aux autres; car ces comparaisons ne se font jamais sans quelque impression de haine contre ceux qui nous disputent la préférence, ne fût-ce que dans notre propre estime. Alors il faut s'aveugler ou s'irriter, être un méchant ou un sot : tâchons d'éviter cette alternative. Ces passions si dangereuses naîtront tôt ou tard, me dit-on, malgré nous. Je ne le nie pas; chaque chose a son temps et son lieu; je dis seulement qu'on ne doit pas leur aider à naître.

Voilà l'esprit de la méthode qu'il faut se prescrire. Ici les exemples et les détails sont inutiles, parce qu'ici commence la division presque infinie des caractères, et que chaque exemple que je donnerois ne conviendroit pas peut-être à un sur cent mille. C'est à cet âge aussi que commence, dans l'habile maître, la véritable fonction de l'observateur et du philosophe qui sait l'art de sonder les cœurs en travaillant à les former. Tandis que le jeune homme ne songe point encore à se contrefaire, et ne l'a point encore appris, à chaque objet qu'on lui présente on voit dans son air, dans ses yeux, dans son geste, l'impression qu'il en reçoit : on lit sur son visage tous les mouvements de son ame : à force de les épier on parvient à les prévoir, et enfin à les diriger.

On remarque en général que le sang, les blessures, les cris, les gémissements, l'appareil des opérations douloureuses, et tout ce qui porte aux sens des objets de souffrances, saisit plus tôt et plus généralement tous les hommes. L'idée de destruction, étant plus composée, ne frappe pas de même; l'image de la mort touche plus tard et plus foiblement, parce que nul n'a par devers soi l'expérience de mourir; il faut avoir vu des cadavres pour sentir les angoisses des agonisants. Mais quand une fois cette image s'est bien formée dans notre esprit, il n'y a point de spectacle plus horrible à nos yeux, soit à cause de l'idée de destruction totale qu'elle donne alors par les sens, soit parce que, sachant que ce moment est inévitable pour tous les hommes, on se sent plus vivement affecté d'une situation à laquelle on est sûr de ne pouvoir échapper.

Ces impressions diverses ont leurs modifications et leurs degrés, qui dépendent du caractère particulier de chaque individu et de ses habitudes antérieures; mais elles sont universelles, et nul n'en est tout-à-fait exempt. Il en est de plus tardives et de moins générales, qui sont plus propres aux ames sensibles; ce sont celles qu'on reçoit des peines morales, des douleurs internes, des afflictions, des langueurs, de la tristesse. Il y a des gens qui ne savent être émus que par des cris et des pleurs; les longs et sourds gémissements d'un cœur serré de détresse ne leur ont jamais arraché des soupirs; jamais l'aspect d'une contenance abattue, d'un visage hâve et plombé, d'un œil éteint et qui ne peut plus pleurer, ne les fit pleurer eux-mêmes; les maux de l'ame ne sont rien pour eux : ils sont jugés, la leur ne sent rien, n'attendez d'eux que rigueur inflexible, endurcissement, cruauté. Ils pourront être intègres et justes, jamais cléments, généreux, pitoyables. Je dis qu'ils pourront être justes, si toutefois un homme peut l'être quand il n'est pas miséricordieux.

Mais ne vous pressez pas de juger les jeunes gens par cette règle, surtout ceux qui, ayant été élevés comme ils doivent l'être, n'ont aucune idée des peines morales qu'on ne leur a jamais fait éprouver; car, encore une fois, ils ne peuvent plaindre que les maux qu'ils connoissent; et cette apparente insensibilité, qui ne vient que d'ignorance, se change bientôt en attendrissement quand ils commencent à sentir qu'il y a dans la vie humaine mille douleurs qu'ils ne connoissoient pas.

Pour mon Émile, s'il a eu de la simplicité et du bon sens dans son enfance, je suis bien sûr qu'il aura de l'ame et de la sensibilité dans sa jeunesse; car la vérité des sentiments tient beaucoup à la justesse des idées.

Mais pourquoi le rappeler ici? Plus d'un lecteur me reprochera sans doute l'oubli de mes premières résolutions et du bonheur constant que j'avois promis à mon élève. Des malheureux, des mourants, des spectacles de douleur et de misère ! quel bonheur, quelle jouissance pour un jeune cœur qui naît à la vie ! Son triste instituteur, qui lui destinoit une éducation si douce, ne le fait naître que pour souffrir. Voilà ce qu'on dira : que m'importe? j'ai promis de le rendre heureux, non de faire qu'il parût l'être. Est-ce ma faute si, toujours dupe de l'apparence, vous la prenez pour la réalité?

Prenons deux jeunes gens sortant de la première éducation et entrant dans le monde par deux portes directement opposées. L'un monté tout à coup sur l'Olympe et se répand dans la plus brillante société; on le mène à la cour, chez les grands, chez les riches, chez les jolies femmes. Je le suppose fêté partout, et je n'examine pas l'effet de cet accueil sur sa raison; je suppose qu'elle y résiste. Les plaisirs volent au-devant de lui; tous les jours de nouveaux objets l'amusent; il se livre à tout avec un intérêt qui nous séduit. Vous le voyez attentif, empressé, curieux; sa première admiration vous frappe; vous l'estimez content : mais voyez l'état de son ame ; vous croyez qu'il jouit; moi, je crois qu'il souffre.

Qu'aperçoit-il d'abord en ouvrant les yeux ? des multitudes de prétendus biens qu'il ne connoissoit pas, et dont la plupart, n'étant qu'un moment à sa portée, ne semblent se montrer à lui que pour lui donner le regret d'en être privé. Se promène-t-il dans un palais, vous voyez à son inquiète curiosité qu'il se demande pourquoi sa maison paternelle n'est pas ainsi. Toutes ses questions vous disent qu'il se compare sans cesse au maître de cette maison; et tout ce qu'il trouve de mortifiant pour lui dans ce parallèle aiguise sa vanité en la révoltant. S'il rencontre un jeune homme mieux mis que lui, je le vois murmurer en secret contre l'avarice de ses parents. Est-il plus paré qu'un autre, il a la douleur de voir cet autre l'effacer ou par sa naissance ou par son esprit; et toute sa dorure humiliée devant un simple habit de drap. Brille-t-il seul dans une assemblée; s'élève-t-il sur la pointe du pied pour être mieux vu; qui est-ce qui n'a pas une disposition secrète à rabaisser l'air superbe et vain d'un jeune fat ? Tout s'unit bientôt comme de concert; les regards inquiétants d'un homme grave, les mots railleurs d'un caustique, ne tarderont pas d'arriver jusqu'à lui; et, ne fût-il dédaigné que d'un seul homme, le mépris de cet homme empoisonne à l'instant les applaudissements des autres.

Donnons-lui tout, prodiguons-lui les agréments, le mérite; qu'il soit bien fait, plein d'esprit, aimable : il sera recherché des femmes; mais en le recherchant avant qu'il les aime, elles le rendront plutôt fou qu'amoureux : il aura de bonnes fortunes; mais il n'aura ni transports ni passion pour les goûter. Ses désirs toujours prévenus, n'ayant jamais le temps de naître, au sein des plaisirs il ne sent que l'ennui de la gêne : le sexe fait pour le bonheur du sien le dégoûte et le rassasie même avant qu'il le connoisse; s'il continue à le voir, ce n'est plus que par vanité; et quand il s'y attacheroit par un goût véritable, il ne sera pas seul jeune, seul brillant, seul aimable, et ne trouvera pas toujours dans ses maîtresses des prodiges de fidélité.

Je ne dis rien des tracasseries, des trahisons, des noirceurs, des repentirs de toute espèce inséparables d'une pareille vie. L'expérience du monde en dégoûte, on le sait; je ne parle que des ennuis attachés à la première illusion.

Quel contraste pour celui qui, renfermé jusqu'ici dans le sein de sa famille et de ses amis, s'est vu l'unique objet de toutes leurs attentions, d'entrer tout à coup dans un ordre de choses où il est compté pour si peu; de se trouver comme noyé dans une sphère étrangère, lui qui fit si long-temps le centre de la sienne ! Que d'affronts, que d'humiliations ne faut-il pas qu'il essuie, avant de perdre, parmi les inconnus, les préjugés de son importance pris et nourris parmi les siens ! Enfant, tout lui cédoit ; tout s'empressoit autour de lui : jeune homme, il faut qu'il cède à tout le monde ; ou pour peu qu'il s'oublie et conserve ses anciens airs, que de dures leçons vont le faire rentrer en lui-même ! L'habitude d'obtenir aisément les objets de ses désirs le porte à beaucoup désirer, et lui fait sentir des privations continuelles. Tout ce qui le flatte le tente ; tout ce que d'autres ont, il voudroit l'avoir : il convoite tout, il porte envie à tout le monde, il voudroit dominer partout ; la vanité le ronge, l'ardeur des désirs effrénés enflamme son jeune cœur ; la jalousie et la haine y naissent avec eux ; toutes les passions dévorantes y prennent à la fois leur essor ; il en porte l'agitation dans le tumulte du monde ; il la rapporte avec lui tous les soirs ; il rentre mécontent de lui et des autres ; il s'endort plein de mille vains projets, troublé de mille fantaisies, et son orgueil lui peint jusque dans ses songes les chimériques biens dont le désir le tourmente et qu'il ne possédera de sa vie. Voilà votre élève : voyons le mien.

Si le premier spectacle qui le frappe est un objet de tristesse, le premier retour sur lui-même est un sentiment de plaisir. En voyant de combien de maux il est exempt, il se sent plus heureux qu'il ne pensoit l'être. Il partage les peines de ses semblables ; mais ce partage est volontaire et doux. Il jouit à la fois de la pitié qu'il a pour leurs maux, et du bonheur qui l'en exempte ; il se sent dans cet état de force qui nous étend au-delà de nous, et nous fait porter ailleurs l'activité superflue à notre bien-être. Pour plaindre le mal d'autrui, sans doute il faut le connoître, mais il ne faut pas le sentir. Quand on a souffert, ou qu'on craint de souffrir, on plaint ceux qui souffrent ; mais tandis qu'on souffre, on ne plaint que soi. Or si, tous étant assujettis aux misères de la vie, nul n'accorde aux autres que la sensibilité dont il n'a pas actuellement besoin pour lui-même, il s'ensuit que la commisération doit être un sentiment très-doux, puisqu'elle dépose en notre faveur, et qu'au contraire un homme dur est toujours malheureux, puisque l'état de son cœur ne lui laisse aucune sensibilité surabondante qu'il puisse accorder aux peines d'autrui.

Nous jugeons trop du bonheur sur les apparences : nous le supposons où il est le moins ; nous le cherchons où il ne sauroit être : la gaieté n'en est qu'un signe très-équivoque. Un homme gai n'est souvent qu'un infortuné qui cherche à donner le change aux autres et à s'étourdir lui-même. Ces gens si riants, si ouverts, si sereins dans un cercle, sont presque tous tristes et grondeurs chez eux, et leurs domestiques portent la peine de l'amusement qu'ils donnent à leurs sociétés. Le vrai contentement n'est ni gai ni folâtre ; jaloux d'un sentiment si doux, en le goûtant on y pense, on le savoure, on craint de l'évaporer. Un homme vraiment heureux ne parle guère et ne rit guère ; il resserre, pour ainsi dire, le bonheur autour de son cœur. Les jeux bruyants, la turbulante joie, voilent les dégoûts et l'ennui. Mais la mélancolie est amie de la volupté : l'attendrissement et les larmes accompagnent les plus douces jouissances, et l'excessive joie elle-même arrache plutôt des pleurs que des ris.

Si d'abord la multitude et la variété des amusements paroît contribuer au bonheur, si l'uniformité d'une vie égale paroît d'abord ennuyeuse, en y regardant mieux, on trouve, au contraire, que la plus douce habitude de l'ame consiste dans une modération de jouissance qui laisse peu de prise au désir et au dégoût. L'inquiétude des désirs produit la curiosité, l'inconstance ; le vide des turbulents plaisirs produit l'ennui. On ne s'ennuie jamais de son état quand on n'en connoît point de plus agréable. De tous les hommes du monde, les sauvages sont les moins curieux et les moins ennuyés ; tout leur est indifférent : ils ne jouissent pas des choses, mais d'eux ; ils passent leur vie à ne rien faire, et ne s'ennuient jamais.

L'homme du monde est tout entier dans son masque. N'étant presque jamais en lui-même, il y est toujours étranger, et mal à son aise quand il est forcé d'y rentrer. Ce qu'il est n'est rien, ce qu'il paroît est tout pour lui.

Je ne puis m'empêcher de me représenter, sur le visage du jeune homme dont j'ai parlé ci-devant, je ne sais quoi d'impertinent, de doucereux, d'affecté, qui déplaît, qui rebute les gens unis; et sur celui du mien, une physionomie intéressante et simple, qui montre le contentement, la véritable sérénité de l'ame, qui inspire l'estime, la confiance, et qui semble n'attendre que l'épanchement de l'amitié pour donner la sienne à ceux qui l'approchent. On croit que la physionomie n'est qu'un simple développement de traits déjà marqués par la nature. Pour moi, je penserois qu'outre ce développement, les traits du visage d'un homme viennent insensiblement à se former et prendre de la physionomie par l'impression fréquente et habituelle de certaines affections de l'ame. Ces affections se marquent sur le visage, rien n'est plus certain; et quand elles tournent en habitude, elles y doivent laisser des impressions durables. Voilà comment je conçois que la physionomie annonce le caractère, et qu'on peut quelquefois juger de l'un par l'autre, sans aller chercher des explications mystérieuses qui supposent des connoissances que nous n'avons pas.

Un enfant n'a que deux affections bien marquées, la joie et la douleur : il rit ou il pleure;

les intermédiaires ne sont rien pour lui; sans cesse il passe de l'un de ces mouvements à l'autre. Cette alternative continuelle empêche qu'ils ne fassent sur son visage aucune impression constante, et qu'il ne prenne de la physionomie : mais dans l'âge où, devenu plus sensible, il est plus vivement ou plus constamment affecté, les impressions plus profondes laissent des traces plus difficiles à détruire ; et de l'état habituel de l'ame résulte un arrangement de traits que le temps rend ineffaçables. Cependant il n'est pas rare de voir des hommes changer de physionomie à différents âges. J'en ai vu plusieurs dans ce cas; et j'ai toujours trouvé que ceux que j'avois pu bien observer et suivre avoient aussi changé de passions habituelles. Cette seule observation, bien confirmée, me paroîtroit décisive, et n'est pas déplacée dans un traité d'éducation, où il importe d'apprendre à juger des mouvements de l'ame par les signes extérieurs.

Je ne sais si, pour n'avoir pas appris à imiter des manières de convention et à feindre des sentiments qu'il n'a pas, mon jeune homme sera moins aimable, ce n'est pas de cela qu'il s'agit ici : je sais seulement qu'il sera plus aimant, et j'ai bien de la peine à croire que celui qui n'aime que lui puisse assez bien se déguiser pour plaire autant que celui qui tire de son attachement pour les autres un nouveau sentiment de bonheur. Mais, quant à ce sentiment même, je crois en avoir assez dit pour guider sur ce point un lecteur raisonnable, et montrer que je ne me suis pas contredit.

Je reviens donc à ma méthode, et je dis : Quand l'âge critique approche, offrez aux jeunes gens des spectacles qui les retiennent, et non des spectacles qui les excitent : donnez le change à leur imagination naissante par des objets qui, loin d'enflammer leurs sens, en répriment l'activité. Éloignez-les des grandes villes, où la parure et l'immodestie des femmes hâtent et préviennent les leçons de la nature, où tout présente à leurs yeux des plaisirs qu'ils ne doivent connoître que quand ils sauront les choisir. Ramenez-les dans leurs premières habitations, où la simplicité champêtre laisse les passions de leur âge se développer moins rapidement; ou si leur goût pour les arts les attache encore à la ville, prévenez en eux, par ce goût même, une dangereuse oisiveté. Choisissez avec soin leurs sociétés, leurs occupations, leurs plaisirs : ne leur montrez que des tableaux touchants, mais modestes, qui les remuent sans les séduire, et qui nourrissent leur sensibilité sans émouvoir leurs sens. Songez aussi qu'il y a partout quelques excès à craindre, et que les passions immodérées font toujours plus de mal qu'on n'en veut éviter. Il ne s'agit pas de faire de votre élève un garde-malade, un frère de la charité, d'affliger ses regards par des objets continuels de douleurs et de souffrances, de le promener d'infirme en infirme, d'hôpital en hôpital, et de la Grève aux prisons : il faut le toucher et non l'endurcir à l'aspect des misères humaines. Long-temps frappé des mêmes spectacles, on n'en sent plus les impressions ; l'habitude accoutume à tout ; ce qu'on voit trop on ne l'imagine plus, et ce n'est que l'imagination qui nous fait sentir les maux d'autrui : c'est ainsi qu'à force de voir mourir et souffrir, les prêtres et les médecins deviennent impitoyables. Que votre élève connoisse donc le sort de l'homme et les misères de ses semblables ; mais qu'il n'en soit pas trop souvent le témoin. Un seul objet bien choisi, et montré dans un jour convenable, lui donnera pour un mois d'attendrissement et de réflexions. Ce n'est pas tant ce qu'il voit, que son retour sur ce qu'il a vu, qui détermine le jugement qu'il en porte, et l'impression durable qu'il reçoit d'un objet lui vient moins de l'objet même, que du point de vue sous lequel on le porte à se le rappeler. C'est ainsi qu'en ménageant les exemples, les leçons, les images, vous émousserez long-temps l'aiguillon des sens, et donnerez le change à la nature en suivant ses propres directions.

A mesure qu'il acquiert des lumières, choisissez des idées qui s'y rapportent ; à mesure que ses désirs s'allument, choisissez des tableaux propres à les réprimer. Un vieux militaire, qui s'est distingué par ses mœurs autant que par son courage,

4.

m'a raconté que, dans sa première jeunesse, son père, homme de sens, mais très-dévot, voyant son tempérament naissant le livrer aux femmes, n'épargna rien pour le contenir; mais enfin, malgré tous ses soins, le sentant prêt à lui échapper, il s'avisa de le mener dans un hôpital de vérolés, et, sans le prévenir de rien, le fit entrer dans une salle où une troupe de ces malheureux expioient, par un traitement effroyable, le désordre qui les y avoit exposés. A ce hideux aspect, qui révoltoit à la fois tous les sens, le jeune homme faillit à se trouver mal. « Va, misérable débauché, lui dit « alors le père d'un ton véhément, suis le vil pen- « chant qui t'entraîne; bientôt tu seras trop heu- « reux d'être admis dans cette salle, où, victime « des plus infâmes douleurs, tu forceras ton père « à remercier Dieu de ta mort. »

Ce peu de mots, joints à l'énergique tableau qui frappoit le jeune homme, lui firent une impression qui ne s'effaça jamais. Condamné par son état à passer sa jeunesse dans des garnisons, il aima mieux essuyer toutes les railleries de ses camarades que d'imiter leur libertinage. « J'ai été « homme, me dit-il, j'ai eu des foiblesses; mais « parvenu jusqu'à mon âge, je n'ai jamais pu voir « une fille publique sans horreur. » Maître, peu de discours; mais apprenez à choisir les lieux, les temps, les personnes, puis donnez toutes vos leçons en exemples, et soyez sûr de leur effet.

L'emploi de l'enfance est peu de chose : le mal qui s'y glisse n'est point sans remède; et le bien qui s'y fait peut venir plus tard. Mais il n'en est pas ainsi du premier âge où l'homme commence véritablement à vivre. Cet âge ne dure jamais assez pour l'usage qu'on en doit faire, et son importance exige une attention sans relâche : voilà pourquoi j'insiste sur l'art de le prolonger. Un des meilleurs préceptes de la bonne culture est de tout retarder tant qu'il est possible. Rendez les progrès lents et sûrs; empêchez que l'adolescent ne devienne homme au moment où rien ne lui reste à faire pour le devenir. Tandis que le corps croît, les esprits destinés à donner du baume au sang et de la force aux fibres se forment et s'élaborent. Si vous leur faites prendre un cours différent, et que ce qui est destiné à perfectionner un individu serve à la formation d'un autre, tous deux restent dans un état de foiblesse, et l'ouvrage de la nature demeure imparfait. Les opérations de l'esprit se sentent à leur tour de cette altération; et l'ame, aussi débile que le corps, n'a que des fonctions foibles et languissantes. Des membres gros et robustes ne font ni le courage ni le génie; et je conçois que la force de l'ame n'accompagne pas celle du corps, quand d'ailleurs les organes de la communication des deux substances sont mal disposés. Mais, quelque bien disposés qu'ils puissent être, ils agiront toujours foiblement, s'ils n'ont pour principe qu'un sang épuisé, appauvri, et dépourvu de cette substance qui donne de la force et du jeu à tous les ressorts de la machine. Généralement on aperçoit plus de vigueur d'ame dans les hommes dont les jeunes ans ont été préservés d'une corruption prématurée, que dans ceux dont le désordre a commencé avec le pouvoir de s'y livrer; et c'est sans doute une des raisons pourquoi les peuples qui ont des mœurs surpassent ordinairement en bon sens et en courage les peuples qui n'en ont pas. Ceux-ci brillent uniquement par je ne sais quelles petites qualités déliées, qu'ils appellent esprit, sagacité, finesse; mais ces grandes et nobles fonctions de sagesse et de raison qui distinguent et honorent l'homme par de belles actions, par des vertus, par des soins véritablement utiles, ne se trouvent guère que dans les premiers.

Les maîtres se plaignent que le feu de cet âge rend la jeunesse indisciplinable, et je le vois : mais n'est-ce pas leur faute? Sitôt qu'ils ont laissé prendre à ce feu son cours par les sens, ignorent-ils qu'on ne peut plus lui en donner un autre? Les longs et froids sermons d'un pédant effaceront-ils dans l'esprit de son élève l'image des plaisirs qu'il a conçus? banniront-ils de son cœur les désirs qui le tourmentent? amortiront-ils l'ardeur d'un tempérament dont il sait l'usage? ne s'irritera-t-il pas contre les obstacles qui s'opposent au seul bonheur dont il ait l'idée? Et, dans la dure loi qu'on lui prescrit sans pouvoir la lui faire entendre, que verra-t-il, sinon le caprice et la haine d'un homme qui cherche à le tourmenter? Est-il étrange qu'il se mutine et le haïsse à son tour?

Je conçois bien qu'en se rendant facile on peut se rendre plus supportable, et conserver une apparente autorité. Mais je ne vois pas trop à quoi sert l'autorité qu'on ne garde sur son élève qu'en fomentant les vices qu'elle devroit réprimer; c'est comme si, pour calmer un cheval fougueux, l'écuyer le faisoit sauter dans un précipice.

Loin que ce feu de l'adolescent soit un obstacle à l'éducation, c'est par lui qu'elle se consomme et s'achève; c'est lui qui vous donne une prise sur le cœur d'un jeune homme, quand il cesse d'être moins fort que vous. Ses premières affections sont les rênes avec lesquelles vous dirigez tous ses mouvements : il était libre, et je le vois asservi. Tant qu'il n'aimoit rien, il ne dépendoit que de lui-même et de ses besoins; sitôt qu'il aime, il dépend de ses attachements. Ainsi se forment les premiers liens qui l'unissent à son espèce. En dirigeant sur elle sa sensibilité naissante, ne croyez pas qu'elle embrassera d'abord tous les hommes, et que ce mot de genre humain signifiera pour lui quelque chose. Non, cette sensibilité se bornera premièrement à ses semblables; et ses semblables ne seront point pour lui des inconnus, mais ceux avec lesquels il a des liaisons, ceux que l'habitude lui a rendus chers ou nécessaires, ceux qu'il voit évidemment avoir avec lui des manières de penser et de sentir communes, ceux qu'il voit exposés aux peines qu'il a souffertes et sensibles aux plaisirs qu'il a goûtés, ceux, en un mot, en qui l'identité de nature plus manifestée lui donne une plus grande disposition à s'aimer. Ce ne sera qu'après avoir cultivé son naturel en mille manières, après bien des réflexions sur ses propres sentiments et sur ceux qu'il observera dans les autres, qu'il pourra parvenir à généraliser ses notions individuelles sous l'idée abstraite d'humanité, et joindre à ses affections particulières celles qui peuvent l'identifier avec son espèce.

En devenant capable d'attachement, il devient sensible à celui des autres[1], et par-là même attentif aux signes de cet attachement. Voyez-vous quel nouvel empire vous allez acquérir sur lui? Que de chaînes vous avez mises autour de son cœur avant qu'il s'en aperçût! Que ne sentira-t-il point quand, ouvrant les yeux sur lui-même, il verra ce que vous avez fait pour lui; quand il pourra se comparer aux autres jeunes gens de son âge, et vous comparer aux autres gouverneurs! Je dis quand il

---

[1] L'attachement peut se passer de retour, jamais l'amitié. Elle est un échange, un contrat comme les autres; mais elle est le plus saint de tous. Le mot d'*ami* n'a point d'autre corrélatif que lui-même. Tout homme qui n'est pas l'ami de son ami est très-sûrement un fourbe; car ce n'est qu'en rendant ou feignant de rendre l'amitié qu'on peut l'obtenir.

le verra, mais gardez-vous de le lui dire ; si vous le lui dites, il ne le verra plus. Si vous exigez de lui de l'obéissance en retour des soins que vous lui avez rendus, il croira que vous l'avez surpris : il se dira qu'en feignant de l'obliger gratuitement vous avez prétendu le charger d'une dette, et le lier par un contrat auquel il n'a point consenti. En vain vous ajouterez que ce que vous exigez de lui n'est que pour lui-même : vous exigez enfin, et vous exigez en vertu de ce que vous avez fait sans son aveu. Quand un malheureux prend l'argent qu'on feint de lui donner, et se trouve enrôlé malgré lui, vous criez à l'injustice : n'êtes-vous pas plus injuste encore de demander à votre élève le prix des soins qu'il n'a point acceptés ?

L'ingratitude seroit plus rare si les bienfaits à usure étoient moins communs. On aime ce qui nous fait du bien ; c'est un sentiment si naturel ! L'ingratitude n'est pas dans le cœur de l'homme, mais l'intérêt y est : il y a moins d'obligés ingrats que de bienfaiteurs intéressés. Si vous me vendez vos dons, je marchanderai sur le prix ; mais si vous feignez de donner pour vendre ensuite à votre mot, vous usez de fraude : c'est d'être gratuits qui les rend inestimables. Le cœur ne reçoit de lois que de lui-même ; en voulant l'enchaîner on le dégage ; on l'enchaîne en le laissant libre.

Quand le pêcheur amorce l'eau, le poisson vient, et reste autour de lui sans défiance ; mais quand, pris à l'hameçon caché sous l'appât, il sent retirer la ligne, il tâche de fuir. Le pêcheur est-il le bienfaiteur? Le poisson est-il l'ingrat? Voit-on jamais qu'un homme oublié par son bienfaiteur l'oublie? Au contraire, il en parle toujours avec plaisir, il n'y songe point sans attendrissement : s'il trouve occasion de lui montrer par quelque service inattendu qu'il se ressouvient des siens, avec quel contentement intérieur il satisfait alors sa gratitude! avec quelle douce joie il se fait reconnoître! avec quel transport il lui dit : Mon tour est venu! Voilà vraiment la voix de la nature, jamais un vrai bienfait ne fit d'ingrat.

Si donc la reconnoissance est un sentiment naturel, et que vous n'en détruisiez pas l'effet par votre faute, assurez-vous que votre élève, commençant à voir le prix de vos soins, y sera sensible, pourvu que vous ne les ayez point mis vous-même à prix; et qu'ils vous donneront dans son cœur une autorité que rien ne pourra détruire. Mais, avant de vous être bien assuré de cet avantage, gardez de vous l'ôter en vous faisant valoir auprès de lui. Lui vanter vos services, c'est les lui rendre insupportables; les oublier, c'est l'en faire souvenir. Jusqu'à ce qu'il soit temps de le traiter en homme, qu'il ne soit jamais question de ce qu'il vous doit, mais de ce qu'il se doit. Pour le rendre docile laissez-lui toute sa liberté; dérobez-vous pour qu'il vous cherche; élevez son ame au noble sentiment de la reconnoissance, en ne lui parlant jamais que de son intérêt. Je n'ai point voulu qu'on lui dît que ce qu'on faisoit étoit pour son bien, avant qu'il fût en état de l'entendre ; dans ce discours il n'eût vu que votre dépendance, et il ne vous eût pris que pour son valet. Mais maintenant qu'il commence à sentir ce que c'est qu'aimer, il sent aussi quel doux lien peut unir un homme à ce qu'il aime ; et, dans le zèle qui vous fait occuper de lui sans cesse, il ne voit plus l'attachement d'un esclave, mais l'affection d'un ami. Or rien n'a tant de poids sur le cœur humain que la voix de l'amitié bien reconnue ; car on sait qu'elle ne nous parle jamais que pour notre intérêt. On peut croire qu'un ami se trompe, mais non qu'il veuille nous tromper. Quelquefois on résiste à ses conseils, mais jamais on ne les méprise.

Nous entrons enfin dans l'ordre moral : nous venons de faire un second pas d'homme. Si c'en étoit ici le lieu, j'essaierois de montrer comment des premiers mouvements du cœur s'élèvent les premières voix de la conscience, et comment des sentiments d'amour et de haine naissent les premières notions du bien et du mal : je ferois voir que *justice* et *bonté* ne sont point seulement des mots abstraits, de purs êtres moraux formés par l'entendement, mais de véritables affections de l'ame éclairée par la raison, et qui ne sont qu'un progrès ordonné de nos affections primitives ; que, par la raison seule, indépendamment de la conscience, on ne peut établir aucune loi naturelle; et que tout le droit de la nature n'est qu'une chimère, s'il n'est fondé sur un besoin naturel au cœur humain[1]. Mais je songe que je n'ai point à faire ici des traités de métaphysique et de morale, ni des cours d'étude d'aucune espèce; il me suffit de marquer l'ordre et le progrès de nos sentiments et de nos connoissances relativement à notre constitution. D'autres démontreront peut-être ce que je ne fais qu'indiquer ici.

Mon Émile n'ayant jusqu'à présent regardé que lui-même, le premier regard qu'il jette sur ses

---

[1] Le précepte même d'agir avec autrui comme nous voulons qu'on agisse avec nous n'a de vrai fondement que la conscience et le sentiment; car où est la raison précise d'agir étant moi comme si j'étois un autre, surtout quand je suis moralement sûr de ne jamais me trouver dans le même cas? et qui me répondra qu'en suivant bien fidèlement cette maxime j'obtiendrai qu'on la suive de même avec moi? Le méchant tire avantage de la probité du juste et de sa propre injustice; il est bien aise que tout le monde soit juste excepté lui. Cet accord-là, quoi qu'on en dise, n'est pas fort avantageux aux gens de bien. Mais quand la force d'une ame expansive m'identifie avec mon semblable, et que je me sens pour ainsi dire en lui, c'est pour ne pas souffrir que je ne veux pas qu'il souffre; je m'intéresse à lui pour l'amour de moi, et la raison du précepte est dans la nature elle-même, qui m'inspire le désir de mon bien-être en quelque lieu que je me sente exister. D'où je conclus qu'il n'est pas vrai que les préceptes de la loi naturelle soient fondés sur la raison seule, ils ont une base plus solide et plus sûre. L'amour des hommes dirivé de l'amour de soi est le principe de la justice humaine. Le sommaire de toute la morale est donné dans l'Évangile par celui de la loi.

semblables le porte à se comparer avec eux ; et le premier sentiment qu'excite en lui cette comparaison est de désirer la première place. Voilà le point où l'amour de soi se change en amour-propre, et où commencent à naître toutes les passions qui tiennent à celle-là. Mais pour décider si celles de ces passions qui domineront dans son caractère seront humaines et douces, ou cruelles et malfaisantes, si ce seront des passions de bienveillance et de commisération, ou d'envie et de convoitise, il faut savoir à quelle place il se sentira parmi les hommes, et quels genres d'obstacles il pourra croire avoir à vaincre pour parvenir à celle qu'il veut occuper.

Pour le guider dans cette recherche, après lui avoir montré les hommes par les accidents communs à l'espèce, il faut maintenant les lui montrer par leurs différences. Ici vient la mesure de l'inégalité naturelle et civile, et le tableau de tout l'ordre social.

Il faut étudier la société par les hommes, et les hommes par la société : ceux qui voudront traiter séparément la politique et la morale n'entendront jamais rien à aucune des deux. En s'attachant d'abord aux relations primitives, on voit comment les hommes en doivent être affectés, et quelles passions en doivent naître : on voit que c'est réciproquement par le progrès des passions que ces relations se multiplient et se resserrent. C'est moins la force des bras que la modération des cœurs qui rend les hommes indépendants et libres. Quiconque désire peu de choses tient à peu de gens ; mais, confondant toujours nos vains désirs avec nos besoins physiques, ceux qui ont fait de ces derniers les fondements de la société humaine ont toujours pris les effets pour les causes, et n'ont fait que s'égarer dans tous leurs raisonnements.

Il y a dans l'état de nature une égalité de fait réelle et indestructible, parce qu'il est impossible dans cet état que la seule différence d'homme à homme soit assez grande pour rendre l'un dépendant de l'autre. Il y a dans l'état civil une égalité de droit chimérique et vaine, parce que les moyens destinés à la maintenir servent eux-mêmes à la détruire, et que la force publique ajoutée au plus fort pour opprimer le foible rompt l'espèce d'équilibre que la nature avoit mis entre eux[1]. De cette première contradiction découlent toutes celles qu'on remarque dans l'ordre civil entre l'apparence et la réalité. Toujours la multitude sera sacrifiée au petit nombre, et l'intérêt public à l'intérêt particulier ; toujours ces noms spécieux de justice et de subordination serviront d'instruments à la violence et d'armes à l'iniquité : d'où il suit que les ordres distingués qui se prétendent

---

[1] L'esprit universel des lois de tous les pays est de favoriser toujours le fort contre le foible, et celui qui a contre celui qui n'a rien ; cet inconvénient est inévitable, et il est sans exception.

utiles aux autres ne sont en effet utiles qu'à eux-mêmes aux dépens des autres; par où l'on doit juger de la considération qui leur est due selon la justice et selon la raison. Reste à voir si le rang qu'ils se sont donné est plus favorable au bonheur de ceux qui l'occupent, pour savoir quel jugement chacun de nous doit porter de son propre sort. Voilà maintenant l'étude qui nous importe; mais, pour la bien faire, il faut commencer par connoître le cœur humain.

S'il ne s'agissoit que de montrer aux jeunes gens l'homme par son masque, on n'auroit pas besoin de le leur montrer, ils le verroient toujours de reste; mais, puisque le masque n'est pas l'homme, et qu'il ne faut pas que son vernis le séduise, en leur peignant les hommes, peignez-les-leur tels qu'ils sont, non pas afin qu'ils les haïssent, mais afin qu'ils les plaignent et ne leur veuillent pas ressembler. C'est, à mon gré, le sentiment le mieux entendu que l'homme puisse avoir sur son espèce.

Dans cette vue, il importe ici de prendre une route opposée à celle que nous avons suivie jusqu'à présent, et d'instruire plutôt le jeune homme par l'expérience d'autrui que par la sienne. Si les hommes le trompent, il les prendra en haine; mais si, respecté d'eux, il les voit se tromper mutuellement, il en aura pitié. Le spectacle du monde, disoit Pythagore, ressemble à celui des jeux olympiques : les uns y tiennent boutique et ne songent qu'à leur profit; les autres y paient de leur personne et cherchent la gloire : d'autres se contentent de voir les jeux, et ceux-ci ne sont pas les pires.

Je voudrois qu'on choisît tellement les sociétés d'un jeune homme, qu'il pensât bien de ceux qui vivent avec lui; et qu'on lui apprît à si bien connoître le monde, qu'il pensât mal de tout ce qui s'y fait. Qu'il sache que l'homme est naturellement bon, qu'il le sente, qu'il juge de son prochain par lui-même; mais qu'il voie comment la société déprave et pervertit les hommes; qu'il trouve dans leurs préjugés la source de tous leurs vices; qu'il soit porté à estimer chaque individu, mais qu'il méprise la multitude; qu'il voie que tous les hommes portent à peu près le même masque, mais qu'il sache aussi qu'il y a des visages plus beaux que le masque qui les couvre.

Cette méthode, il faut l'avouer, a ses inconvénients et n'est pas facile dans la pratique; car, s'il devient observateur de trop bonne heure, si vous l'exercez à épier de trop près les actions d'autrui, vous le rendrez médisant et satirique, décisif et prompt à juger : il se fera un odieux plaisir de chercher à tout de sinistres interprétations, et à ne voir en bien rien même de ce qui est bien. Il s'accoutumera du moins au spectacle du vice, et à voir les méchants sans horreur, comme on s'accoutume à voir les malheureux sans pitié. Bientôt la perversité générale lui servira moins de leçon que d'excuse : il se dira que si l'homme est ainsi, il ne doit pas vouloir être autrement.

Que si vous voulez l'instruire par principe et lui faire connoître avec la nature du cœur humain l'application des causes externes qui tournent nos penchants en vices, en le transportant ainsi tout d'un coup des objets sensibles aux objets intellectuels, vous employez une métaphysique qu'il n'est point en état de comprendre ; vous retombez dans l'inconvénient, évité si soigneusement jusqu'ici de lui donner des leçons qui ressemblent à des leçons, de substituer dans son esprit l'expérience et l'autorité du maître à sa propre expérience et au progrès de sa raison.

Pour lever à la fois ces deux obstacles et pour mettre le cœur humain à sa portée sans risquer de gâter le sien, je voudrois lui montrer les hommes au loin, les lui montrer dans d'autres temps ou dans d'autres lieux, et de sorte qu'il pût voir la scène sans jamais y pouvoir agir. Voilà le moment de l'histoire ; c'est par elle qu'il lira dans les cœurs sans les leçons de la philosophie ; c'est par elle qu'il les verra, simple spectateur, sans intérêt et sans passion, comme leur juge, non comme leur complice ni comme leur accusateur.

Pour connoître les hommes il faut les voir agir. Dans le monde on les entend parler ; ils montrent leurs discours et cachent leurs actions : mais dans l'histoire elles sont dévoilées, et on les juge sur les faits. Leurs propos même aident à les apprécier; car, comparant ce qu'ils font à ce qu'ils disent, on voit à la fois ce qu'ils sont et ce qu'ils veulent paroître : plus ils se déguisent, mieux on les connoît.

Malheureusement cette étude a ses dangers, ses inconvénients de plus d'une espèce. Il est difficile de se mettre dans un point de vue d'où l'on puisse juger ses semblables avec équité. Un des grands vices de l'histoire est qu'elle peint beaucoup plus les hommes par leurs mauvais côtés que par les bons : comme elle n'est intéressante que par les révolutions, les catastrophes, tant qu'un peuple croît et prospère dans le calme d'un paisible gouvernement, elle n'en dit rien; elle ne commence à en parler que quand, ne pouvant plus se suffire à lui-même, il prend part aux affaires de ses voisins, ou les laisse prendre part aux siennes; elle ne l'illustre que quand il est déjà sur son déclin : toutes nos histoires commencent où elles devroient finir. Nous avons fort exactement celle des peuples qui se détruisent; ce qui nous manque est celle des peuples qui se multiplient; ils sont assez heureux et assez sages pour qu'elle n'ait rien à dire d'eux : et en effet nous voyons, même de nos jours, que les gouvernements qui se conduisent le mieux sont ceux dont on parle le moins. Nous ne savons donc que le mal; à peine le bien fait-il époque. Il n'y a que les méchants de célèbres, les bons sont oubliés ou tournés en ridicule ; et voilà comment l'histoire, ainsi que la philosophie, calomnie sans cesse le genre humain.

De plus, il s'en faut bien que les faits décrits dans l'histoire ne soient la peinture exacte des mêmes faits tels qu'ils sont arrivés : ils changent de forme dans la tête de l'historien, ils se moulent sur ses intérêts, ils prennent la teinte de ses préjugés. Qui est-ce qui sait mettre exactement le lecteur au lieu de la scène pour voir un événement tel qu'il s'est passé ? L'ignorance ou la partialité déguise tout. Sans altérer même un trait historique, en étendant ou resserrant des circonstances qui s'y rapportent, que de faces différentes on peut lui donner ! Mettez un même objet à divers points de vue, à peine paroîtra-t-il le même, et pourtant rien n'aura changé que l'œil du spectateur. Suffit-il, pour l'honneur de la vérité, de me dire un fait véritable en me le faisant voir tout autrement qu'il n'est arrivé ? Combien de fois un arbre de plus ou de moins, un rocher à droite ou à gauche, un tourbillon de poussière élevé par le vent, ont décidé de l'événement d'un combat sans que personne s'en soit aperçu ! Cela empêche-t-il que l'historien ne vous dise la cause de la défaite ou de la victoire avec autant d'assurance que s'il eût été partout ? Or que m'importent les faits en eux-mêmes, quand la raison m'en reste inconnue ? et quelles leçons puis-je tirer d'un événement dont j'ignore la vraie cause? L'historien m'en donne une, mais il la controuve; et la critique elle-même, dont on fait tant de bruit, n'est qu'un art de conjecturer, l'art de choisir entre plusieurs mensonges celui qui ressemble le mieux à la vérité.

N'avez-vous jamais lu Cléopâtre ou Cassandre [1], ou d'autres livres de cette espèce? L'auteur choisit un événement connu, puis, l'accommodant à ses vues, l'ornant de détails de son invention, de personnages qui n'ont jamais existé, et de portraits imaginaires, entasse fictions sur fictions pour rendre sa lecture agréable. Je vois peu de différence entre ces romans et vos histoires, si ce n'est que le romancier se livre davantage à sa propre imagination, et que l'historien s'asservit plus à celle d'autrui : à quoi j'ajouterai, si l'on veut, que le premier se propose un objet moral, bon ou mauvais, dont l'autre ne se soucie guère.

On me dira que la fidélité de l'histoire intéresse moins que la vérité des mœurs et des caractères; pourvu que le cœur humain soit bien peint, il importe peu que les événements soient fidèlement rapportés : car, après tout, ajoute-t-on, que nous font des faits arrivés il y a deux mille ans? On a raison, si les portraits sont bien rendus d'après nature; mais si la plupart n'ont leur modèle que dans

---

[1] * Romans de La Calprenède, le premier en douze volumes, le second en dix volumes in-8°.

l'imagination de l'historien, n'est-ce pas retomber dans l'inconvénient qu'on vouloit fuir, et rendre à l'autorité des écrivains ce qu'on veut ôter à celle du maître? Si mon élève ne doit voir que des tableaux de fantaisie, j'aime mieux qu'ils soient tracés de ma main que d'une autre; ils lui seront du moins mieux appropriés.

Les pires historiens pour un jeune homme sont ceux qui jugent. Les faits! les faits! et qu'il juge lui-même; c'est ainsi qu'il apprend à connoître les hommes. Si le jugement de l'auteur le guide sans cesse, il ne fait que voir par l'œil d'un autre; et quand cet œil lui manque, il ne voit plus rien.

Je laisse à part l'histoire moderne, non seulement parce qu'elle n'a plus de physionomie et que nos hommes se ressemblent tous, mais parce que nos historiens, uniquement attentifs à briller, ne songent qu'à faire des portraits fortement coloriés, et qui souvent ne représentent rien [1]. Généralement les anciens font moins de portraits, mettent

[1] Voyez Davila, Guicciardini, Strada, Solis, Machiavel, et quelquefois De Thou lui-même. Vertot est presque le seul qui savoit peindre sans faire de portraits *.

* Davila, né aux environs de Padoue, long-temps attaché à Catherine de Médicis, est mort en 1631; il est auteur d'une *Histoire des Guerres civiles de France*, sous François II, Charles IX, Henri III et Henri IV, écrite en italien et traduite en françois. (*Paris*, 1757, 3 vol. in-4º.)

Guicciardini, plus connu en France sous le nom de *Guichardin*, né à Florence, mort en 1540, auteur de l'*Histoire des Guerres d'Italie*, de 1490 à 1534, traduite en françois. (*Paris*, 1738, 3 vol. in-4º.)

Strada, jésuite romain, mort en 1649, auteur de l'*Histoire des Pays-Bas*, écrite en latin, traduite en françois. (*Bruxelles*, 4 vol. in-12.)

Solis, Espagnol, poète et historien, mort en 1686, auteur d'une *Histoire de la Conquête du Mexique*, traduite en françois. (*Paris*, 1692, 2 vol. in-12.)

moins d'esprit et plus de sens dans leurs jugements; encore y a-t-il entre eux un grand choix à faire, et il ne faut pas d'abord prendre les plus judicieux, mais les plus simples. Je ne voudrois mettre dans la main d'un jeune homme ni Polybe ni Salluste; Tacite est le livre des vieillards, les jeunes gens ne sont pas faits pour l'entendre : il faut apprendre à voir dans les actions humaines les premiers traits du cœur de l'homme, avant d'en vouloir sonder les profondeurs; il faut savoir bien lire dans les faits avant de lire dans les maximes. La philosophie en maximes ne convient qu'à l'expérience. La jeunesse ne doit rien généraliser; toute son instruction doit être en règles particulières.

Thucydide est, à mon gré, le vrai modèle des historiens. Il rapporte les faits sans les juger ; mais il n'omet aucune des circonstances propres à nous en faire juger nous-mêmes. Il met tout ce qu'il raconte sous les yeux du lecteur; loin de s'interposer entre les événements et les lecteurs, il se dérobe; on ne croit plus lire, on croit voir. Malheureusement il parle toujours de guerre, et l'on ne voit presque dans ses récits que la chose du monde la moins instructive, savoir des combats. La *Retraite des dix mille* et les *Commentaires de César* ont à peu près la même sagesse et le même défaut. Le bon Hérodote, sans portraits, sans maximes, mais coulant, naïf, plein de détails les plus capables d'intéresser et de plaire, seroit peut-être le meilleur des historiens, si ces mêmes détails ne dégénéroient souvent en simplicités puériles, plus propres à gâter le goût de la jeunesse qu'à le former : il faut déjà du discernement pour le lire. Je ne dis rien de Tite-Live, son tour viendra; mais il est politique, il est rhéteur, il est tout ce qui ne convient pas à cet âge.

L'histoire en général est défectueuse, en ce qu'elle ne tient registre que de faits sensibles et marqués, qu'on peut fixer par des noms, des lieux, des dates, mais les causes lentes et progressives de ces faits, lesquelles ne peuvent s'assigner de même, restent toujours inconnues. On trouve souvent dans une bataille gagnée ou perdue la raison d'une révolution qui, même avant cette bataille, étoit déjà devenue inévitable. La guerre ne fait guère que manifester des événements déjà déterminés par des causes morales que les historiens savent rarement voir.

L'esprit philosophique a tourné de ce côté les réflexions de plusieurs écrivains de ce siècle ; mais je doute que la vérité gagne à leur travail. La fureur des systèmes s'étant emparée d'eux tous, nul ne cherche à voir les choses comme elles sont, mais comme elles s'accordent avec son système.

Ajoutez à toutes ces réflexions que l'histoire montre bien plus les actions que les hommes, parce qu'elle ne saisit ceux-ci que dans certains moments choisis, dans leurs vêtements de parade;

elle n'expose que l'homme public qui s'est arrangé pour être vu : elle ne le suit point dans sa maison, dans son cabinet, dans sa famille, au milieu de ses amis; elle ne le peint que quand il représente : c'est bien plus son habit que sa personne qu'elle peint.

J'aimerois mieux la lecture des vies particulières pour commencer l'étude du cœur humain ; car alors l'homme a beau se dérober, l'historien le poursuit partout; il ne lui laisse aucun moment de relâche, aucun recoin pour éviter l'œil perçant du spectateur; et c'est quand l'un croit mieux se cacher, que l'autre le fait mieux connoître. « Ceulx, « dit Montaigne, qui escrivent les vies, d'autant « qu'ilz s'amusent plus aux conseils qu'aux evene- « ments, plus à ce qui part du dedans qu'à ce qui « arrive au dehors, ceulx là me sont plus propres, « voilà pourquoi, en toutes sortes, c'est mon « homme que Plutarque[1]. »

Il est vrai que le génie des hommes assemblés ou des peuples est fort différent du caractère de l'homme en particulier, et que ce seroit connoître très-imparfaitement le cœur humain que de ne pas l'examiner aussi dans la multitude : mais il n'est pas moins vrai qu'il faut commencer par étudier l'homme pour juger les hommes, et que qui connoîtroit parfaitement les penchants de chaque individu pourroit prévoir tous leurs effets combinés dans le corps du peuple.

[1] * Livre II, chapitre x.

LIVRE IV.

Il faut encore ici recourir aux anciens par les raisons que j'ai déjà dites, et de plus, parce que tous les détails familiers et bas, mais vrais et caractéristiques, étant bannis du style moderne, les hommes sont aussi parés par nos auteurs dans leurs vies privées que sur la scène du monde. La décadence, non moins sévère dans les écrits que dans les actions, ne permet plus de dire en public que ce qu'elle permet d'y faire, et, comme on ne peut montrer les hommes que représentant toujours, on ne les connoît pas plus dans nos livres que sur nos théâtres. On aura beau faire et refaire cent fois la vie des rois, nous n'aurons plus de Suétones[1].

Plutarque excelle par ces mêmes détails dans lesquels nous n'osons plus entrer. Il a une grâce inimitable à peindre les grands hommes dans les petites choses; et il est si heureux dans le choix de ses traits, que souvent un mot, un sourire, un geste, lui suffit pour caractériser son héros. Avec un mot plaisant Annibal rassure son armée effrayée, et la fait marcher en riant à la bataille qui lui livra l'Italie : Agésilas, à cheval sur un bâton, me fait aimer le vainqueur du grand roi : César,

---

[1] Un seul de nos historiens [*], qui a imité Tacite dans les grands traits, a osé imiter Suétone et quelquefois transcrire Comines dans les petits; et cela même, qui ajoute au prix de son livre, l'a fait critiquer parmi nous.

[*] Duclos, auteur de la *Vie de Louis XI*, 3 vol. in-8°, publiée en 1745, avec un supplément en un volume, qui parut l'année suivante.

traversant un pauvre village, et causant avec ses amis, décèle, sans y penser, le fourbe qui disoit ne vouloir qu'être l'égal de Pompée : Alexandre avale une médecine et ne dit pas un seul mot; c'est le plus beau moment de sa vie : Aristide écrit son propre nom sur une coquille; et justifie ainsi son surnom : Philopœmen, le manteau bas, coupe du bois dans la cuisine de son hôte. Voilà le véritable art de peindre. La physionomie ne se montre pas dans les grands traits, ni le caractère dans les grandes actions; c'est dans les bagatelles que le naturel se découvre. Les choses publiques sont ou trop communes ou trop apprêtées, et c'est presque uniquement à celles-ci que la dignité moderne permet à nos auteurs de s'arrêter.

Un des plus grands hommes du siècle dernier fut incontestablement M. de Turenne. On a eu le courage de rendre sa vie intéressante par de petits détails qui le font connoître et aimer; mais combien s'est-on vu forcé d'en supprimer qui l'auroient fait connoître et aimer davantage ! Je n'en citerai qu'un, que je tiens de bon lieu, et que Plutarque n'eût eu garde d'omettre, mais que Ramsai n'eût eu garde d'écrire quand il l'auroit su.

Un jour d'été qu'il faisoit fort chaud, le vicomte de Turenne, en petite veste blanche et en bonnet, étoit à la fenêtre dans son antichambre : un de ses gens survient, et, trompé par l'habillement, le prend pour un aide de cuisine avec lequel ce domestique étoit familier. Il s'approche doucement par derrière, et d'une main qui n'étoit pas légère lui applique un grand coup sur les fesses. L'homme frappé se retourne à l'instant. Le valet voit en frémissant le visage de son maître. Il se jette à genoux tout éperdu : *Monseigneur, j'ai cru que c'étoit George.... Et quand c'eût été George*, s'écrie Turenne en se frottant le derrière, *il ne falloit pas frapper si fort.* Voilà donc ce que vous n'osez dire, misérables? Soyez donc à jamais sans naturel, sans entrailles; trempez, durcissez vos cœurs de fer dans votre vile décence; rendez-vous méprisables à force de dignité. Mais toi, bon jeune homme qui lis ce trait, et qui sens avec attendrissement toute la douceur d'ame qu'il montre, même dans le premier mouvement, lis aussi les petitesses de ce grand homme; dès qu'il étoit question de sa naissance et de son nom. Songe que c'est le même Turenne qui affectoit de céder partout le pas à son neveu, afin qu'on vît bien que cet enfant étoit le chef d'une maison souveraine. Rapproche ces contrastes, aime la nature, méprise l'opinion, et connois l'homme.

Il y a bien peu de gens en état de concevoir les effets que des lectures ainsi dirigées peuvent opérer sur l'esprit tout neuf d'un jeune homme. Appesantis sur des livres dès notre enfance, accoutumés à lire sans penser, ce que nous lisons nous frappe d'autant moins, que, portant déjà dans nous-mêmes les passions et les préjugés qui remplissent l'histoire et les vies des hommes, tout ce qu'ils font nous paroît naturel, parce que nous sommes hors de la nature, et que nous jugeons des autres par nous. Mais qu'on se représente un jeune homme élevé selon mes maximes, qu'on se figure mon Émile, auquel dix-huit ans de soins assidus n'ont eu pour objet que de conserver un jugement intègre et un cœur sain; qu'on se le figure, au lever de la toile, jetant pour la première fois les yeux sur la scène du monde, ou plutôt, placé derrière le théâtre, voyant les acteurs prendre et poser leurs habits, et comptant les cordes et les poulies dont le grossier prestige abuse les yeux des spectateurs : bientôt à sa première surprise succéderont des mouvements de honte et de dédain pour son espèce : il s'indignera de voir ainsi tout le genre humain, dupe de lui-même, s'avilir à ces jeux d'enfants; il s'affligera de voir ses frères s'entre-déchirer pour des rêves, et se changer en bêtes féroces pour n'avoir pas su se contenter d'être hommes.

Certainemeut, avec les dispositions naturelles de l'élève, pour peu que le maître apporte de prudence et de choix dans ses lectures, pour peu qu'il le mette sur la voie des réflexions qu'il en doit tirer, cet exercice sera pour lui un cours de philosophie pratique, meilleur sûrement et mieux entendu que toutes les vaines spéculations dont on brouille l'esprit des jeunes gens dans nos écoles. Qu'après avoir suivi les romanesques projets de Pyrrhus, Cynéas lui demande quel bien réel lui procurera la conquête du monde, dont il ne puisse jouir dès à présent sans tant de tourments; nous ne voyons là qu'un bon mot qui passe : mais Émile y verra une réflexion très-sage, qu'il eût faite le premier, et qui ne s'effacera jamais de son esprit, parce qu'elle n'y trouve aucun préjugé contraire qui puisse en empêcher l'impression. Quand ensuite, en lisant la vie de cet insensé, il trouvera que tous ses grands desseins ont abouti à s'aller faire tuer par la main d'une femme, au lieu d'admirer cet héroïsme prétendu, que verra-t-il dans tous les exploits d'un si grand capitaine, dans toutes les intrigues d'un si grand politique, si ce n'est autant de pas pour aller chercher cette malheureuse tuile qui devoit terminer sa vie et ses projets par une mort déshonorante.

Tous les conquérants n'ont pas été tués, tous les usurpateurs n'ont pas échoué dans leurs entreprises, plusieurs paroîtront heureux aux esprits prévenus des opinions vulgaires : mais celui qui, sans s'arrêter aux apparences, ne juge du bonheur des hommes que par l'état de leurs cœurs, verra leurs misères dans leurs succès mêmes; il verra leurs désirs et leurs soucis rongeants s'étendre et s'accroître avec leur fortune; il les verra perdre haleine en avançant, sans jamais parvenir à leurs termes : il les verra semblables à ces voyageurs inexpérimentés qui, s'engageant pour la première fois dans les Alpes, pensent les franchir à chaque montagne, et, quand ils sont au sommet, trouvent avec découragement de plus hautes montagnes au-devant d'eux.

Auguste, après avoir soumis ses concitoyens et détruit ses rivaux, régit durant quarante ans le plus grand empire qui ait existé : mais tout cet immense pouvoir l'empêchoit-il de frapper les murs de sa tête et de remplir son vaste palais de ses cris, en redemandant à Varus ses légions exterminées ? Quand il auroit vaincu tous ses ennemis, de quoi lui auroient servi ses vains triomphes, tandis que les peines de toute espèce naissoient sans cesse autour de lui, tandis que ses plus chers amis attentoient à sa vie, et qu'il étoit réduit à pleurer la honte ou la mort de tous ses proches? L'infortuné voulut gouverner le monde, et ne sut pas gouverner sa maison ! Qu'arriva-t-il de cette négligence ? Il vit périr à la fleur de l'âge son neveu, son fils adoptif, son gendre ; son petit-fils fut réduit à manger la bourre de son lit pour prolonger de quelques heures sa misérable vie ; sa fille et sa petite-fille, après l'avoir couvert de leur infamie, moururent l'une de misère et de faim dans une île déserte, l'autre en prison par la main d'un archer. Lui-même enfin, dernier reste de sa malheureuse famille, fut réduit par sa propre femme à ne laisser après lui qu'un monstre pour lui succéder. Tel fut le sort de ce maître du monde, tant célébré pour sa gloire et pour son bonheur. Croirai-je qu'un seul de ceux qui les admirent les voulût acquérir au même prix ?

J'ai pris l'ambition pour exemple ; mais le jeu de toutes les passions humaines offre de semblables leçons à qui veut étudier l'histoire pour se connoître et se rendre sage aux dépens des morts. Le temps approche où la vie d'Antoine aura pour le jeune homme une instruction plus prochaine que celle d'Auguste. Émile ne se reconnoîtra guère dans les étranges objets qui frapperont ses regards durant ses nouvelles études ; mais il saura d'avance écarter l'illusion des passions avant qu'elles naissent ; et, voyant que de tous les temps elles ont aveuglé les hommes, il sera prévenu de la manière dont elles pourront l'aveugler à son tour, si jamais il s'y livre [1]. Ces leçons, je le sais, lui sont mal appropriées ; peut-être au besoin, seront-elles tardives, insuffisantes : mais souvenez-vous que ce ne sont point celles que j'ai voulu tirer de cette étude. En la commençant, je me proposais un

---

[1] C'est toujours le préjugé qui fomente dans nos cœurs l'impétuosité des passions. Celui qui ne voit que ce qui est, et n'estime que ce qu'il connoît, ne se passionne guère. Les erreurs de nos jugements produisent l'ardeur de tous nos désirs [*].

[*] Cette note, qui est dans le manuscrit autographe, n'a été imprimée dans aucune édition antérieure à celle de 1801.

autre objet; et sûrement, si cet objet est mal rempli, ce sera la faute du maître.

Songez qu'aussitôt que l'amour-propre est développé, le *moi* relatif se met en jeu sans cesse, et que jamais le jeune homme n'observe les autres sans revenir sur lui-même et se comparer avec eux. Il s'agit donc de savoir à quel rang il se mettra parmi ses semblables après les avoir examinés. Je vois, à la manière dont on fait lire l'histoire aux jeunes gens, qu'on les transforme, pour ainsi dire, dans tous les personnages qu'ils voient, qu'on s'efforce de les faire devenir tantôt Cicéron, tantôt Trajan, tantôt Alexandre; de les décourager lorsqu'ils rentrent dans eux-mêmes; de donner à chacun le regret de n'être que soi. Cette méthode a certains avantages dont je ne disconviens pas; mais, quant à mon Émile, s'il arrive une seule fois, dans ces parallèles, qu'il aime mieux être un autre que lui, cet autre, fût-il Socrate, fût-il Caton, tout est manqué : celui qui commence à se rendre étranger à lui-même ne tarde pas à s'oublier tout-à-fait.

Ce ne sont point les philosophes qui connoissent le mieux les hommes; ils ne les voient qu'à travers les préjugés de la philosophie; et je ne sache aucun état où l'on en ait tant. Un sauvage nous juge plus sainement que ne fait un philosophe. Celui-ci sent ses vices, s'indigne des nôtres, et dit en lui-même, Nous sommes tous méchants : l'autre nous regarde sans s'émouvoir, et dit, Vous êtes des fous. Il a raison; car nul ne fait le mal pour le mal. Mon élève est ce sauvage, avec cette différence qu'Émile, ayant plus réfléchi, plus comparé d'idées, vu nos erreurs de plus près, se tient plus en garde contre lui-même et ne juge que de ce qu'il connoît.

Ce sont nos passions qui nous irritent contre celles des autres; c'est notre intérêt qui nous fait haïr les méchants; s'ils ne nous faisoient aucun mal, nous aurions pour eux plus de pitié que de haine. Le mal que nous font les méchants nous fait oublier celui qu'ils se font à eux-mêmes. Nous leur pardonnerions plus aisément leurs vices, si nous pouvions connoître combien leur propre cœur les en punit. Nous sentons l'offense et nous ne voyons pas le châtiment; les avantages sont apparents, la peine est intérieure. Celui qui croit jouir du fruit de ses vices n'est pas moins tourmenté que s'il n'eût point réussi; l'objet est changé, l'inquiétude est la même : ils ont beau montrer leur fortune et cacher leur cœur, leur conduite le montre en dépit d'eux : mais pour le voir, il n'en faut pas avoir un semblable.

Les passions que nous partageons nous séduisent; celles qui choquent nos intérêts nous révoltent, et, par une inconséquence qui nous vient d'elles, nous blâmons dans les autres ce que nous voudrions imiter. L'aversion et l'illusion sont inévitables, quand on est forcé de souffrir de la part d'autrui le mal qu'on feroit si l'on étoit à sa place.

Que faudroit-il donc pour bien observer les hommes? Un grand intérêt à les connoître, une grande impartialité à les juger, un cœur assez sensible pour concevoir toutes les passions humaines, et assez calme pour ne les pas éprouver. S'il est dans la vie un moment favorable à cette étude, c'est celui que j'ai choisi pour Émile : plus tôt ils lui eussent été étrangers, plus tard il leur eût été semblable. L'opinion dont il voit le jeu n'a point encore acquis sur lui d'empire : les passions dont il sent l'effet n'ont point agité son cœur. Il est homme, il s'intéresse à ses frères; il est équitable, il juge ses pairs. Or, sûrement, s'il les juge bien, il ne voudra être à la place d'aucun d'eux; car le but de tous les tourments qu'ils se donnent étant fondé sur des préjugés qu'il n'a pas, lui paroît un but en l'air. Pour lui, tout ce qu'il désire est à sa portée. De qui dépendroit-il, se suffisant à lui-même et libre de préjugés? Il a des bras, de la santé [1], de la modération, peu de besoins et de quoi les satisfaire. Nourri dans la plus absolue liberté, le plus grand des maux qu'il conçoit est

---

[1] Je crois pouvoir compter hardiment la santé et la bonne constitution au nombre des avantages acquis par son éducation, ou plutôt au nombre des dons de la nature que son éducation lui a conservés.

la servitude. Il plaint ces misérables rois esclaves de tout ce qui leur obéit; il plaint ces faux sages enchaînés à leur vaine réputation; il plaint ces riches sots, martyrs de leur faste; il plaint ces voluptueux de parade, qui livrent leur vie entière à l'ennui pour paroître avoir du plaisir. Il plaindroit l'ennemi qui lui feroit du mal à lui-même; car, dans ses méchancetés, il verroit sa misère. Il se diroit : En se donnant le besoin de me nuire, cet homme a fait dépendre son sort du mien.

Encore un pas et nous touchons au but. L'amour-propre est un instrument utile, mais dangereux; souvent il blesse la main qui s'en sert, et fait rarement du bien sans mal. Émile, en considérant son rang dans l'espèce humaine, et s'y voyant si heureusement placé, sera tenté de faire honneur à sa raison de l'ouvrage de la vôtre, et d'attribuer à son mérite l'effet de son bonheur. Il se dira : Je suis sage, et les hommes sont fous. En les plaignant il les méprisera, en se félicitant il s'estimera davantage; et, se sentant plus heureux qu'eux, il se croira plus digne de l'être. Voilà l'erreur la plus à craindre, parce qu'elle est la plus difficile à détruire. S'il restoit dans cet état, il auroit peu gagné à tous nos soins; et s'il falloit opter, je ne sais si je n'aimerois pas mieux encore l'illusion des préjugés que celle de l'orgueil.

Les grands hommes ne s'abusent point sur leur supériorité; ils la voient, la sentent, et n'en sont

6.

pas moins modestes. Plus ils ont, plus ils connoissent tout ce qui leur manque. Ils sont moins vains de leur élévation sur nous, qu'humiliés du sentiment de leur misère; et, dans les biens exclusifs qu'ils possèdent, ils sont trop sensés pour tirer vanité d'un don qu'ils ne se sont pas fait. L'homme de bien peut être fier de sa vertu, parce qu'elle est à lui; mais de quoi l'homme d'esprit est-il fier? Qu'a fait Racine pour n'être pas Pradon? Qu'a fait Boileau pour n'être pas Cotin?

Ici c'est tout autre chose encore. Restons toujours dans l'ordre commun. Je n'ai supposé dans mon élève ni un génie transcendant, ni un entendement bouché. Je l'ai choisi parmi les esprits vulgaires pour montrer ce que peut l'éducation sur l'homme. Tous les cas rares sont hors des règles. Quand donc, en conséquence de mes soins, Émile préfère sa manière d'être, de voir, de sentir, à celle des autres hommes, Émile a raison; mais quand il se croit pour cela d'une nature plus excellente, et plus heureusement né qu'eux, Émile a tort : il se trompe; il faut le détromper, ou plutôt prévenir l'erreur, de peur qu'il ne soit trop tard ensuite pour la détruire.

Il n'y a point de folie dont on ne puisse guérir un homme qui n'est pas fou, hors la vanité; pour celle-ci, rien n'en corrige que l'expérience, si toutefois quelque chose en peut corriger; à sa naissance, au moins, on peut l'empêcher de croître.

N'allez donc pas vous perdre en beaux raisonnements, pour prouver à l'adolescent qu'il est homme comme les autres et sujet aux mêmes foiblesses. Faites-le-lui sentir, ou jamais il ne le saura. C'est encore ici un cas d'exception à mes propres règles; c'est le cas d'exposer volontairement mon élève à tous les accidents qui peuvent lui prouver qu'il n'est pas plus sage que nous. L'aventure du bateleur seroit répétée en mille manières, je laisserois aux flatteurs prendre tout leur avantage avec lui : si des étourdis l'entraînoient dans quelque extravagance, je lui en laisserois courir le danger : si des filous l'attaquoient au jeu, je le leur livrerois pour en faire leur dupe[1]; je le laisserois encenser, plumer, dévaliser par eux; et quand, l'ayant mis à sec, ils finiroient par se moquer de lui, je les remercierois encore en sa pré-

[1] Au reste, notre élève donnera peu dans ce piége, lui que tant d'amusements environnent, lui qui ne s'ennuya de sa vie, et qui sait à peine à quoi sert l'argent. Les deux mobiles avec lesquels on conduit les enfants étant l'intérêt et la vanité, ces deux mêmes mobiles servent aux courtisanes et aux escrocs pour s'emparer d'eux dans la suite. Quand vous voyez exciter leur avidité par des prix, par des récompenses; quand vous les voyez applaudir à dix ans dans un acte public au collége, vous voyez comment on leur fera laisser à vingt leur bourse dans un brelan, et leur santé dans un mauvais lieu. Il y a toujours à parier que le plus savant de sa classe deviendra le plus joueur et le plus débauché. Or les moyens dont on n'usa point dans l'enfance n'ont point dans la jeunesse le même abus. Mais on doit se souvenir qu'ici ma constante maxime est de mettre partout la chose au pis. Je cherche d'abord à prévenir le vice; et puis je le suppose, afin d'y remédier.

sence des leçons qu'ils ont bien voulu lui donner. Les seuls piéges dont je le garantirois avec soin seroient ceux des courtisanes. Les seuls ménagements que j'aurois pour lui seroient de partager tous les dangers que je lui laisserois courir et tous les affronts que je lui laisserois recevoir. J'endurerois tout en silence, sans plainte, sans reproche, sans jamais lui en dire un seul mot, et soyez sûr qu'avec cette discrétion bien soutenue, tout ce qu'il m'aura vu souffrir pour lui fera plus d'impression sur son cœur que ce qu'il aura souffert lui-même.

Je ne puis m'empêcher de relever ici la fausse dignité des gouverneurs qui, pour jouer sottement les sages, rabaissent leurs élèves, affectent de les traiter toujours en enfants, et de se distinguer toujours d'eux dans tout ce qu'ils leur font faire. Loin de ravaler ainsi leurs jeunes courages, n'épargnez rien pour leur élever l'ame; faites-en vos égaux afin qu'ils le deviennent; et s'ils ne peuvent encore s'élever à vous, descendez à eux sans honte, sans scrupule. Songez que votre honneur n'est plus dans vous, mais dans votre élève : partagez ses fautes pour l'en corriger : chargez-vous de sa honte pour l'effacer : imitez ce brave Romain qui, voyant fuir son armée et ne pouvant la rallier, se mit à fuir à la tête de ses soldats, en criant : *Ils ne fuient pas, ils suivent leur capitaine.* Fut-il déshonoré pour cela ? Tant s'en faut : en sacrifiant ainsi sa gloire il l'augmenta. La force du devoir, la beauté de la vertu entraînent malgré nous nos suffrages et renversent nos insensés préjugés. Si je recevois un soufflet en remplissant mes fonctions auprès d'Émile, loin de me venger de ce soufflet, j'irois partout m'en vanter; et je doute qu'il y eût dans le monde un homme assez vil[1] pour ne pas m'en respecter davantage.

Ce n'est pas que l'élève doive supposer dans le maître des lumières aussi bornées que les siennes et la même facilité à se laisser séduire. Cette opinion est bonne pour un enfant, qui, ne sachant rien voir, rien comparer, met tout le monde à sa portée, et ne donne sa confiance qu'à ceux qui savent s'y mettre en effet. Mais un jeune homme de l'âge d'Émile, et aussi sensé que lui, n'est plus assez sot pour prendre ainsi le change, et il ne seroit pas bon qu'il le prît. La confiance qu'il doit avoir en son gouverneur est d'une autre espèce : elle doit porter sur l'autorité de la raison, sur la supériorité des lumières, sur les avantages que le jeune homme est en état de connoître, et dont il sent l'utilité pour lui. Une longue expérience l'a convaincu qu'il est aimé de son conducteur; que ce conducteur est un homme sage, éclairé, qui, voulant son bonheur, sait ce qui peut le lui procurer. Il doit savoir que, pour son propre intérêt, il lui convient d'écouter ses avis. Or, si le maître

---

[1] Je me trompois, j'en ai découvert un; c'est M. Formey.

se laissoit tromper comme le disciple, il perdroit le droit d'en exiger de la déférence et de lui donner des leçons. Encore moins l'élève doit-il supposer que le maître le laisse à dessein tomber dans des piéges, et tend des embûches à sa simplicité. Que faut-il donc faire pour éviter à la fois ces deux inconvénients? Ce qu'il y a de meilleur et de plus naturel; être simple et vrai comme lui; l'avertir des périls auxquels il s'expose; les lui montrer clairement, sensiblement, mais sans exagération, sans humeur, sans pédantesque étalage, surtout sans lui donner vos avis pour des ordres, jusqu'à ce qu'ils le soient devenus et que ce ton impérieux soit absolument nécessaire. S'obstine-t-il après cela, comme il fera très-souvent; alors ne lui dites plus rien; laissez-le en liberté, suivez-le, imitez-le, et cela gaiement, franchement; livrez-vous, amusez-vous autant que lui, s'il est possible. Si les conséquences deviennent trop fortes, vous êtes toujours là pour les arrêter; et cependant combien le jeune homme, témoin de votre prévoyance et de votre complaisance, ne doit-il pas être à la fois frappé de l'une et touché de l'autre! Toutes ses fautes sont autant de liens qu'il vous fournit pour le retenir au besoin. Or, ce qui fait ici le plus grand art du maître, c'est d'amener les occasions et de diriger les exhortations de manière qu'il sache d'avance quand le jeune homme cédera, et quand il s'obstinera, afin de l'environner partout des leçons de l'expérience, sans jamais l'exposer à de trop grands dangers.

Avertissez-le de ses fautes avant qu'il y tombe : quand il y est tombé, ne les lui reprochez point ; vous ne feriez qu'enflammer et mutiner son amour-propre. Une leçon qui révolte ne profite pas. Je ne connois rien de plus inepte que ce mot, *Je vous l'avois bien dit.* Le meilleur moyen de faire qu'il se souvienne de ce qu'on lui a dit est de paroître l'avoir oublié. Tout au contraire, quand vous le verrez honteux de ne vous avoir pas cru, effacez doucement cette humiliation par de bonnes paroles. Il s'affectionnera sûrement à vous en voyant que vous vous oubliez pour lui, et qu'au lieu d'achever de l'écraser, vous le consolez. Mais si à son chagrin vous ajoutez des reproches, il vous prendra en haine, et se fera une loi de ne vous plus écouter, comme pour vous prouver qu'il ne pense pas comme vous sur l'importance de vos avis.

Le tour de vos consolations peut encore être pour lui une instruction d'autant plus utile qu'il ne s'en défiera pas. En lui disant, je suppose, que mille autres font les mêmes fautes, vous le mettez loin de son compte : vous le corrigez en ne paroissant que le plaindre : car, pour celui qui croit valoir mieux que les autres hommes, c'est une excuse bien mortifiante que de se consoler par leur exemple ; c'est concevoir que le plus qu'il peut prétendre est qu'ils ne valent pas mieux que lui.

Le temps des fautes est celui des fables. En censurant le coupable sous un masque étranger, on l'instruit sans l'offenser; et il comprend alors que l'apologue n'est pas un mensonge, par la vérité dont il fait l'application. L'enfant qu'on n'a jamais trompé par des louanges n'entend rien à la fable que j'ai ci-devant examinée, mais l'étourdi qui vient d'être la dupe d'un flatteur conçoit à merveille que le corbeau n'étoit qu'un sot. Ainsi, d'un fait il tire une maxime; et l'expérience, qu'il eût bientôt oubliée, se grave, au moyen de la fable, dans son jugement. Il n'y a point de connoissance morale qu'on ne puisse acquérir par l'expérience d'autrui ou par la sienne. Dans les cas où cette expérience est dangereuse, au lieu de la faire soi-même, on tire sa leçon de l'histoire. Quand l'épreuve est sans conséquence, il est bon que le jeune homme y reste exposé; puis, au moyen de l'apologue, on rédige en maximes les cas particuliers qui lui sont connus.

Je n'entends pas pourtant que ces maximes doivent être développées, ni même énoncées. Rien n'est si vain, si mal entendu, que la morale par laquelle on termine la plupart des fables; comme si cette morale n'étoit pas ou ne devoit pas être étendue dans la fable même de manière à la rendre sensible au lecteur! Pourquoi donc, en ajoutant cette morale à la fin, lui ôter le plaisir de la trouver de son chef? Le talent d'instruire est de faire que le disciple se plaise à l'instruction. Or, pour qu'il s'y plaise il ne faut pas que son esprit reste tellement passif à tout ce que vous lui dites, qu'il n'ait absolument rien à faire pour vous entendre. Il faut que l'amour-propre du maître laisse toujours quelque prise au sien; il faut qu'il se puisse dire : Je conçois, je pénètre; j'agis, je m'instruis. Une des choses qui rendent ennuyeux le Pantalon de la comédie italienne, est le soin qu'il prend d'interpréter au parterre des platises qu'on n'entend déjà que trop. Je ne veux point qu'un gouverneur soit Pantalon, encore moins un auteur. Il faut toujours se faire entendre, mais il ne faut pas toujours tout dire : celui qui dit tout dit peu de choses, car à la fin on ne l'écoute plus. Que signifient ces quatre vers que La Fontaine ajoute à la fable de la grenouille qui s'enfle? A-t-il peur qu'on ne l'ait pas compris? A-t-il besoin, ce grand peintre, d'écrire les noms au-dessous des objets qu'il peint? Loin de généraliser par-là sa morale, il la particularise, il la restreint en quelque sorte aux exemples cités, et empêche qu'on ne l'applique à d'autres. Je voudrois qu'avant de mettre les fables de cet auteur inimitable entre les mains d'un jeune homme, on en retranchât toutes ces conclusions par lesquelles il prend la peine d'expliquer ce qu'il vient de dire aussi clairement qu'agréablement. Si votre élève n'entend la fable qu'à l'aide de l'explication, soyez sûr qu'il ne l'entendra pas même ainsi.

Il importeroit encore de donner à ces fables un ordre plus didactique et plus conforme aux progrès des sentiments et des lumières du jeune adolescent. Conçoit-on rien moins de raisonnable que d'aller suivre exactement l'ordre numérique du livre, sans égard au besoin ni à l'occasion? D'abord le corbeau, puis la cigale [1], puis la grenouille, puis les deux mulets, etc. J'ai sur le cœur ces deux mulets, parce que je me souviens d'avoir vu un enfant élevé pour la finance, et qu'on étourdissoit de l'emploi qu'il alloit remplir, lire cette fable, l'apprendre, la dire, la redire cent et cent fois, sans en tirer jamais la moindre objection contre le métier auquel il étoit destiné. Non seulement je n'ai jamais vu d'enfants faire aucune application solide des fables qu'ils apprenoient, mais je n'ai jamais vu que personne se souciât de leur faire faire cette application. Le prétexte de cette étude est l'instruction morale; mais le véritable objet de la mère et de l'enfant n'est que d'occuper de lui toute une compagnie, tandis qu'il récite ses fables; aussi les oublie-t-il toutes en grandissant, lorsqu'il n'est plus question de les réciter, mais d'en pro-

[1] Il faut encore appliquer ici la correction de M. Formey. C'est la cigale, puis le corbeau, etc.

fiter. Encore une fois, il n'appartient qu'aux hommes de s'instruire dans les fables ; et voici pour Émile le temps de commencer.

Je montre de loin, car je ne veux pas non plus tout dire, les routes qui détournent de la bonne, afin qu'on apprenne à les éviter. Je crois qu'en suivant celle que j'ai marquée, votre élève achètera la connoissance des hommes et de soi-même au meilleur marché qu'il est possible ; que vous le mettrez au point de contempler les jeux de la fortune sans envier le sort de ses favoris, et d'être content de lui sans se croire plus sage que les autres. Vous avez aussi commencé à le rendre acteur pour le rendre spectateur ; il faut achever ; car du parterre on voit les objets tels qu'ils paroissent, mais de la scène on les voit tels qu'ils sont. Pour embrasser le tout, il faut se mettre dans le point de vue ; il faut approcher pour voir les détails. Mais à quel titre un jeune homme entrera-t-il dans les affaires du monde ? Quel droit a-t-il d'être initié dans ces mystères ténébreux ? Des intrigues de plaisir bornent les intérêts de son âge ; il ne dispose encore que de lui-même ; c'est comme s'il ne disposoit de rien. L'homme est la plus vile des marchandises, et, parmi nos importants droits de propriété, celui de la personne est toujours le moindre de tous.

Quand je vois que, dans l'âge de la plus grande activité, l'on borne les jeunes gens à des études purement spéculatives, et qu'après, sans la moindre expérience, ils sont tout d'un coup jetés dans le monde et dans les affaires, je trouve qu'on ne choque pas moins la raison que la nature, et je ne suis plus surpris que si peu de gens sachent se conduire. Par quel bizarre tour d'esprit nous apprend-on tant de choses inutiles, tandis que l'art d'agir est compté pour rien ? On prétend nous former pour la société, et l'on nous instruit comme si chacun de nous devoit passer sa vie à penser seul dans sa cellule, ou à traiter des sujets en l'air avec des indifférents. Vous croyez apprendre à vivre à vos enfants, en leur enseignant certaines contorsions du corps et certaines formules de paroles qui ne signifient rien. Moi aussi, j'ai appris à vivre à mon Émile, car je lui ai appris à vivre avec lui-même, et de plus à savoir gagner son pain. Mais ce n'est pas assez. Pour vivre dans le monde, il faut savoir traiter avec les hommes, il faut connoître les instruments qui donnent prise sur eux ; il faut calculer l'action et la réaction de l'intérêt particulier dans la société civile, et prévoir si juste les événements, qu'on soit rarement trompé dans ses entreprises, ou qu'on ait du moins toujours pris les meilleurs moyens pour réussir. Les lois ne permettent pas aux jeunes gens de faire leurs propres affaires, et de disposer de leur propre bien : mais que leur serviroient ces précautions, si, jusqu'à l'âge prescrit, ils ne pouvoient acquérir aucune expérience ? Ils n'auroient rien gagné d'attendre, et seroient tout aussi neufs à vingt-cinq ans qu'à quinze. Sans doute il faut empêcher qu'un jeune homme, aveuglé par son ignorance, ou trompé par ses passions, ne se fasse du mal à lui-même ; mais à tout âge il est permis d'être bienfaisant, à tout âge on peut protéger, sous la direction d'un homme sage, les malheureux qui n'ont besoin que d'appui.

Les nourrices, les mères s'attachent aux enfants par les soins qu'elles leur rendent ; l'exercice des vertus sociales porte au fond des cœurs l'amour de l'humanité : c'est en faisant le bien qu'on devient bon ; je ne connois point de pratique plus sûre. Occupez votre élève à toutes les bonnes actions qui sont à sa portée ; que l'intérêt des indigents soit toujours le sien ; qu'il ne les assiste pas seulement de sa bourse, mais de ses soins ; qu'il les serve, qu'il les protége, qu'il leur consacre sa personne et son temps ; qu'il se fasse leur homme d'affaires : il ne remplira de sa vie un si noble emploi. Combien d'opprimés, qu'on n'eût jamais écoutés, obtiendront justice, quand il la demandera pour eux avec cette intrépide fermeté que donne l'exercice de la vertu ; quand il forcera les portes des grands et des riches ; quand il ira, s'il le faut, jusqu'au pied du trône faire entendre la voix des infortunés, à qui tous les abords sont fermés par leur misère, et que la crainte d'être punis des maux qu'on leur fait empêche même d'oser s'en plaindre !

Mais ferons-nous d'Émile un chevalier errant, un redresseur des torts, un paladin? Ira-t-il s'ingérer dans les affaires publiques, faire le sage et le défenseur des lois chez les grands, chez les magistrats, chez le prince, faire le solliciteur chez les juges et l'avocat dans les tribunaux? Je ne sais rien de tout cela. Les noms badins et ridicules ne changent rien à la nature des choses. Il fera tout ce qu'il sait être utile et bon. Il ne fera rien de plus, et il sait que rien n'est utile et bon pour lui de ce qui ne convient pas à son âge. Il sait que son premier devoir est envers lui-même; que les jeunes gens doivent se défier d'eux, être circonspects dans leur conduite, respectueux devant les gens plus âgés, retenus et discrets à parler sans sujet, modestes dans les choses indifférentes, mais hardis à bien faire, et courageux à dire la vérité. Tels étoient ces illustres Romains qui, avant d'être admis dans les charges, passoient leur jeunesse à poursuivre le crime et à défendre l'innocence, sans autre intérêt que celui de s'instruire servant la justice et protégeant les bonnes mœurs.

Émile n'aime ni le bruit ni les querelles, non seulement entre les hommes¹, pas même entre les

---

¹ Mais si on lui cherche querelle à lui-même, comment se conduira-t-il? Je réponds qu'il n'aura jamais de querelle, qu'il ne s'y prêtera jamais assez pour en avoir. Mais enfin, poursuivra-t-on, qui

animaux. Il n'excita jamais deux chiens à se battre;
jamais il ne fit poursuivre un chat par un chien.
Cet esprit de paix est un effet de son éducation,
qui, n'ayant point fomenté l'amour-propre et la
haute opinion de lui-même, l'a détourné de chercher ses plaisirs dans la domination et dans le

est-ce qui est à l'abri d'un soufflet ou d'un démenti de la part d'un
brutal, d'un ivrogne ou d'un brave coquin, qui, pour avoir le
plaisir de tuer son homme, commence par le déshonorer? C'est
autre chose; il ne faut point que l'honneur des citoyens ni leur vie
soit à la merci d'un brutal, d'un ivrogne ou d'un brave coquin, et
l'on ne peut pas plus se préserver d'un pareil accident que de la
chute d'une tuile. Un soufflet et un démenti reçus et endurés ont
des effets civils que nulle sagesse ne peut prévenir, et dont nul tribunal ne peut venger l'offensé. L'insuffisance des lois lui rend donc
en cela son indépendance; il est alors seul magistrat, seul juge entre
l'offenseur et lui : il est seul interprète et ministre de la loi naturelle;
il se doit justice et peut seul se la rendre, et il n'y a sur la terre nul
gouvernement assez insensé pour le punir de se l'être faite en pareil cas. Je ne dis pas qu'il doive s'aller battre; c'est une extravagance; je dis qu'il se doit justice, et qu'il en est le seul dispensateur.
Sans tant de vains édits contre les duels, si j'étois souverain, je
réponds qu'il n'y auroit jamais ni soufflet ni démenti donné dans
mes états, et cela par un moyen fort simple dont les tribunaux ne
se mêleroient point. Quoi qu'il en soit, Émile sait en pareil cas la
justice qu'il se doit à lui-même, et l'exemple qu'il doit à la sûreté
des gens d'honneur. Il ne dépend pas de l'homme le plus ferme
d'empêcher qu'on ne l'insulte, mais il dépend de lui d'empêcher
qu'on ne se vante long-temps de l'avoir insulté*.

* Cette note a fourni à la critique un aliment dont la malignité et la mauvaise foi se
sont empressées de profiter. Au reste, l'idée que Rousseau fait seulement entrevoir ici, et
sur laquelle il paroit éviter de s'expliquer plus ouvertement, est clairement énoncée et
même développée dans une de ses lettres à l'abbé M***, du 24 mars 1770. Il y joint le récit
d'une anecdote très-remarquable qui a fait naître cette idée dans son esprit. Son opinion est
qu'on peut se venger sur-le-champ d'une insulte qui déshonore, *et se faire justice soi-même*,
puisque, dans cette supposition, *il n'appartient qu'à soi de se la faire*.

malheur d'autrui. Il souffre quand il voit souffrir ; c'est un sentiment naturel. Ce qui fait qu'un jeune homme s'endurcit et se complaît à voir tourmenter un être sensible, c'est quand un retour de vanité le fait se regarder comme exempt des mêmes peines par sa sagesse ou par sa supériorité. Celui qu'on a garanti de ce tour d'esprit ne sauroit tomber dans le vice qui en est l'ouvrage. Émile aime donc la paix. L'image du bonheur le flatte, et quand il peut contribuer à le produire, c'est un moyen de plus de le partager. Je n'ai pas supposé qu'en voyant des malheureux il n'auroit pour eux que cette pitié stérile et cruelle qui se contente de plaindre les maux qu'elle peut guérir. Sa bienfaisance active lui donne bientôt des lumières qu'avec un cœur plus dur il n'eût point acquises, ou qu'il eût acquises beaucoup plus tard. S'il voit régner la discorde entre ses camarades, il cherche à les réconcilier ; s'il voit des affligés, il s'informe du sujet de leurs peines ; s'il voit deux hommes se haïr, il veut connoître la cause de leur inimitié ; s'il voit un opprimé gémir des vexations du puissant et du riche, il cherche de quelles manœuvres se couvrent ces vexations ; et, dans l'intérêt qu'il prend à tous les misérables, les moyens de finir leurs maux ne sont jamais indifférents pour lui. Qu'avons-nous donc à faire pour tirer parti de ces dispositions d'une manière convenable à son âge? De régler ses soins et ses connoissances, et d'employer son zèle à les augmenter.

Je ne me lasse point de le redire : mettez toutes les leçons des jeunes gens en actions plutôt qu'en discours; qu'ils n'apprennent rien dans les livres de ce que l'expérience peut leur enseigner. Quel extravagant projet de les exercer à parler, sans sujet de rien dire; de leur croire faire sentir, sur les bancs d'un collége, l'énergie du langage des passions et toute la force de l'art de persuader, sans intérêt de rien persuader à personne! Tous les préceptes de la rhétorique ne semblent qu'un pur verbiage à quiconque n'en sent pas l'usage pour son profit. Qu'importe à un écolier de savoir comment s'y prit Annibal pour déterminer ses soldats à passer les Alpes? Si, au lieu de ces magnifiques harangues, vous lui disiez comment il doit s'y prendre pour porter son préfet à lui donner congé, soyez sûr qu'il seroit plus attentif à vos règles.

Si je voulois enseigner la rhétorique à un jeune homme dont toutes les passions fussent déjà développées, je lui présenterois sans cesse des objets propres à flatter ses passions, et j'examinerois avec lui quel langage il doit tenir aux autres hommes pour les engager à favoriser ses désirs. Mais mon Émile n'est pas dans une situation si avantageuse à l'art oratoire; borné presque au seul nécessaire physique, il a moins besoin des autres que les autres n'ont besoin de lui; et n'ayant rien à leur demander pour lui-même, ce qu'il veut leur persuader ne le touche pas d'assez près pour l'émouvoir excessivement. Il suit de là qu'en général il doit avoir un langage simple et peu figuré. Il parle ordinairement au propre et seulement pour être entendu. Il est peu sentencieux, parce qu'il n'a pas appris à généraliser ses idées : il a peu d'images parce qu'il est rarement passionné.

Ce n'est pas pourtant qu'il soit tout-à-fait flegmatique et froid ; ni son âge, ni ses mœurs, ni ses goûts, ne le permettent : dans le feu de l'adolescence, les esprits vivifiants, retenus et cohobés dans son sang, portent à son jeune cœur une chaleur qui brille dans ses regards, qu'on sent dans ses discours, qu'on voit dans ses actions. Son langage a pris de l'accent, et quelquefois de la véhémence. Le noble sentiment qui l'inspire lui donne de la force et de l'élévation : pénétré du tendre amour de l'humanité, il transmet en parlant les mouvements de son ame ; sa généreuse franchise a je ne sais quoi de plus enchanteur que l'artificieuse éloquence des autres ; ou plutôt lui seul est véritablement éloquent, puisqu'il n'a qu'à montrer ce qu'il sent pour le communiquer à ceux qui l'écoutent.

Plus j'y pense, plus je trouve qu'en mettant ainsi la bienfaisance en action et tirant de nos bons ou mauvais succès des réflexions sur leurs causes, il y a peu de connoissances utiles qu'on ne puisse cultiver dans l'esprit d'un jeune homme, et qu'avec tout le vrai savoir qu'on peut acquérir dans les colléges, il acquerra de plus une science plus importante encore, qui est l'application de cet acquis aux usages de la vie. Il n'est pas possible que, prenant tant d'intérêt à ses semblables, il n'apprenne de bonne heure à peser et apprécier leurs actions, leurs goûts, leurs plaisirs, et à donner en général une plus juste valeur à ce qui peut contribuer ou nuire au bonheur des hommes, que ceux qui, ne s'intéressant à personne, ne font jamais rien pour autrui. Ceux qui ne traitent jamais que leurs propres affaires se passionnent trop pour juger sainement des choses. Rapportant tout à eux seuls, et réglant sur leur seul intérêt les idées du bien et du mal, ils se remplissent l'esprit de mille préjugés ridicules, et, dans tout ce qui porte atteinte à leur moindre avantage, ils voient aussitôt le bouleversement de tout l'univers.

Étendons l'amour-propre sur les autres êtres, nous le transformerons en vertu ; et il n'y a point de cœur d'homme dans lequel cette vertu n'ait sa racine. Moins l'objet de nos soins tient immédiatement à nous-mêmes, moins l'illusion de l'intérêt particulier est à craindre ; plus on généralise cet intérêt, plus il devient équitable, et l'amour du genre humain n'est autre chose en nous que l'amour de la justice. Voulons-nous donc qu'Émile aime la vérité, voulons-nous qu'il la connoisse; dans les affaires tenons-le toujours loin de lui. Plus ses soins seront consacrés au bonheur d'autrui, plus ils seront éclairés et sages, et moins il se trompera sur ce qui est bien ou mal : mais ne souffrons jamais en lui de préférence aveugle, fondée uniquement sur des acceptions de personnes ou sur d'injustes préventions. Et pourquoi nuiroit-il à l'un pour servir l'autre? Peu lui importe à qui tombe un plus grand bonheur en partage, pourvu qu'il concoure au plus grand bonheur de tous : c'est là le premier intérêt du sage après l'intérêt privé; car chacun est partie de son espèce et nous d'un autre individu.

Pour empêcher la pitié de dégénérer en foiblesse, il faut donc la généraliser et l'étendre sur tout le genre humain. Alors on ne s'y livre qu'autant qu'elle est d'accord avec la justice, parce que, de toutes les vertus, la justice est celle qui concourt le plus au bien commun des hommes. Il faut par raison, par amour pour nous, avoir pitié de notre espèce encore plus que de notre prochain; et c'est une très-grande cruauté envers les hommes que la pitié pour les méchants.

Au reste, il faut se souvenir que tous ces moyens, par lesquels je jette ainsi mon élève hors de lui-même, ont cependant toujours un rapport direct à lui, puisque non seulement il en résulte une jouissance intérieure, mais qu'en le rendant bienfaisant au profit des autres je travaille à sa propre instruction.

J'ai d'abord donné les moyens, et maintenant j'en montre l'effet. Quelles grandes vues je vois s'arranger peu à peu dans sa tête ! Quels sentimens sublimes étouffent dans son cœur le germe des petites passions ! Quelle netteté de judiciaire, quelle justesse de raison je vois se former en lui de ses penchants cultivés, de l'expérience qui concentre les vœux d'une ame grande dans l'étroite borne des possibles, et fait qu'un homme supérieur aux autres, ne pouvant les élever à sa mesure, sait s'abaisser à la leur ! Les vrais principes du juste, les vrais modèles du beau, tous les rapports moraux des êtres, toutes les idées de l'ordre, se gravent dans son entendement ; il voit la place de chaque chose et la cause qui l'en écarte ; il voit ce qui peut faire le bien et ce qui l'empêche. Sans avoir éprouvé les passions humaines, il connoît leurs illusions et leur jeu.

J'avance, attiré par la force des choses, mais sans m'en imposer sur les jugements des lecteurs. Depuis long-temps ils me voient dans le pays des chimères ; moi je les vois toujours dans le pays des préjugés. En m'écartant si fort des opinions vulgaires, je ne cesse de les avoir présentes à mon esprit : je les examine, je les médite, non pour les suivre ni pour les fuir, mais pour les peser à la balance du raisonnement. Toutes les fois qu'il me force à m'écarter d'elles, instruit par l'expérience, je me tiens déjà pour dit qu'ils ne m'imiteront pas : je sais que, s'obstinant à n'imaginer possible que ce qu'ils voient, ils prendront le jeune homme que je figure pour un être imaginaire et fantastique, parce qu'il diffère de ceux auxquels ils le comparent; sans songer qu'il faut bien qu'il en diffère, puisque élevé tout différemment, affecté de sentiments tout contraires, instruit tout autrement qu'eux, il seroit beaucoup plus surprenant qu'il leur ressemblât que d'être tel que je le suppose. Ce n'est pas l'homme de l'homme, c'est l'homme de la nature. Assurément il doit être fort étranger à leurs yeux.

En commençant cet ouvrage, je ne supposois rien que tout le monde ne pût observer ainsi que moi, parce qu'il est un point, savoir la naissance de l'homme, duquel nous partons tous également : mais plus nous avançons, moi pour cultiver la nature, et vous pour la dépraver, plus nous nous éloignons les uns des autres. Mon élève, à six ans, différoit peu des vôtres que vous n'aviez pas encore eu le temps de défigurer; maintenant ils n'ont plus rien de semblable; et l'âge de l'homme fait dont il approche, doit le montrer sous une forme absolument différente, si je n'ai pas perdu tous mes soins. La quantité d'acquis est peut-être assez égale de part et d'autre; mais les choses acquises ne se ressemblent point. Vous êtes étonnés de trouver à l'un des sentiments sublimes dont les autres n'ont pas le moindre germe; mais considérez aussi que ceux-ci sont déjà tous philosophes et théologiens, avant qu'Émile sache seulement ce que c'est que philosophie et qu'il ait même entendu parler de Dieu.

Si donc on venoit me dire, Rien de ce que vous supposez n'existe; les jeunes gens ne sont point faits ainsi; ils ont telle ou telle passion; ils font ceci ou cela : c'est comme si l'on nioit que jamais poirier fût un grand arbre, parce qu'on n'en voit que de nains dans nos jardins.

Je prie ces juges, si prompts à la censure, de considérer que ce qu'ils disent là je le sais tout aussi bien qu'eux, que j'y ai probablement réfléchi plus long-temps, et que, n'ayant nul intérêt à leur en imposer, j'ai droit d'exiger qu'ils se donnent au moins le temps de chercher en quoi je me trompe. Qu'ils examinent bien la constitution de l'homme, qu'ils suivent les premiers développements du cœur dans telle ou telle circonstance, afin de voir combien un individu peut différer d'un autre par la force de l'éducation; qu'ensuite ils comparent la mienne aux effets que je lui donne; et qu'ils disent en quoi j'ai mal raisonné : je n'aurai rien à répondre.

Ce qui me rend plus affirmatif, et, je crois, plus excusable de l'être, c'est qu'au lieu de me livrer à l'esprit de système, je donne le moins qu'il est possible au raisonnement et ne me fie qu'à l'observation. Je ne me fonde point sur ce que j'ai imaginé, mais sur ce que j'ai vu. Il est vrai que je n'ai pas renfermé mes expériences dans l'enceinte des murs d'une ville ni dans un seul ordre de gens ; mais après avoir comparé tout autant de rangs et de peuples que j'en ai pu voir dans une vie passée à les observer, j'ai retranché comme artificiel ce qui étoit d'un peuple et non pas d'un autre, d'un état et non pas d'un autre, et n'ai regardé comme appartenant incontestablement à l'homme, que ce qui étoit commun à tous, à quelque âge, dans quelque rang, et dans quelque nation que ce fût.

Or, si, selon cette méthode, vous suivez dès l'enfance un jeune homme qui n'aura point reçu de forme particulière, et qui tiendra le moins qu'il est possible à l'autorité et à l'opinion d'autrui, à qui de mon élève ou des vôtres pensez-vous qu'il ressemblera le plus? Voilà, ce me semble, la question qu'il faut résoudre pour savoir si je me suis égaré.

L'homme ne commence pas aisément à penser, mais sitôt qu'il commence il ne cesse plus. Quiconque a pensé pensera toujours, et l'entendement une fois exercé à la réflexion ne peut plus rester en repos. On pourroit donc croire que j'en fais trop ou trop peu, que l'esprit humain n'est point naturellement si prompt à s'ouvrir, et qu'après lui avoir donné des facilités qu'il n'a pas, je le tiens trop long-temps inscrit dans un cercle d'idées qu'il doit avoir franchi.

Mais considérez premièrement que, voulant former l'homme de la nature, il ne s'agit pas pour cela d'en faire un sauvage et de le reléguer au fond des bois; mais qu'enfermé dans le tourbillon social, il suffit qu'il ne s'y laisse entraîner ni par les passions ni par les opinions des hommes; qu'il voie par ses yeux, qu'il sente par son cœur; qu'aucune autorité ne le gouverne hors celle de sa propre raison. Dans cette position il est clair que la multitude d'objets qui le frappent, les fréquents sentiments dont il est affecté, les divers moyens de pourvoir à ses besoins réels, doivent lui donner beaucoup d'idées qu'il n'auroit jamais eues, ou qu'il eût acquises plus lentement. Le progrès naturel à l'esprit est accéléré, mais non renversé. Le même homme qui doit rester stupide dans les forêts doit revenir raisonnable et sensé dans les villes, quand il y sera simple spectatateur. Rien n'est plus propre à rendre sage que les folies qu'on voit sans les partager; et celui même qui les partage s'instruit encore, pourvu qu'il n'en soit pas la dupe et qu'il n'y porte pas l'erreur de ceux qui les font.

Considérez aussi que, bornés par nos facultés aux choses sensibles, nous n'offrons presqu'aucune prise aux notions abstraites de la philosophie et aux idées purement intellectuelles. Pour y atteindre il faut, ou nous dégager du corps auquel nous sommes si fortement attachés, ou faire d'objet en objet un progrès graduel et lent, ou enfin franchir rapidement et presque d'un saut l'intervalle par un pas de géant dont l'enfance n'est pas capable, et pour lequel il faut même aux hommes bien des échelons faits exprès pour eux. La première idée abstraite est le premier de ces échelons ; mais j'ai bien de la peine à voir comment on s'avise de le construire.

L'Être incompréhensible qui embrasse tout, qui donne le mouvement au monde et forme tout le système des êtres, n'est ni visible à nos yeux, ni palpable à nos mains; il échappe à tous nos sens : l'ouvrage se montre, mais l'ouvrier se cache. Ce n'est pas une petite affaire de connoître enfin qu'il existe, et quand nous sommes parvenus là, quand nous nous demandons, quel est-il? où est-il? notre esprit se confond, s'égare, et nous ne savons plus que penser.

Locke veut qu'on commence par l'étude des esprits, et qu'on passe ensuite à celle des corps. Cette méthode est celle de la superstition, des préjugés, de l'erreur : ce n'est point celle de la raison, ni même de la nature bien ordonnée; c'est se boucher les yeux pour apprendre à voir. Il faut avoir long-temps étudié les corps pour se faire une véritable notion des esprits, et soupçonner qu'ils existent. L'ordre contraire ne sert qu'à établir le matérialisme.

Puisque nos sens sont les premiers instruments de nos connoissances, les êtres corporels et sensibles sont les seuls dont nous ayons immédiatement l'idée. Ce mot *esprit* n'a aucun sens pour quiconque n'a pas philosophé. Un esprit n'est qu'un corps pour le peuple et pour les enfants. N'imaginent-ils pas des esprits, qui crient, qui parlent, qui battent, qui font du bruit? Or on m'avouera que des esprits qui ont des bras et des langues ressemblent beaucoup à des corps. Voilà pourquoi tous les peuples du monde, sans excepter les Juifs, se sont fait des dieux corporels. Nous-mêmes, avec nos termes d'esprit, de Trinité, de Personnes, sommes pour la plupart de vrais anthropomorphites[1]. J'avoue qu'on nous apprend à dire que Dieu est partout : mais nous croyons aussi que l'air est partout, au moins dans notre atmosphère; et le mot *esprit,* dans son origine, ne signifie lui-même que *souffle* et *vent.* Sitôt qu'on accoutume les gens à dire des mots sans les entendre, il est facile après cela de leur faire dire tout ce qu'on veut.

Le sentiment de notre action sur les autres corps a dû d'abord nous faire croire que, quand ils agissoient sur nous, c'étoit d'une manière sem-

---

[1] De ἄνθροπος, *homme,* et μορφή, *forme.* On a donné ce nom à d'anciens hérétiques, qui, prenant à la lettre ce qui est dit de Dieu dans l'Écriture, prétendoient qu'il avoit réellement une forme humaine.

blable à celle dont nous agissons sur eux. Ainsi l'homme a commencé par animer tous les êtres dont il sentoit l'action. Se sentant moins fort que la plupart de ces êtres, faute de connoître les bornes de leur puissance, il l'a supposée illimitée, et il en fit des dieux aussitôt qu'il en fit des corps. Durant les premiers âges, les hommes, effrayés de tout, n'ont rien vu de mort dans la nature. L'idée de la matière n'a pas été moins lente à se former en eux que celle de l'esprit, puisque cette première idée est une abstraction elle-même. Ils ont ainsi rempli l'univers de dieux sensibles. Les astres, les vents, les montagnes, les fleuves, les arbres, les villes, les maisons même, tout avoit son ame, son dieu, sa vie. Les marmousets de Laban, les manitous des sauvages, les fétiches des Nègres, tous les ouvrages de la nature et des hommes ont été les premières divinités des mortels; le polythéisme a été leur première religion, et l'idolâtrie leur premier culte. Ils n'ont pu reconnoître un seul Dieu que quand, généralisant de plus en plus leurs idées, ils ont été en état de remonter à une première cause, de réunir le système total des êtres sous une seule idée, et de donner un sens au mot *substance*, lequel est au fond la plus grande des abstractions. Tout enfant qui croit en Dieu est donc nécessairement idolâtre, ou du moins anthropomorphite; et quand une fois l'imagination a vu Dieu, il est bien rare que l'entendement le conçoive. Voilà précisément l'erreur où mène l'ordre de Locke.

Parvenu, je ne sais comment, à l'idée abstraite de la substance, on voit que, pour admettre une substance unique, il lui faudroit supposer des qualités incompatibles qui s'excluent mutuellement, telles que la pensée et l'étendue, dont l'une est essentiellement divisible, et dont l'autre exclut toute divisibilité. On conçoit d'ailleurs que la pensée, ou, si l'on veut, le sentiment, est une qualité primitive et inséparable de la substance à laquelle elle appartient; qu'il en est de même de l'étendue par rapport à sa substance. D'où l'on conclut que les êtres qui perdent une de ces qualités perdent la substance à laquelle elle appartient, que par conséquent la mort n'est qu'une séparation de substances, et que les êtres où ces deux qualités sont réunies sont composés des deux substances auxquelles ces deux qualités appartiennent.

Or considérez maintenant quelle distance reste encore entre la notion des deux substances et celle de la nature divine; entre l'idée incompréhensible de l'action de notre ame sur notre corps et l'idée de l'action de Dieu sur tous les êtres. Les idées de création, d'annihilation, d'ubiquité, d'éternité, de toute-puissance, celles des attributs divins, toutes ces idées qu'il appartient à si peu d'hommes de voir aussi confuses et aussi obscures qu'elles le sont, et qui n'ont rien d'obscur pour le peuple, parce qu'il n'y comprend rien du tout, comment se présenteront-elles dans toute leur force, c'est-à-dire dans toute leur obscurité, à de jeunes esprits encore occupés aux premières opérations des sens et qui ne conçoivent que ce qu'ils touchent? C'est en vain que les abîmes de l'infini sont ouverts tout autour de nous; un enfant n'en sait point être épouvanté; ses foibles yeux n'en peuvent sonder la profondeur. Tout est infini pour les enfants; ils ne savent mettre de bornes à rien; non qu'ils fassent la mesure fort longue, mais parce qu'ils ont l'entendement court. J'ai même remarqué qu'ils mettent l'infini moins au-delà qu'au-deçà des dimensions qui leur sont connues. Ils estimeront un espace immense bien plus par leurs pieds que par leurs yeux; il ne s'étendra pas pour eux plus loin qu'ils ne pourront voir, mais plus loin qu'ils ne pourront aller. Si on leur parle de la puissance de Dieu, ils l'estimeront presque aussi fort que leur père. En toute chose, leur connoissance étant pour eux la mesure des possibles, ils jugent ce qu'on leur dit toujours moindre que ce qu'ils savent. Tels sont les jugements naturels à l'ignorance et à la foiblesse d'esprit. Ajax eût craint de se mesurer avec Achille, et défie Jupiter au combat, parce qu'il connoît Achille et ne connoît pas Jupiter. Un paysan suisse qui se croyoit le plus riche des hommes, et à qui l'on tâchoit d'expliquer ce que c'étoit qu'un roi, demandoit d'un air fier si le roi pourroit bien avoir cent vaches à la montagne.

Je prévois combien de lecteurs seront surpris de me voir suivre tout le premier âge de mon élève sans lui parler de religion. A quinze ans il ne savoit pas s'il avoit une ame, et peut-être à dix-huit n'est-il pas encore temps qu'il l'apprenne; car, s'il l'apprend plus tôt qu'il ne faut, il court risque de ne le savoir jamais.

Si j'avois à peindre la stupidité fâcheuse, je peindrois un pédant enseignant le catéchisme à des enfants; si je voulois rendre un enfant fou, je l'obligerois d'expliquer ce qu'il dit en disant son catéchisme. On m'objectera que la plupart des dogmes du christianisme étant des mystères, attendre que l'esprit humain soit capable de les concevoir, ce n'est pas attendre que l'enfant soit homme, c'est attendre que l'homme ne soit plus. A cela je réponds premièrement qu'il y a des mystères qu'il est non seulement impossible à l'homme de concevoir, mais de croire, et que je ne vois pas ce qu'on gagne à les enseigner aux enfants, si ce n'est de leur apprendre à mentir de bonne heure. Je dis de plus que, pour admettre les mystères, il faut comprendre au moins qu'ils sont incompréhensibles; et les enfants ne sont pas même capables de cette conception-là. Pour l'âge où tout est mystère, il n'y a point de mystères proprement dits.

Il faut croire en Dieu pour être sauvé. Ce dogme mal entendu est le principe de la sanguinaire intolérance, et la cause de toutes ces vaines instructions qui portent le coup mortel à la raison humaine en l'accoutumant à se payer de mots. Sans doute il n'y a pas un moment à perdre pour mériter le salut éternel : mais si, pour l'obtenir, il suffit de répéter certaines paroles, je ne vois pas ce qui nous empêche de peupler le ciel de sansonnets et de pies, tout aussi bien que d'enfants.

L'obligation de croire en suppose la possibilité. Le philosophe qui ne croit pas a tort, parce qu'il use mal de la raison qu'il a cultivée, et qu'il est en état d'entendre les vérités qu'il rejette. Mais l'enfant qui professe la religion chrétienne, que croit-il? ce qu'il conçoit; et il conçoit si peu ce qu'on lui fait dire, que si vous lui dites le contraire il l'adoptera tout aussi volontiers. La foi des enfants et de beaucoup d'hommes est une affaire de géographie. Seront-ils récompensés d'être nés à Rome plutôt qu'à la Mecque? On dit à l'un que Mahomet est le prophète de Dieu, et il dit que Mahomet est le prophète de Dieu; on dit à l'autre que Mahomet est un fourbe, et il dit que Mahomet est un fourbe. Chacun des deux eût affirmé ce qu'affirme l'autre, s'ils se fussent trouvés transposés. Peut-on partir de deux dispositions si semblables pour envoyer l'un en paradis et l'autre en enfer[1]?

---

[1] * VAR. « On dit à l'un qu'il faut honorer Mahomet, et il dit

Quand un enfant dit qu'il croit en Dieu, ce n'est pas en Dieu qu'il croit, c'est à Pierre ou à Jacques qui lui disent qu'il y a quelque chose qu'on appelle Dieu; et il le croit à la manière d'Euripide :

> O Jupiter! car de toi rien sinon
> Je ne connois seulement que le nom [1].

Nous tenons que nul enfant mort avant l'âge de raison ne sera privé du bonheur éternel : les catholiques croient la même chose de tous les enfants qui ont reçu le baptême, quoiqu'ils n'aient jamais entendu parler de Dieu. Il y a donc des cas où l'on peut être sauvé sans croire en Dieu, et ces cas ont lieu, soit dans l'enfance, soit dans la démence, quand l'esprit humain est incapable des opérations nécessaires pour reconnoître la Divinité. Toute la différence que je vois ici entre vous et moi est que vous prétendez que les enfants ont à sept ans cette capacité, et que je ne la leur accorde pas même à quinze. Que j'aie tort ou raison, il ne s'agit pas ici d'un article de foi, mais d'une simple observation d'histoire naturelle.

« qu'il honore Mahomet; on dit à l'autre qu'il faut honorer la Vierge,
« et il dit qu'il honore la Vierge. Chacun des deux auroit fait ce qu'a
« fait l'autre, s'ils se fussent trouvés transposés. Peut-on partir de
« deux sentiments si semblables pour... »

[1] PLUTARQUE, *Traité de l'Amour*, traduction d'Amyot. C'est ainsi que commençoit d'abord la tragédie de Ménalippe; mais les clameurs du peuple d'Athènes forcèrent Euripide à changer ce commencement:

Par le même principe, il est clair que tel homme, parvenu jusqu'à la vieillesse sans croire en Dieu, ne sera pas pour cela privé de sa présence dans l'autre vie si son aveuglement n'a pas été volontaire, et je dis qu'il ne l'est pas toujours. Vous en convenez pour les insensés qu'une maladie prive de leurs facultés spirituelles, mais non de leur qualité d'homme, ni par conséquent du droit aux bienfaits de leur créateur. Pourquoi donc n'en pas convenir pour ceux qui, séquestrés de toute société dès leur enfance, auroient mené une vie absolument sauvage, privés des lumières qu'on n'acquiert que dans le commerce des hommes [1]? Car il est d'une impossibilité démontrée qu'un pareil sauvage pût jamais élever ses réflexions jusqu'à la connoissance du vrai Dieu. La raison nous dit qu'un homme n'est punissable que par les fautes de sa volonté, et qu'une ignorance invincible ne lui sauroit être imputée à crime. D'où il suit que, devant la justice éternelle, tout homme qui croiroit, s'il avoit des lumières nécessaires, est réputé croire, et qu'il n'y aura d'incrédules punis que ceux dont le cœur se ferme à la vérité.

Gardons-nous d'annoncer la vérité à ceux qui ne sont pas en état de l'entendre, car c'est y vouloir substituer l'erreur. Il vaudroit mieux n'avoir aucune idée de la Divinité que d'en avoir des idées

---

[1] Sur l'état naturel de l'esprit humain et sur la lenteur de ses progrès, voyez la première partie du *Discours sur l'Inégalité*.

basses, fantastiques, injurieuses, indignes d'elle ; c'est un moindre mal de la méconnoître que de l'outrager. J'aimerois mieux, dit le bon Plutarque[1], qu'on crût qu'il n'y a point de Plutarque au monde, que si l'on disoit que Plutarque est injuste, envieux, jaloux, et si tyran, qu'il exige plus qu'il ne laisse le pouvoir de faire.

Le grand mal des images difformes de la Divinité qu'on trace dans l'esprit des enfants est qu'elles y restent toute leur vie, et qu'ils ne conçoivent plus, étant hommes, d'autre Dieu que celui des enfants. J'ai vu en Suisse une bonne et pieuse mère de famille tellement convaincue de cette maxime, qu'elle ne voulut point instruire son fils de la religion dans le premier âge, de peur que, content de cette instruction grossière, il n'en négligeât une meilleure à l'âge de raison. Cet enfant n'entendoit jamais parler de Dieu qu'avec recueillement et révérence, et, sitôt qu'il en vouloit parler lui-même, on lui imposoit silence comme sur un sujet trop sublime et trop grand pour lui. Cette réserve excitoit sa curiosité, et son amour-propre aspiroit au moment de connoître ce mystère qu'on lui cachoit avec tant de soin. Moins on lui parloit de Dieu, moins on souffroit qu'il en parlât lui-même, et plus il s'en occupait : cet enfant voyoit Dieu partout. Et ce que je craindrois de cet air de mystère indiscrètement affecté, seroit qu'en

[1] * Traité de *la Superstition*, § 27.

allumant trop l'imagination d'un jeune homme on n'altérât sa tête; et qu'enfin l'on n'en fît un fanatique au lieu d'en faire un croyant.

Mais ne craignons rien de semblable pour mon Émile, qui, refusant constamment son attention à tout ce qui est au-dessus de sa portée, écoute avec la plus profonde indifférence les choses qu'il n'entend pas. Il y en a tant sur lesquelles il est habitué à dire, Cela n'est pas de mon ressort, qu'une de plus ne l'embarrasse guère; et, quand il commence à s'inquiéter de ces grandes questions, ce n'est pas pour les avoir entendu proposer, mais c'est quand le progrès naturel de ses lumières porte ses recherches de ce côté-là.

Nous avons vu par quel chemin l'esprit humain cultivé s'approche de ces mystères; et je conviendrai volontiers qu'il n'y parvient naturellement, au sein de la société même, que dans un âge plus avancé. Mais comme il y a dans la même société des causes inévitables par lesquelles le progrès des passions est accéléré, si l'on n'accéléroit de même le progrès des lumières qui servent à régler ces passions, c'est alors qu'on sortiroit véritablement de l'ordre de la nature, et que l'équilibre seroit rompu. Quand on n'est pas maître de modérer un développement trop rapide, il faut mener avec la même rapidité ceux qui doivent y correspondre; en sorte que l'ordre ne soit point interverti, que ce qui doit marcher ensemble ne soit point séparé, et que l'homme tout entier à tous les moments de sa vie, ne soit pas à tel point par une de ses facultés, et à tel autre point par les autres.

Quelle difficulté je vois s'élever ici ! difficulté d'autant plus grande, qu'elle est moins dans les choses que dans la pusillanimité de ceux qui n'osent la résoudre. Commençons au moins par oser la proposer. Un enfant doit être élevé dans la religion de son père : on lui prouve toujours très-bien [1] que cette religion, quelle qu'elle soit, est la seule véritable ; que toutes les autres ne sont qu'extravagance et absurdité. La force des arguments dépend absolument sur ce point du pays où l'on les propose. Qu'un Turc, qui trouve le christianisme si ridicule à Constantinople, aille voir comment on trouve le mahométisme à Paris ! C'est surtout en matière de religion que l'opinion triomphe. Mais nous qui prétendons secouer son joug en toute chose, nous qui ne voulons rien donner à l'autorité, nous qui ne voulons rien enseigner à notre Émile qu'il ne pût apprendre de lui-même par tout pays, dans quelle religion l'élèverons-nous ? à quelle secte agrégerons-nous l'homme de la nature ? La réponse est fort simple, ce me semble ; nous ne l'agrégerons ni à celle-ci ni à celle-là, mais nous le mettrons en état de choisir

---

[1] * Manuscrit : On lui prouve toujours très-bien, très-*aisément* que, etc.

celle où le meilleur usage de sa raison doit se conduire.

> Incedo per ignes
> Suppositos cineri doloso [1].

N'importe : le zèle et la bonne foi m'ont jusqu'ici tenu lieu de prudence : j'espère que ces garants ne m'abandonneront point au besoin. Lecteurs, ne craignez pas de moi des précautions indignes d'un ami de la vérité : je n'oublierai jamais ma devise : mais il m'est trop permis de me défier de mes jugements. Au lieu de vous dire ici de mon chef ce que je pense, je vous dirai ce que pensoit un homme qui valoit mieux que moi. Je garantis la vérité des faits qui vont être rapportés, ils sont réellement arrivés à l'auteur du papier que je vais transcrire : c'est à vous de voir si l'on peut en tirer des réflexions utiles sur le sujet dont il s'agit. Je ne vous propose point le sentiment d'un autre ou le mien pour règle ; je vous l'offre à examiner.

« Il y a trente ans que, dans une ville d'Italie,
« un jeune homme expatrié se voyoit réduit à la
« dernière misère. Il étoit né calviniste ; mais, par
« les suites d'une étourderie, se trouvant fugitif,
« en pays étranger, sans ressource, il changea de
« religion pour avoir du pain. Il y avoit dans cette
« ville un hospice pour les prosélytes ; il y fut ad-
« mis. En l'instruisant sur la controverse, on lui
« donna des doutes qu'il n'avoit pas, et on lui ap-

[1] * Hor., lib. II, od. 1.

« prit le mal qu'il ignoroit : il entendit des dogmes
« nouveaux, il vit des mœurs encore plus nou-
« velles ; il les vit, et faillit en être la victime. Il
« voulut fuir; on l'enferma; il se plaignit, on le
« punit de ses plaintes : à la merci de ses tyrans,
« il se vit traiter en criminel pour n'avoir pas voulu
« céder au crime. Que ceux qui savent combien
« la première épreuve de la violence et de l'injus-
« tice irrite un jeune cœur sans expérience se
« figurent l'état du sien. Des larmes de rage cou-
« loient de ses yeux, l'indignation l'étouffoit : il
« imploroit le ciel et les hommes, il se confioit à
« tout le monde, et n'étoit écouté de personne.
« Il ne voyoit que de vils domestiques soumis à
« l'infâme qui l'outrageoit, ou des complices du
« même crime, qui se railloient de sa résistance
« et l'excitoient à les imiter. Il étoit perdu sans un
« honnête ecclésiastique qui vint à l'hospice pour
« quelque affaire, et qu'il trouva le moyen de
« consulter en secret. L'ecclésiastique étoit pauvre
« et avoit besoin de tout le monde; mais l'opprimé
« avoit encore plus besoin de lui; il n'hésita pas à
« favoriser son évasion, au risque de se faire un
« dangereux ennemi.

« Échappé au vice pour rentrer dans l'indi-
« gence, le jeune homme luttoit sans succès contre
« sa destinée : un moment il se crut au-dessus
« d'elle. A la première lueur de fortune ses maux
« et son protecteur furent oubliés. Il fut bientôt

« puni de cette ingratitude ; toutes ses espérances
« s'évanouirent ; sa jeunesse avoit beau le favori-
« ser, ses idées romanesques gâtoient tout. N'ayant
« ni assez de talents ni assez d'adresse pour se faire
« un chemin facile, ne sachant être ni modéré ni
« méchant, il prétendit à tant de choses qu'il ne
« sut parvenir à rien. Retombé dans sa première
« détresse, sans pain, sans asile, prêt à mourir de
« faim, il se ressouvint de son bienfaiteur.

« Il y retourne, il le trouve, il en est bien reçu :
« sa vue rappelle à l'ecclésiastique une bonne
« action qu'il avoit faite ; un tel souvenir réjouit
« toujours l'ame. Cet homme étoit naturellement
« humain, compatissant ; il sentoit les peines d'au-
« trui par les siennes, et le bien-être n'avoit point
« endurci son cœur ; enfin les leçons de la sagesse
« et une vertu éclairée avoient affermi son bon
« naturel. Il accueille le jeune homme, lui cherche
« un gîte, l'y recommande ; il partage avec lui son
« nécessaire, à peine suffisant pour deux. Il fait
« plus, il l'instruit, le console, il lui apprend l'art
« difficile de supporter patiemment l'adversité.
« Gens à préjugés, est-ce d'un prêtre, est-ce en
« Italie, que vous eussiez espéré tout cela ?

« Cet honnête ecclésiastique étoit un pauvre
« vicaire savoyard, qu'une aventure de jeunesse
« avoit mis mal avec son évêque, et qui avoit passé
« les monts pour chercher les ressources qui lui
« manquoient dans son pays. Il n'étoit ni sans

« esprit ni sans lettres ; et avec une figure intéres-
« sante il avoit trouvé des protecteurs qui le pla-
« cèrent chez un ministre pour élever son fils. Il
« préféroit la pauvreté à la dépendance, et il igno-
« roit comment il faut se conduire chez les grands.
« Il ne resta pas long-temps chez celui-ci : en le
« quittant il ne perdit point son estime, et comme
« il vivoit sagement et se faisoit aimer de tout le
« monde, il se flattoit de rentrer en grâce auprès
« de son évêque, et d'en obtenir quelque petite
« cure dans les montagnes pour y passer le reste
« de ses jours. Tel étoit le dernier terme de son
« ambition.

« Un penchant naturel l'intéressoit au jeune fu-
« gitif, et le lui fit examiner avec soin. Il vit que
« la mauvaise fortune avoit déjà flétri son cœur,
« que l'opprobre et le mépris avoient abattu son
« courage, et que sa fierté, changée en dépit amer,
« ne lui montroit dans l'injustice et la dureté des
« hommes que le vice de leur nature et la chimère
« de la vertu. Il avoit vu que la religion ne sert
« que de masque à l'intérêt, et le culte sacré de
« sauvegarde à l'hypocrisie : il avoit vu, dans la
« subtilité des vaines disputes, le paradis et l'enfer
« mis pour prix à des jeux de mots; il avoit vu la
« sublime et primitive idée de la Divinité défigu-
« rée par les fantasques imaginations des hommes;
« et, trouvant que pour croire en Dieu il falloit
« renoncer au jugement qu'on avoit reçu de lui,

« il prit dans le même dédain nos ridicules rêve-
« ries et l'objet auquel nous les appliquons. Sans
« rien savoir de ce qui est, sans rien imaginer sur
« la génération des choses, il se plongea dans sa
« stupide ignorance, avec un profond mépris pour
« tous ceux qui pensoient en savoir plus que lui.

« L'oubli de toute religion conduit à l'oubli des
« devoirs de l'homme. Ce progrès étoit déjà plus
« d'à moitié fait dans le cœur du libertin. Ce n'é-
« toit pas pourtant un enfant mal né; mais l'incré-
« dulité, la misère, étouffant peu à peu le naturel,
« l'entraînoient rapidement à sa perte, et ne lui
« préparoient que les mœurs d'un gueux et la mo-
« rale d'un athée.

« Le mal, presque inévitable, n'étoit pas abso-
« lument consommé. Le jeune homme avoit des
« connoissances, et son éducation n'avoit pas été
« négligée. Il étoit dans cet âge heureux où le sang
« en fermentation commence d'échauffer l'ame
« sans l'asservir aux fureurs des sens. La sienne
« avoit encore tout son ressort. Une honte native [1],
« un caractère timide, suppléoient à la gêne et
« prolongeoient pour lui cette époque dans la-
« quelle vous maintenez votre élève avec tant de
« soins. L'exemple odieux d'une dépravation bru-
« tale et d'un vice sans charme, loin d'animer son
« imagination, l'avoit amortie. Long-temps le dé-

---

[1] * Dans le sens de l'italien *natia*. Il a déjà employé ce mot dans le même sens au livre II, page 308.

« goût lui tint lieu de vertu pour conserver son
« innocence; elle ne devoit succomber qu'à de
« plus douces séductions.

« L'ecclésiastique vit le danger et les ressources.
« Les difficultés ne le rebutent point : il se com-
« plaisoit dans son ouvrage; il résolut de l'achever,
« et de rendre à la vertu la victime qu'il avoit ar-
« rachée à l'infamie. Il s'y prit de loin pour exécu-
« ter son projet : la beauté du motif animoit son
« courage et lui inspiroit des moyens dignes de son
« zèle. Quel que fût le succès, il étoit sûr de n'a-
« voir pas perdu son temps. On réussit toujours
« quand on ne veut que bien faire.

« Il commença par gagner la confiance du pro-
« sélyte en ne lui vendant point ses bienfaits, en
« ne se rendant point importun, en ne lui faisant
« point de sermons, en se mettant toujours à sa
« portée, en se faisant petit pour s'égaler à lui.
« C'étoit, ce me semble, un spectacle assez tou-
« chant de voir un homme grave devenir le cama-
« rade d'un polisson, et la vertu se prêter au ton
« de la licence pour en triompher plus sûrement.
« Quand l'étourdi venoit lui faire ses folles confi-
« dences, et s'épancher avec lui, le prêtre l'écou-
« toit, le mettoit à son aise : sans approuver le mal
« il s'intéressoit à tout : jamais une indiscrète cen-
« sure ne venoit arrêter son babil et resserrer son
« cœur; le plaisir avec lequel il se croyoit écouté
« augmentoit celui qu'il prenoit à tout dire. Ainsi

« se fit sa confession générale sans qu'il songeât à
« rien confesser:

« Après avoir bien étudié ses sentiments et son
« caractère, le prêtre vit clairement que, sans être
« ignorant pour son âge, il avoit oublié tout ce
« qu'il lui importoit de savoir, et que l'opprobre
« où l'avoit réduit la fortune étouffoit en lui tout
« vrai sentiment du bien et du mal. Il est un de-
« gré d'abrutissement qui ôte la vie à l'ame; et la
« voix intérieure ne sait point se faire entendre à
« celui qui ne songe qu'à se nourrir. Pour garantir
« le jeune infortuné de cette mort morale dont il
« étoit si près, il commença par réveiller en lui
« l'amour-propre et l'estime de soi-même : il lui
« montroit un avenir plus heureux dans le bon em-
« ploi de ses talents; il ranimoit dans son cœur une
« ardeur généreuse par le récit des belles actions
« d'autrui; en lui faisant admirer ceux qui les
« avoient faites, il lui rendoit le désir d'en faire de
« semblables. Pour le détacher insensiblement de
« sa vie oisive et vagabonde, il lui faisoit faire des
« extraits de livres choisis; et feignant d'avoir be-
« soin de ces extraits, il nourrissoit en lui le noble
« sentiment de la reconnoissance. Il l'instruisoit
« indirectement par ces livres; il lui faisoit re-
« prendre assez bonne opinion de lui-même pour
« ne pas se croire un être inutile à tout bien, et
« pour ne vouloir plus se rendre méprisable à ses
« propres yeux.

« Une bagatelle fera juger de l'art qu'employoit
« cet homme bienfaisant pour élever insensible-
« ment le cœur de son disciple au-dessus de la bas-
« sesse, sans paroître songer à son instruction.
« L'ecclésiastique avoit une probité si bien recon-
« nue et un discernement si sûr, que plusieurs per-
« sonnes aimoient mieux faire passer leurs aumônes
« par ses mains que par celles des riches curés des
« villes. Un jour qu'on lui avoit donné quelque ar-
« gent à distribuer aux pauvres, le jeune homme
« eut, à ce titre, la lâcheté de lui en demander.
« Non, dit-il; nous sommes frères, vous m'appar-
« tenez, et je ne dois pas toucher à ce dépôt pour
« mon usage. Ensuite il lui donna de son propre
« argent autant qu'il en avoit demandé. Des leçons
« de cette espèce sont rarement perdues dans le
« cœur des jeunes gens qui ne sont pas tout-à-fait
« corrompus.

« Je me lasse de parler en tierce personne, et
« c'est un soin superflu; car vous sentez bien fort,
« cher concitoyen, que ce malheureux fugitif c'est
« moi-même : je me crois assez loin des désordres
« de ma jeunesse pour oser les avouer; et la main
« qui m'en tira mérite bien qu'aux dépens d'un peu
« de honte je rende au moins quelque honneur à
« ses bienfaits.

« Ce qui me frappoit le plus étoit de voir, dans
« la vie privée de mon digne maître, la vertu sans
« hypocrisie, l'humanité sans foiblesse, des dis-

« cours toujours droits et simples, et une conduite
« toujours conforme à ces discours. Je ne le voyois
« point s'inquiéter si ceux qu'il aidoit alloient à
« vêpres, s'ils se confessoient souvent, s'ils jeû-
« noient les jours prescrits, s'ils faisoient maigre,
« ni leur imposer d'autres conditions semblables,
« sans lesquelles, dût-on mourir de misère, on n'a
« nulle assistance à espérer des dévots.

« Encouragé par ses observations, loin d'étaler
« moi-même à ses yeux le zèle affecté d'un nou-
« veau converti, je ne lui cachois point trop mes
« manières de penser, et ne l'en voyois pas plus
« scandalisé. Quelquefois j'aurois pu me dire : Il
« me passe mon indifférence pour le culte que j'ai
« embrassé en faveur de celle qu'il me voit aussi
« pour le culte dans lequel je suis né; il sait que
« mon dédain n'est plus une affaire de parti. Mais
« que devois-je penser quand je l'entendois quel-
« quefois approuver des dogmes contraires à ceux
« de l'Église romaine, et paroître estimer médio-
« crement toutes ses cérémonies? Je l'aurois cru
« protestant déguisé si je l'avois vu moins fidèle à
« ces mêmes usages dont il sembloit faire assez
« peu de cas; mais sachant qu'il s'acquittoit sans
« témoin de ses devoirs de prêtre aussi ponctuel-
« lement que sous les yeux du public, je ne savois
« plus que juger de ses contradictions. Au défaut
« près qui jadis avoit attiré sa disgrâce, et dont il
« n'étoit pas trop bien corrigé, sa vie étoit exem-

« plaire, ses mœurs étoient irréprochables, ses dis-
« cours honnêtes et judicieux. En vivant avec lui
« dans la plus étroite intimité, j'apprenois à le
« respecter chaque jour davantage, et tant de
« bontés m'ayant tout-à-fait gagné le cœur, j'at-
« tendois avec une curieuse inquiétude le moment
« d'apprendre sur quel principe il fondoit l'unifor-
« mité d'une vie aussi singulière.

« Ce moment ne vint pas sitôt. Avant de s'ou-
« vrir à son disciple, il s'efforça de faire germer
« les semences de raison et de bonté qu'il jetoit
« dans son ame. Ce qu'il y avoit en moi de plus
« difficile à détruire étoit une orgueilleuse misan-
« tropie, une certaine aigreur contre les riches et
« les heureux du monde, comme s'ils l'eussent été
« à mes dépens, et que leur prétendu bonheur eût
« été usurpé sur le mien. La folle vanité de la jeu-
« nesse, qui regimbe contre l'humiliation, ne me
« donnoit que trop de penchant à cette humeur
« colère, et l'amour-propre, que mon mentor tâ-
« choit de réveiller en moi, me portant à la fierté,
« rendoit les hommes encore plus vils à mes yeux,
« et ne faisoient qu'ajouter pour eux le mépris à
« la haine.

« Sans combattre directement cet orgueil, il
« l'empêcha de se tourner en dureté d'ame; et sans
« m'ôter l'estime de moi-même, il la rendit moins
« dédaigneuse pour mon prochain. En m'écartant
« toujours la vaine apparence et me montrant les

« maux réels qu'elle couvre, il m'apprenoit à dé-
« plorer les erreurs de mes semblables, à m'atten-
« drir sur leurs misères, et à les plaindre plus qu'à
« les envier. Ému de compassion sur les foiblesses
« humaines par le profond sentiment des siennes,
« il voyoit partout les hommes victimes de leurs
« propres vices et de ceux d'autrui; il voyoit les
« pauvres gémir sous le joug des riches, et les ri-
« ches sous le joug des préjugés. Croyez-moi, di-
« soit-il, nos illusions, loin de nous cacher nos
« maux, les augmentent, en donnant un prix à
« ce qui n'en a point, et nous rendant sensibles à
« mille fausses privations que nous ne sentirions
« pas sans elles. La paix de l'ame consiste dans le
« mépris de tout ce qui peut la troubler : l'homme
« qui fait le plus de cas de la vie est celui qui sait
« le moins en jouir; et celui qui aspire le plus
« avidement au bonheur est toujours le plus mi-
« sérable.

« Ah! quels tristes tableaux! m'écriai-je avec
« amertume: s'il faut se refuser à tout, que nous a
« donc servi de naître? et s'il faut mépriser le bon-
« heur même, qui est-ce qui sait être heureux? C'est
« moi, répondit un jour le prêtre d'un ton dont
« je fus frappé. Heureux, vous! si peu fortuné,
« si pauvre, exilé, persécuté, vous êtes heureux!
« Et qu'avez-vous fait pour l'être? Mon enfant,
« reprit-il, je vous le dirai volontiers.

« Là-dessus il me fit entendre qu'après avoir

« reçu mes confessions il vouloit me faire les sien-
« nes. J'épancherai dans votre sein, me dit-il en
« m'embrassant, tous les sentiments de mon cœur.
« Vous me verrez, sinon tel que je suis, au moins
« tel que je me vois moi-même. Quand vous aurez
« reçu mon entière profession de foi, quand vous
« connoîtrez bien l'état de mon ame, vous saurez
« pourquoi je m'estime heureux, et, si vous pen-
« sez comme moi, ce que vous avez à faire pour
« l'être. Mais ces aveux ne sont pas l'affaire d'un
« moment; il faut du temps pour vous exposer
« tout ce que je pense sur le sort de l'homme et
« sur le vrai prix de la vie : prenons une heure, un
« lieu commodes pour nous livrer paisiblement à
« cet entretien.

« Je marquai de l'empressement à l'entendre.
« Le rendez-vous ne fut pas renvoyé plus tard
« qu'au lendemain matin. On étoit en été; nous
« nous levâmes à la pointe du jour. Il me mena
« hors de la ville, sur une haute colline, au-des-
« sous de laquelle passoit le Pô, dont on voyoit
« le cours à travers les fertiles rives qu'il baigne;
« dans l'éloignement, l'immense chaîne des Alpes
« couronnoit le paysage; les rayons du soleil le-
« vant rasoient déjà les plaines, et, projetant sur
« les champs par longues ombres les arbres, les
« coteaux, les maisons, enrichissoient de mille
« accidents de lumière le plus beau tableau dont
« l'œil humain puisse être frappé. On eût dit que

« la nature étaloit à nos yeux toute sa magnificence
« pour en offrir le texte à nos entretiens. Ce fut
« là qu'après avoir quelque temps contemplé ces
« objets en silence, l'homme de paix me parla
« ainsi. »

PROFESSION DE FOI

DU VICAIRE SAVOYARD.

Mon enfant, n'attendez de moi ni des discours
savants ni de profonds raisonnements. Je ne suis
pas un grand philosophe, et je me soucie peu de
l'être. Mais j'ai quelquefois du bon sens, et j'aime
toujours la vérité. Je ne veux pas argumenter avec
vous, ni même tenter de vous convaincre; il me
suffit de vous exposer ce que je pense dans la simplicité de mon cœur. Consultez le vôtre durant
mon discours; c'est tout ce que je vous demande.
Si je me trompe, c'est de bonne foi; cela suffit
pour que mon erreur ne me soit point imputée à
crime : quand vous vous tromperiez de même, il
y auroit peu de mal à cela. Si je pense bien, la
raison nous est commune, et nous avons le même
intérêt à l'écouter : pourquoi ne penseriez-vous
pas comme moi?

Je suis né pauvre et paysan, destiné par mon
état à cultiver la terre; mais on crut plus beau que
j'apprisse à gagner mon pain dans le métier de

prêtre, et l'on trouva le moyen de me faire étudier. Assurément ni mes parents ni moi ne songions guère à chercher en cela ce qui étoit bon, véritable, utile, mais ce qu'il falloit savoir pour être ordonné. J'appris ce qu'on vouloit que j'apprisse, je dis ce qu'on vouloit que je disse, je m'engageai comme on voulut, et je fus fait prêtre. Mais je ne tardai pas à sentir qu'en m'obligeant à n'être pas homme j'avois promis plus que je ne pouvois tenir.

On nous dit que la conscience est l'ouvrage des préjugés; cependant je sais par mon expérience qu'elle s'obstine à suivre l'ordre de la nature contre toutes les lois des hommes. On a beau nous défendre ceci ou cela, le remords nous reproche toujours foiblement ce que nous permet la nature bien ordonnée, à plus forte raison ce qu'elle nous prescrit. O bon jeune homme, elle n'a rien dit encore à vos sens : vivez long-temps dans l'état heureux où sa voix est celle de l'innocence. Souvenez-vous qu'on l'offense encore plus quand on la prévient que quand on la combat; il faut commencer par apprendre à résister pour savoir quand on peut céder sans crime.

Dès ma jeunesse j'ai respecté le mariage comme la première et la plus sainte institution de la nature. M'étant ôté le droit de m'y soumettre, je résolus de ne le point profaner; car, malgré mes classes et mes études, ayant toujours mené une vie uniforme et simple, j'avois conservé dans mon esprit toute la clarté des lumières primitives : les maximes du monde ne les avoient point obscurcies, et ma pauvreté m'éloignoit des tentations qui dictent les sophismes du vice.

Cette résolution fut précisément ce qui me perdit; mon respect pour le lit d'autrui laissa mes fautes à découvert. Il fallut expier le scandale : arrêté, interdit, chassé, je fus bien plus la victime de mes scrupules que de mon incontinence; et j'eus lieu de comprendre, aux reproches dont ma disgrâce fut accompagnée, qu'il ne faut souvent qu'aggraver la faute pour échapper au châtiment.

Peu d'expériences pareilles mènent loin un esprit qui réfléchit. Voyant par de tristes observations renverser les idées que j'avois du juste, de l'honnête, et de tous les devoirs de l'homme, je perdois chaque jour quelqu'une des opinions que j'avois reçues : celles qui me restoient ne suffisant plus pour faire ensemble un corps qui pût se soutenir par lui-même, je sentis peu à peu s'obscurcir dans mon esprit l'évidence des principes; et, réduit enfin à ne savoir plus que penser, je parvins au même point où vous êtes; avec cette différence que mon incrédulité, fruit tardif d'un âge plus mûr, s'étoit formée avec plus de peine, et devoit être plus difficile à détruire.

J'étois dans ces dispositions d'incertitude et de doute que Descartes exige pour la recherche de la vérité. Cet état est peu fait pour durer, il est inquiétant et pénible ; il n'y a que l'intérêt du vice ou la paresse de l'ame qui nous y laisse. Je n'avois point le cœur assez corrompu pour m'y plaire ; et rien ne conserve mieux l'habitude de réfléchir que d'être plus content de soi que de sa fortune.

Je méditois donc sur le triste sort des mortels flottant sur cette mer des opinions humaines, sans gouvernail, sans boussole, et livrés à leurs passions orageuses, sans autre guide qu'un pilote inexpérimenté qui méconnoît sa route, et qui ne sait ni d'où il vient ni où il va. Je me disois : J'aime la vérité, je la cherche, et ne puis la reconnoître ; qu'on me la montre, et j'y demeure attaché : pourquoi faut-il qu'elle se dérobe à l'empressement d'un cœur fait pour l'adorer?

Quoique j'aie souvent éprouvé de plus grands maux, je n'ai jamais mené une vie aussi constamment désagréable que dans ces temps de trouble et d'anxiétés, où, sans cesse errant de doute en doute, je ne rapportois de mes longues méditations qu'incertitude, obscurité, contradictions sur la cause de mon être et sur la règle de mes devoirs.

Comment peut-on être sceptique par système et de bonne foi? je ne saurois le comprendre. Ces philosophes, ou n'existent pas, ou sont les plus malheureux des hommes. Le doute sur les choses qu'il nous importe de connoître est un état trop violent pour l'esprit humain : il n'y résiste pas long-temps ; il se décide malgré lui de manière ou d'autre, et il aime mieux se tromper que ne rien croire.

Ce qui redoubloit mon embarras, étoit qu'étant né dans une Église qui décide tout, qui ne permet aucun doute, un seul point rejeté me faisoit rejeter tout le reste, et que l'impossibilité d'admettre tant de décisions absurdes me détachoit aussi de celles qui ne l'étoient pas. En me disant, Croyez tout, on m'empêchoit de rien croire, et je ne savois plus où m'arrêter.

Je consultai les philosophes, je feuilletai leurs livres, j'examinai leurs diverses opinions; je les trouvai tous fiers, affirmatifs, dogmatiques, même dans leur scepticisme prétendu, n'ignorant rien, ne prouvant rien, se moquant les uns des autres; et ce point commun à tous me parut le seul sur lequel ils ont tous raison. Triomphants quand ils attaquent, ils sont sans vigueur en se défendant. Si vous pesez les raisons, ils n'en ont que pour détruire; si vous comptez les voix, chacun est réduit à la sienne; ils ne s'accordent que pour disputer : les écouter n'étoit pas le moyen de sortir de mon incertitude.

Je conçus que l'insuffisance de l'esprit humain est la première cause de cette prodigieuse diversité de sentiments, et que l'orgueil est la seconde. Nous n'avons point la mesure de cette machine immense, nous n'en pouvons calculer les rapports; nous n'en connoissons ni les premières lois ni la cause finale; nous nous ignorons nous-mêmes; nous ne connoissons ni notre nature ni notre principe actif; à peine savons-nous si l'homme est un être simple ou composé; des mystères impénétrables nous environnent de toutes parts; ils sont au-dessus de la région sensible; pour les percer nous croyons avoir de l'intelligence, et nous n'avons que de l'imagination. Chacun se fraie, à travers ce monde imaginaire, une route qu'il croit la bonne; nul ne peut savoir si la sienne mène au but. Cependant nous voulons tout pénétrer, tout connoître. La seule chose que nous ne savons point, est d'ignorer ce que nous pouvons savoir. Nous aimons mieux nous déterminer au hasard, et croire ce qui n'est pas, que d'avouer qu'aucun de nous ne peut voir ce qui est. Petite partie d'un grand tout dont les bornes nous échappent, et que son auteur livre à nos folles disputes, nous sommes assez vains pour vouloir décider ce qu'est ce tout en lui-même, et ce que nous sommes par rapport à lui.

Quand les philosophes seroient en état de découvrir la vérité, qui d'entre eux prendroit intérêt à elle? Chacun sait bien que son système n'est pas mieux fondé que les autres; mais il le soutient parce qu'il est à lui. Il n'y en a pas un seul qui, venant à connoître le vrai et le faux, ne préférât le mensonge qu'il a trouvé à la vérité découverte par un autre. Où est le philosophe qui, pour sa gloire, ne tromperoit pas volontiers le genre humain? Où est celui qui, dans le secret de son cœur, se propose un autre objet que de se distinguer? Pourvu qu'il s'élève au-dessus du vulgaire, pourvu qu'il efface l'éclat de ses concurrents, que demande-t-il de plus? L'essentiel est de penser autrement que les autres. Chez les croyants il est athée, chez les athées il seroit croyant.

Le premier fruit que je tirai de ces réflexions fut d'apprendre à borner mes recherches à ce qui m'intéressoit immédiatement, à me reposer dans une profonde ignorance sur tout le reste, et à ne m'inquiéter, jusqu'au doute, que des choses qu'il m'importoit de savoir.

Je compris encore que, loin de me délivrer de mes doutes inutiles, les philosophes ne feroient que multiplier ceux qui me tourmentoient et n'en résoudroient aucun. Je pris donc un autre guide, et je me dis : Consultons la lumière intérieure, elle m'égarera moins qu'ils ne m'égarent, ou, du moins, mon erreur sera la mienne, et je me dépraverai moins en suivant mes propres illusions, qu'en me livrant à leurs mensonges.

Alors, repassant dans mon esprit les diverses opinions qui m'avoient tour à tour entraîné depuis ma naissance, je vis que, bien qu'aucune d'elles ne fût assez évidente pour produire immédiatement la conviction, elles avoient divers degrés de vraisemblance, et que l'assentiment intérieur s'y prêtoit ou s'y refusoit à différentes mesures. Sur cette première observation, comparant entre elles toutes ces différentes idées dans le silence des préjugés, je trouvai que la première et la plus commune étoit aussi la plus simple et la plus raisonnable, et qu'il ne lui manquoit, pour réunir tous les suffrages, que d'avoir été proposée la dernière. Imaginez tous vos philosophes anciens et modernes ayant d'abord épuisé leurs bizarres systèmes de forces, de chances, de fatalité, de nécessité, d'atomes, de monde animé, de matière vivante, de matérialisme de toute espèce, et après eux tous, l'illustre Clarke[1], éclairant le monde, annonçant enfin l'Être des êtres et le dispensateur des choses : avec quelle universelle admiration, avec quel applaudissement unanime n'eût point été reçu ce nouveau système, si grand, si consolant, si sublime, si propre à élever l'ame, à donner une base à la vertu, et en même temps si frappant, si lumineux, si simple, et, ce me semble, offrant moins de choses incompréhensibles à l'esprit humain qu'il n'en trouve d'absurdes en tout autre système! Je me disois : Les objections insolubles sont communes à tous, parce que l'esprit de l'homme est trop borné pour les résoudre; elles ne prouvent donc contre aucun par préférence : mais quelle différence entre les preuves directes ? celui-là seul qui explique tout ne doit-il pas être

---

[1] Célèbre théologien anglois, mort en 1729.

préféré quand il n'a pas plus de difficulté que les autres ?

Portant donc en moi l'amour de la vérité pour toute philosophie, et pour toute méthode une règle facile et simple qui me dispense de la vaine subtilité des arguments, je reprends sur cette règle l'examen des connoissances qui m'intéressent, résolu d'admettre pour évidentes toutes celles auxquelles, dans la sincérité de mon cœur, je ne pourrai refuser mon consentement, pour vraies toutes celles qui me paroîtront avoir une liaison nécessaire avec ces premières, et de laisser toutes les autres dans l'incertitude, sans les rejeter ni les admettre, et sans me tourmenter à les éclaircir quand elles ne mènent à rien d'utile pour la pratique.

Mais qui suis-je ? quel droit ai-je de juger les choses ? et qu'est-ce qui détermine mes jugements ? S'ils sont entraînés, forcés par les impressions que je reçois, je me fatigue en vain à ces recherches, elles ne se feront point, ou se feront d'elles-mêmes sans que je me mêle de les diriger. Il faut donc tourner d'abord mes regards sur moi pour connoître l'instrument dont je veux me servir, et jusqu'à quel point je puis me fier à son usage.

J'existe, et j'ai des sens par lesquels je suis affecté. Voilà la première vérité qui me frappe et à laquelle je suis forcé d'acquiescer. Ai-je un sentiment propre de mon existence, ou ne la sens-je que par mes sensations? Voilà mon premier doute, qu'il m'est, quant à présent, impossible de résoudre. Car étant continuellement affecté de sensations, ou immédiatement, ou par la mémoire, comment puis-je savoir si le sentiment du *moi* est quelque chose hors de ces mêmes sensations, et s'il peut être indépendant d'elles?

Mes sensations se passent en moi, puisqu'elles me font sentir mon existence; mais leur cause m'est étrangère, puisqu'elles m'affectent malgré que j'en aie, et qu'il ne dépend de moi ni de les produire ni de les anéantir. Je conçois donc clairement que ma sensation qui est en moi, et sa cause ou son objet qui est hors de moi, ne sont pas la moindre chose.

Ainsi, non seulement j'existe, mais il existe d'autres êtres, savoir, les objets de mes sensations; et quand ces objets ne seroient que des idées, toujours est-il vrai que ces idées ne sont pas moi.

Or, tout ce que je sens hors de moi et qui agit sur mes sens, je l'appelle matière; et toutes les portions de matière que je conçois réunies en êtres individuels, je les appelle des corps. Ainsi toutes les disputes des idéalistes et des matérialistes ne signifient rien pour moi : leurs distinctions sur l'apparence et la réalité des corps sont des chimères.

Me voici déjà tout aussi sûr de l'existence de l'univers que de la mienne. Ensuite je réfléchis sur les objets de mes sensations; et, trouvant en moi la faculté de les comparer, je me sens doué d'une force active que je ne savois pas avoir auparavant.

Apercevoir, c'est sentir; comparer, c'est juger; juger et sentir ne sont pas la même chose. Par la sensation, les objets s'offrent à moi séparés, isolés, tels qu'ils sont dans la nature; par la comparaison, je les remue, je les transporte pour ainsi dire, je les pose l'un sur l'autre pour prononcer sur leur différence ou sur leur similitude, et généralement sur tous leurs rapports. Selon moi la faculté distinctive de l'être actif ou intelligent est de pouvoir donner un sens à ce mot *est*. Je cherche en vain dans l'être purement sensitif cette force intelligente qui superpose et puis qui prononce; je ne la saurois voir dans sa nature. Cet être passif sentira chaque objet séparément, ou même il sentira l'objet total formé des deux; mais, n'ayant aucune force pour les replier l'un sur l'autre, il ne les comparera jamais, il ne les jugera point.

Voir deux objets à la fois, ce n'est pas voir leurs rapports ni juger de leurs différences; apercevoir plusieurs objets les uns hors des autres n'est pas les nombrer. Je puis avoir au même instant l'idée d'un grand bâton et d'un petit bâton sans les comparer, sans juger que l'un est plus petit que l'autre, comme je puis voir à la fois ma main entière, sans faire le compte de mes doigts¹. Ces idées comparatives *plus grand, plus petit,* de même que les idées numériques d'*un,* de *deux,* etc., ne sont certainement pas des sensations, quoique mon esprit ne les produise qu'à l'occasion de mes sensations.

On nous dit que l'être sensitif distingue les sensations les unes des autres par les différences qu'ont entre elles ces mêmes sensations : ceci demande explication. Quand les sensations sont différentes, l'être sensitif les distingue par leurs différences : quand elles sont semblables, il les distingue parce qu'il sent les unes hors des autres. Autrement, comment dans une sensation simultanée distingueroit-il deux objets égaux! il faudroit nécessairement qu'il confondît ces deux objets et les prît pour le même, surtout dans un système où l'on prétend que les sensations représentatives de l'étendue ne sont point étendues.

Quand les deux sensations à comparer sont aperçues, leur impression est faite, chaque objet est senti, les deux sont sentis, mais leur rapport n'est pas senti pour cela. Si le jugement de ce rapport n'étoit qu'une sensation, et me venoit uniquement de l'objet, mes jugements ne me

¹ Les relations de M. de la Condamine nous parlent d'un peuple qui ne savoit compter que jusqu'à trois. Cependant les hommes qui composoient ce peuple, ayant des mains, avoient souvent aperçu leurs doigts sans savoir compter jusqu'à cinq.

tromperoient jamais, puisqu'il n'est jamais faux que je sente ce que je sens.

Pourquoi donc est-ce que je me trompe sur le rapport de ces deux bâtons, surtout s'ils ne sont pas parallèles? Pourquoi, dis-je, par exemple, que le petit bâton est le tiers du grand, tandis qu'il n'en est que le quart? Pourquoi l'image, qui est la sensation, n'est-elle pas conforme à son modèle, qui est l'objet? C'est que je suis actif quand je juge, que l'opération qui compare est fautive, et que mon entendement, qui juge les rapports, mêle ses erreurs à la vérité des sensations qui ne montrent que les objets.

Ajoutez à cela une réflexion qui vous frappera, je m'assure, quand vous y aurez pensé; c'est que, si nous étions purement passifs dans l'usage de nos sens, il n'y auroit entre eux aucune communication; il nous seroit impossible de connoître que le corps que nous touchons et l'objet que nous voyons sont le même. Ou nous ne sentirions jamais rien hors de nous, ou il y auroit pour nous cinq substances sensibles, dont nous n'aurions nul moyen d'apercevoir l'identité.

Qu'on donne tel ou tel nom à cette force de mon esprit qui rapproche et compare mes sensations; qu'on l'appelle attention, méditation, réflexion, ou comme on voudra; toujours est-il vrai qu'elle est en moi et non dans les choses, que c'est moi seul qui la produis, quoique je ne la produise qu'à l'occasion de l'impression que font sur moi les objets. Sans être maître de sentir ou de ne pas sentir, je le suis d'examiner plus ou moins ce que je sens.

Je ne suis donc pas simplement un être sensitif et passif, mais un être actif et intelligent, et, quoi qu'en dise la philosophie, j'oserai prétendre à l'honneur de penser. Je sais seulement que la vérité est dans les choses et non pas dans mon esprit qui les juge, et que moins je mets du mien dans les jugements que j'en porte, plus je suis sûr d'approcher de la vérité : ainsi ma règle de me livrer au sentiment plus qu'à la raison est confirmée par la raison même.

M'étant, pour ainsi dire, assuré de moi-même, je commence à regarder hors de moi, et je me considère avec une sorte de frémissement, jeté, perdu dans ce vaste univers, et comme noyé dans l'immensité des êtres, sans rien savoir de ce qu'ils sont [1], ni entre eux, ni par rapport à moi. Je les étudie, je les observe; et, le premier objet qui se présente à moi pour les comparer, c'est moi-même.

Tout ce que j'aperçois par les sens est matière, et je déduis toutes les propriétés essentielles de la matière des qualités sensibles qui me la font apercevoir, et qui en sont inséparables. Je la vois tantôt

---

[1] * Var. «..... De ce qu'ils sont, ni absolument, ni entre eux, ni... »

en mouvement et tantôt en repos[1]; d'où j'infère que ni le repos ni le mouvement ne lui sont essentiels; mais le mouvement, étant une action, est l'effet d'une cause dont le repos n'est que l'absence. Quand donc rien n'agit sur la matière, elle ne se meut point, par cela même qu'elle est indifférente au repos et au mouvement, son état naturel est d'être en repos.

J'aperçois dans les corps deux sortes de mouvements, savoir, mouvement communiqué, et mouvement spontané ou volontaire. Dans le premier, la cause motrice est étrangère au corps mû, et dans le second elle est en lui-même. Je ne conclurai pas de là que le mouvement d'une montre, par exemple, est spontané; car si rien d'étranger au ressort n'agissoit sur lui, il ne tendroit point à se redresser, et ne tireroit point la chaîne. Par la même raison, je n'accorderai point non plus la spontanéité aux fluides, ni au feu même qui fait leur fluidité[2].

[1] Ce repos n'est, si l'on veut, que relatif; mais puisque nous observons du plus et du moins dans le mouvement, nous concevons très-clairement un des deux termes extrêmes, qui est le repos; et nous le concevons si bien, que nous sommes enclins même à prendre pour absolu le repos qui n'est que relatif. Or il n'est pas vrai que le mouvement soit de l'essence de la matière, si elle peut être conçue en repos.

[2] Les chimistes regardent le phlogistique ou l'élément du feu comme épars, immobile, et stagnant dans les mixtes dont il fait partie, jusqu'à ce que des causes étrangères le dégagent, le réunissent, le mettent en mouvement, et le changent en feu.

LIVRE IV.

Vous me demanderez si les mouvements des animaux sont spontanés; je vous dirai que je n'en sais rien, mais que l'analogie est pour l'affirmative. Vous me demanderez encore comment je sais donc qu'il y a des mouvements spontanés; je vous dirai que je le sais parce que je le sens. Je veux mouvoir mon bras et je le meus, sans que ce mouvement ait d'autre cause immédiate que ma volonté. C'est en vain qu'on voudroit raisonner pour détruire en moi ce sentiment, il est plus fort que toute évidence; autant vaudroit me prouver que je n'existe pas.

S'il n'y avoit aucune spontanéité dans les actions des hommes, ni dans rien de ce qui se fait sur la terre, on n'en seroit que plus embarrassé à imaginer la première cause de tout mouvement. Pour moi, je me sens tellement persuadé que l'état naturel de la matière est d'être en repos, et qu'elle n'a par elle-même aucune force pour agir, qu'en voyant un corps en mouvement je juge aussitôt, ou que c'est un corps animé, ou que ce mouvement lui a été communiqué. Mon esprit refuse tout acquiescement à l'idée de la matière non organisée se mouvant d'elle-même, ou produisant quelque action.

Cependant cet univers visible est matière, matière éparse et morte [1], qui n'a rien dans son tout

---

[1] J'ai fait tous mes efforts pour concevoir une molécule vivante, sans pouvoir en venir à bout. L'idée de la matière sentant sans avoir

de l'union, de l'organisation, du sentiment commun des parties d'un corps animé, puisqu'il est certain que nous qui sommes parties ne nous sentons nullement dans le tout. Ce même univers est en mouvement, et dans ses mouvements réglés, uniformes, assujettis à des lois constantes, il n'a rien de cette liberté qui paroît dans les mouvements spontanés de l'homme et des animaux. Le monde n'est donc pas un grand animal qui se meuve de lui-même; il y a donc de ses mouvements quelque cause étrangère à lui, laquelle je n'aperçois pas; mais la persuasion intérieure me rend cette cause tellement sensible, que je ne puis voir rouler le soleil sans imaginer une force qui le pousse, ou que, si la terre tourne, je crois sentir une main qui la fait tourner.

S'il faut admettre des lois générales dont je n'aperçois point les rapports essentiels avec la matière, de quoi serai-je avancé? Ces lois, n'étant point des êtres réels, des substances, ont donc quelque autre fondement qui m'est inconnu. L'expérience et l'observation nous ont fait connoître les lois du mouvement; ces lois déterminent les effets sans montrer les causes; elles ne suffisent point pour expliquer le système du monde et la marche de l'univers. Descartes avec des dés for-

---

des sens me paroît inintelligible et contradictoire. Pour adopter ou rejeter cette idée, il faudroit commencer par la comprendre, et j'avoue que je n'ai pas ce bonheur-là.

moit le ciel et la terre; mais il ne put donner le premier branle à ces idées, ni mettre en jeu sa force centrifuge qu'à l'aide d'un mouvement de rotation. Newton a trouvé la loi de l'attraction ; mais l'attraction seule réduiroit bientôt l'univers en une masse immobile : à cette loi il a fallu joindre une force projectile pour faire décrire des courbes aux corps célestes. Que Descartes nous dise quelle loi physique a fait tourner ses tourbillons; que Newton nous montre la main qui lança les planètes sur la tangente de leurs orbites.

Les premières causes du mouvement ne sont point dans la matière; elle reçoit le mouvement et le communique, mais elle ne le produit pas. Plus j'observe l'action et réaction des forces de la nature agissant les unes sur les autres, plus je trouve que, d'effets en effets, il faut toujours remonter à quelque volonté pour première cause; car supposer un progrès de causes à l'infini, c'est n'en point supposer du tout. En un mot, tout mouvement qui n'est pas produit par un autre ne peut venir que d'un acte spontané, volontaire; les corps inanimés n'agissent que par le mouvement, et il n'y a point de véritables actions sans volonté. Voilà mon premier principe. Je crois donc qu'une volonté meut l'univers et anime la nature. Voilà mon premier dogme, ou mon premier article de foi.

Comment une volonté produit-elle une action

physique et corporelle? je n'en sais rien; mais j'éprouve en moi qu'elle la produit. Je veux agir, et j'agis; je veux mouvoir mon corps, et mon corps se meut : mais qu'un corps inanimé et en repos vienne à se mouvoir de lui-même ou produise le mouvement, cela est incompréhensible et sans exemple. La volonté m'est connue par ses actes, non par sa nature. Je connois cette volonté comme cause motrice; mais concevoir la matière productrice du mouvement, c'est clairement concevoir un effet sans cause, c'est ne concevoir absolument rien.

Il ne m'est pas plus possible de concevoir comment ma volonté meut mon corps, que comment mes sensations affectent mon ame. Je ne sais pas même pourquoi l'un de ces mystères a paru plus explicable que l'autre. Quant à moi, soit quand je suis passif, soit quand je suis actif, le moyen d'union des deux substances me paroît absolument incompréhensible. Il est bien étrange qu'on parte de cette incompréhensibilité même pour confondre les deux substances, comme si des opérations de natures si différentes s'expliquoient mieux dans un seul sujet que dans deux.

Le dogme que je viens d'établir est obscur, il est vrai, mais enfin il offre un sens, et il n'a rien qui répugne à la raison ni à l'observation : en peut-on dire autant du matérialisme? N'est-il pas clair que si le mouvement étoit essentiel à la matière, il en seroit inséparable, il y seroit toujours en même degré; toujours le même dans chaque portion de matière; il seroit incommunicable; il ne pourroit ni augmenter ni diminuer, et l'on ne pourroit pas même concevoir la matière en repos? Quand on me dit que le mouvement ne lui est pas essentiel, mais nécessaire, on veut me donner le change par des mots qui seroient plus aisés à réfuter s'ils avoient un peu plus de sens. Car, ou le mouvement de la matière lui vient d'elle-même, et alors il lui est essentiel, ou, s'il lui vient d'une cause étrangère, il n'est nécessaire à la matière qu'autant que la cause motrice agit sur elle : nous rentrons dans la première difficulté.

Les idées générales et abstraites sont la source des plus grandes erreurs des hommes; jamais le jargon de la métaphysique n'a fait découvrir une seule vérité, et il a rempli la philosophie d'absurdités dont on a honte, sitôt qu'on les dépouille de leurs grands mots. Dites-moi, mon ami; si, quand on vous parle d'une force aveugle répandue dans toute la nature, on porte quelque véritable idée à votre esprit. On croit dire quelque chose par ces mots vagues de *force universelle*, de *mouvement nécessaire*, et l'on ne dit rien du tout. L'idée du mouvement n'est autre chose que l'idée du transport d'un lieu à un autre : il n'y a point de mouvement sans quelque direction; car un être individuel ne sauroit se mouvoir à la fois dans tous les sens.

Dans quel sens donc la matière se meut-elle nécessairement? Toute la matière en corps a-t-elle un mouvement uniforme, ou chaque atome a-t-il son mouvement propre? Selon la première idée, l'univers entier doit former une masse solide et indivisible; selon la seconde, il ne doit former qu'un fluide épais et incohérent, sans qu'il soit jamais possible que deux atomes se réunissent. Sur quelle direction se fera ce mouvement commun de toute la matière? Sera-ce en droite ligne ou circulairement, en haut ou en bas, à droite ou à gauche? Si chaque molécule de matière a sa direction particulière, quelles seront les causes de toutes ces directions et de toutes ces différences? Si chaque atome ou molécule de matière ne faisoit que tourner sur son propre centre, jamais rien ne sortiroit de sa place, et il n'y auroit point de mouvement communiqué; encore même faudroit-il que ce mouvement circulaire fût déterminé dans quelque sens. Donner à la matière le mouvement par abstraction, c'est dire des mots qui ne signifient rien; et lui donner un mouvement déterminé, c'est supposer une cause qui le détermine. Plus je multiplie les forces particulières, plus j'ai de nouvelles causes à expliquer, sans jamais trouver aucun agent commun qui les dirige. Loin de pouvoir imaginer aucun ordre dans le concours fortuit des éléments, je n'en puis pas même imaginer le combat, et le chaos de l'univers m'est plus inconcevable que son harmonie. Je comprends que le mécanisme du monde peut n'être pas intelligible à l'esprit humain; mais sitôt qu'un homme se mêle de l'expliquer, il doit dire des choses que les hommes entendent.

Si la matière mue me montre une volonté, la matière mue selon de certaines lois me montre une intelligence : c'est mon second article de foi. Agir, comparer, choisir, sont les opérations d'un être actif et pensant : donc cet être existe. Où le voyez-vous exister? m'allez-vous dire. Non seulement dans les cieux qui roulent, dans l'astre qui nous éclaire; non seulement dans moi-même, mais dans la brebis qui paît, dans l'oiseau qui vole, dans la pierre qui tombe, dans la feuille qu'emporte le vent.

Je juge de l'ordre du monde quoique j'en ignore la fin, parce que pour juger de cet ordre il me suffit de comparer les parties entre elles, d'étudier leur concours, leurs rapports, d'en remarquer le concert. J'ignore pourquoi l'univers existe; mais je ne laisse pas de voir comment il est modifié; je ne laisse pas d'apercevoir l'intime correspondance par laquelle les êtres qui le composent se prêtent un secours mutuel. Je suis comme un homme qui verroit pour la première fois une montre ouverte, et qui ne laisseroit pas d'en admirer l'ouvrage, quoiqu'il ne connût pas l'usage de la machine et qu'il n'eût point vu le cadran. Je ne sais, diroit-il, à quoi le tout est bon; mais je vois que chaque pièce est faite pour les autres; j'admire l'ouvrier dans le détail de son ouvrage, et je suis bien sûr que tous ces rouages ne marchent ainsi de concert que pour une fin commune qu'il m'est impossible d'apercevoir.

Comparons les fins particulières, les moyens, les rapports ordonnés de toute espèce, puis écoutons le sentiment intérieur; quel esprit sain peut se refuser à son témoignage ? à quels yeux non prévenus l'ordre sensible de l'univers n'annonce-t-il pas une suprême intelligence; et que de sophismes ne faut-il point entasser pour méconnoître l'harmonie des êtres, et l'admirable concours de chaque pièce pour la conservation des autres ? Qu'on me parle tant qu'on voudra de combinaisons et de chances; que vous sert de me réduire au silence, si vous ne pouvez m'amener à la persuasion ? et comment m'ôterez-vous le sentiment involontaire qui vous dément toujours malgré moi ? Si les corps organisés se sont combinés fortuitement de mille manières avant de prendre des formes constantes, il s'est formé d'abord des estomacs sans bouches, des pieds sans têtes, des mains sans bras, des organes imparfaits de toute espèce qui sont péris faute de pouvoir se conserver, pourquoi nul de ces informes essais ne frappe-t-il plus nos regards ? pourquoi la nature s'est-elle enfin prescrit des lois auxquelles elle n'étoit pas d'abord assujettie? Je ne dois point être surpris qu'une chose arrive lorsqu'elle est possible, et que la difficulté de l'événement est compensée par la quantité des jets; j'en conviens. Cependant si l'on me venoit dire que des caractères d'imprimerie projetés au hasard ont donné l'Énéide tout arrangée, je ne daignerois pas faire un pas pour aller vérifier le mensonge. Vous oubliez, me dira-t-on, la quantité des jets. Mais de ces jets-là combien faut-il que j'en suppose pour rendre la combinaison vraisemblable? pour moi, qui n'en vois qu'un seul, j'ai l'infini à parier contre un que son produit n'est point l'effet du hasard. Ajoutez que des combinaisons et des chances ne donneront jamais que des produits de même nature que les éléments combinés, que l'organisation et la vie ne résulteront point d'un jet d'atomes, et qu'un chimiste combinant des mixtes ne les fera point sentir et penser dans son creuset [1].

J'ai lu Nieuwentit avec surprise, et presque

---

[1] Croiroit-on, si l'on n'en avoit la preuve, que l'extravagance humaine pût être portée à ce point? Amatus Lusitanus [*] assuroit avoir vu un petit homme long d'un pouce enfermé dans un verre, que Julius Camillus, comme un autre Prométhée, avoit fait par la science alchimique. Paracelse, *de Naturâ rerum*, enseigne la façon de produire ces petits hommes, et soutient que les pygmées, les faunes, les satyres et les nymphes, ont été engendrés par la chimie. En effet, je ne vois pas trop qu'il reste désormais autre chose à

[*] Médecin portugais du seizième siècle, dont le nom véritable étoit Jean Rodrigue Amator. Il est auteur de quelques ouvrages de médecine écrits en latin, et qui ont été plusieurs fois réimprimés.

avec scandale [1]. Comment cet homme a-t-il pu vouloir faire un livre des merveilles de la nature, qui montrent la sagesse de son auteur? Son livre seroit aussi gros que le monde, qu'il n'auroit pas épuisé son sujet; et sitôt qu'on veut entrer dans les détails, la plus grande merveille échappe, qui est l'harmonie et l'accord du tout. La seule génération des corps vivants et organisés est l'abîme de l'esprit humain; la barrière insurmontable que la nature a mise entre les diverses espèces, afin qu'elles ne se confondissent pas, montre ses intentions avec la dernière évidence. Elle ne s'est pas contentée d'établir l'ordre, elle a pris des mesures certaines pour que rien ne pût le troubler.

Il n'y a pas un être dans l'univers qu'on ne puisse, à quelque égard, regarder comme le centre commun de tous les autres, autour duquel ils sont tous ordonnés, en sorte qu'ils sont tous réciproquement fins et moyens les uns relativement aux autres. L'esprit se confond et se perd dans cette infinité de rapports, dont pas un n'est confondu ni perdu dans la foule. Que d'absurdes suppositions

---

faire, pour établir la possibilité de ces faits, si ce n'est d'avancer que la matière organique résiste à l'ardeur du feu, et que ses molécules peuvent se conserver en vie dans un fourneau de réverbère.

[1] * Nieuwentit, savant mathématicien hollandois, et non moins célèbre comme philosophe, mort en 1718. Entre autres ouvrages il a publié, dans sa langue, un traité de l'*Existence de Dieu démontrée par les merveilles de la nature*, traduits en françois par Noguès. (*Paris*, 1725, in-4°, réimprimé en 1740.)

LIVRE IV.

pour déduire toute cette harmonie de l'aveugle mécanisme de la matière mue fortuitement! Ceux qui nient l'unité d'intention qui se manifeste dans les rapports de toutes les parties de ce grand tout, ont beau couvrir leur galimatias d'abstractions, de co-ordinations, de principes généraux, de termes emblématiques; quoi qu'ils fassent, il m'est impossible de concevoir un système d'êtres si constamment ordonnés, que je ne conçoive une intelligence qui l'ordonne. Il ne dépend pas de moi de croire que la matière passive et morte a pu produire des êtres vivants et sentants, qu'une fatalité aveugle a pu produire des êtres intelligents, que ce qui ne pense point a pu produire des êtres qui pensent.

Je crois donc que le monde est gouverné par une volonté puissante et sage; je le vois, ou plutôt je le sens, et cela m'importe à savoir. Mais ce même monde est-il éternel ou créé? Y a-t-il un principe unique des choses? y en a-t-il deux ou plusieurs? et quelle est leur nature? je n'en sais rien; et que m'importe? A mesure que ces connoissances me deviendront intéressantes, je m'efforcerai de les acquérir; jusque-là je renonce à des questions oiseuses qui peuvent inquiéter mon amour-propre, mais qui sont inutiles à ma conduite et supérieures à ma raison.

Souvenez-vous toujours que je n'enseigne point mon sentiment, je l'expose. Que la matière soit éternelle ou créée, qu'il y ait un principe passif ou qu'il n'y en ait point ; toujours est-il certain que le tout est un, et annonce une intelligence unique; car je ne vois rien qui ne soit ordonné dans le même système, et qui ne concoure à la même fin, savoir la conservation du tout dans l'ordre établi. Cet être qui veut et qui peut, cet être actif par lui-même, cet être enfin, quel qu'il soit, qui meut l'univers et ordonne toutes choses, je l'appelle Dieu. Je joins à ce nom les idées d'intelligence, de puissance, de volonté, que j'ai rassemblées, et celle de bonté qui en est une suite nécessaire : mais je n'en connois pas mieux l'être auquel je l'ai donné; il se dérobe également à mes sens et à mon entendement; plus j'y pense, plus je me confonds : je sais très-certainement qu'il existe, et qu'il existe par lui-même : je sais que mon existence est subordonnée à la sienne, et que toutes les choses qui me sont connues sont absolument dans le même cas. J'aperçois Dieu partout dans ses œuvres ; je le sens en moi, je le vois tout autour de moi; mais sitôt que je veux le contempler en lui-même, sitôt que je veux chercher où il est, ce qu'il est, quelle est sa substance, il m'échappe, et mon esprit troublé n'aperçoit plus rien.

Pénétré de mon insuffisance, je ne raisonnerai jamais sur la nature de Dieu, que je n'y sois forcé par le sentiment de ses rapports avec moi. Ces raisonnements sont toujours téméraires ; un homme sage ne doit s'y livrer qu'en tremblant, et sûr qu'il n'est pas fait pour les approfondir : car ce qu'il y a de plus injurieux à la Divinité n'est pas de n'y point penser, mais d'en mal penser.

Après avoir découvert ceux de ses attributs par lesquels je conçois son existence, je reviens à moi, et je cherche quel rang j'occupe dans l'ordre des choses qu'elle gouverne, et que je puis examiner. Je me trouve incontestablement au premier par mon espèce ; car, par ma volonté et par les instruments qui sont en mon pouvoir pour l'exécuter, j'ai plus de force pour agir sur tous les corps qui m'environnent, ou pour me prêter ou me dérober comme il me plaît à leur action, qu'aucun d'eux n'en a pour agir sur moi malgré moi par la seule impulsion physique ; et, par mon intelligence, je suis le seul qui ait inspection sur le tout. Quel être ici bas, hors l'homme, sait observer tous les autres, mesurer, calculer, prévoir leur mouvement, leurs effets, et joindre, pour ainsi dire, le sentiment de l'existence commune à celui de son existence individuelle ? Qu'y a-t-il de si ridicule à penser que tout est fait pour moi, si je suis le seul qui sache tout rapporter à lui ?

Il est donc vrai que l'homme est le roi de la terre qu'il habite [1] ; car non seulement il dompte tous les animaux, non seulement il dispose des

---

[1] * Var... « Est le roi de la nature, au moins sur la terre... »

éléments par son industrie, mais lui seul sur la terre en sait disposer, et il s'approprie encore, par la contemplation, les astres mêmes dont il ne peut approcher. Qu'on me montre un autre animal sur la terre qui sache faire usage du feu, et qui sache admirer le soleil. Quoi! je puis observer, connoître les êtres et leurs rapports; je puis sentir ce que c'est qu'ordre, beauté, vertu; je puis contempler l'univers, m'élever à la main qui le gouverne; je puis aimer le bien, le faire; et je me comparerois aux bêtes ! Ame abjecte, c'est ta triste philophie qui te rend semblable à elles : ou plutôt tu veux en vain t'avilir, ton génie dépose contre tes principes, ton cœur bienfaisant dément ta doctrine, et l'abus même de tes facultés prouve leur excellence en dépit de toi.

Pour moi qui n'ai point de système à soutenir, moi, homme simple et vrai, que la fureur d'aucun parti n'entraîne et qui n'aspire point à l'honneur d'être chef de secte, content de la place où Dieu m'a mis, je ne vois rien, après lui, de meilleur que mon espèce; et si j'avois à choisir ma place dans l'ordre des êtres, que pourrois-je choisir de plus que d'être homme?

Cette réflexion m'enorgueillit moins qu'elle ne me touche; car cet état n'est point de mon choix, et il n'étoit pas dû au mérite d'un être qui n'existoit pas encore. Puis-je me voir ainsi distingué sans me féliciter de remplir ce poste honorable, et sans bénir la main qui m'y a placé? De mon premier retour sur moi naît dans mon cœur un sentiment de reconnoissance et de bénédiction pour l'auteur de mon espèce, et de ce sentiment mon premier hommage à la Divinité bienfaisante. J'adore la puissance suprême, et je m'attendris sur ses bienfaits. Je n'ai pas besoin qu'on m'enseigne ce culte, il m'est dicté par la nature elle-même. N'est-ce pas une conséquence naturelle de l'amour de soi, d'honorer ce qui nous protége, et d'aimer ce qui nous veut du bien?

Mais quand, pour connoître ensuite ma place individuelle dans mon espèce, j'en considère les divers rangs[1] et les hommes qui les remplissent, que deviens-je? Quel spectacle! Où est l'ordre que j'avois observé? Le tableau de la nature ne m'offroit qu'harmonie et proportions, celui du genre humain ne m'offre que confusion, désordre! Le concert règne entre les élémens, et les hommes sont dans le chaos! Les animaux sont heureux, leur roi seul est misérable! O sagesse, où sont tes lois? O Providence, est-ce ainsi que tu régis le monde? Être bienfaisant, qu'est devenu ton pouvoir? Je vois le mal sur la terre.

Croiriez-vous, mon bon ami, que de ces tristes réflexions et de ces contradictions apparentes se formèrent dans mon esprit les sublimes idées de l'ame, qui n'avoient point jusque-là résulté de

[1] * Var. « ...J'en considère l'économie, les divers rangs et... »

mes recherches? en méditant sur la nature de l'homme, j'y crus découvrir deux principes distincts, dont l'un l'élevoit à l'étude des vérités éternelles, à l'amour de la justice et du beau moral, aux régions du monde intellectuel dont la contemplation fait les délices du sage, et dont l'autre le ramenoit bassement en lui-même, l'asservissoit à l'empire des sens, aux passions qui sont leurs ministres, et contrarioit par elles tout ce que lui inspiroit le sentiment du premier [1]. En me sentant entraîné, combattu par ces deux mouvements contraires, je me disois : Non, l'homme n'est point un; je veux et je ne veux pas, je me sens à la fois esclave et libre; je vois le bien, je l'aime, et je fais le mal; je suis actif quand j'écoute la raison, passif quand mes passions m'entraînent; et mon pire tourment, quand je succombe, est de sentir que j'ai pu résister.

Jeune homme, écoutez avec confiance, je serai toujours de bonne foi. Si la conscience est l'ouvrage des préjugés, j'ai tort sans doute, et il n'y a point de morale démontrée; mais si se préférer à tout est un penchant naturel à l'homme, et si pourtant le premier sentiment de la justice est inné dans le cœur humain, que celui qui fait de l'homme un être simple lève ces contradictions, et je ne reconnois plus qu'une substance.

[1] * VAR. « ... Ce que lui inspiroit de noble et de grand le sentiment... »

Vous remarquerez que, par ce mot de *substance*, j'entends en général l'être doué de quelque qualité primitive, et abstraction faite de toutes modifications particulières ou secondaires. Si donc toutes les qualités primitives qui nous sont connues peuvent se réunir dans un même être, on ne doit admettre qu'une substance ; mais s'il y en a qui s'excluent mutuellement, il y a autant de diverses substances qu'on peut faire de pareilles exclusions. Vous réfléchirez sur cela ; pour moi je n'ai besoin, quoi qu'en dise Locke, de connoître la matière que comme étendue et divisible, pour être assuré qu'elle ne peut penser ; et quand un philosophe viendra me dire que les arbres sentent et que les rochers pensent[1], il aura beau m'em-

---

[1] Il me semble que, loin de dire que les rochers pensent, la philosophie moderne a découvert au contraire que les hommes ne pensent point. Elle ne reconnoît plus que des êtres sensitifs dans la nature ; et toute la différence qu'elle trouve entre un homme et une pierre, est que l'homme est un être sensitif qui a des sensations, et la pierre un être sensitif qui n'en a pas. Mais s'il est vrai que toute matière sente, où concevrai-je l'unité sensitive ou le moi individuel ? sera-ce dans chaque molécule de matière ou dans des corps agrégatifs ? Placerai-je également cette unité dans les fluides et dans les solides, dans les mixtes et dans les élémens ? Il n'y a, dit-on, que des individus dans la nature ! Mais quels sont ces individus ? Cette pierre est-elle un individu ou une agrégation d'individus ? Est-elle un seul être sensitif, ou en contient-elle autant que de grains de sable ? Si chaque atome élémentaire est un être sensitif, comment concevrai-je cette intime communication par laquelle l'un se sent dans l'autre, en sorte que leurs deux *moi* se confondent en un ? L'attraction peut être une loi de la nature dont

barrasser dans ses arguments subtils, je ne puis voir en lui qu'un sophiste de mauvaise foi, qui aime mieux donner le sentiment aux pierres que d'accorder une ame à l'homme.

Supposons un sourd qui nie l'existence des sons, parce qu'ils n'ont jamais frappé son oreille. Je mets sous ses yeux un instrument à cordes, dont je fais sonner l'unisson par un autre instrument caché; le sourd voit frémir la corde; je lui dis c'est le son qui fait cela. Point du tout, répond-il; la cause du frémissement de la corde est en elle-même; c'est une qualité commune à tous les corps de frémir ainsi. Montrez-moi donc, reprends-je, ce frémissement dans les autres corps, ou du moins sa cause dans cette corde. Je ne puis, réplique le sourd; mais, parce que je ne conçois pas comment frémit cette corde, pourquoi faut-il que j'aille expliquer cela par vos sons, dont je n'ai pas la moindre idée? C'est expliquer un fait obscur par une cause en-

---

le mystère nous est inconnu; mais nous concevons au moins que l'attraction, agissant selon les masses, n'a rien d'incompatible avec l'étendue et la divisibilité. Concevez-vous la même chose du sentiment? Les parties sensibles sont étendues, mais l'être sensitif est indivisible et un : il ne se partage pas, il est tout entier ou nul : l'être sensitif n'est donc pas un corps. Je ne sais comment l'entendent nos matérialistes, mais il me semble que les mêmes difficultés qui leur ont fait rejeter la pensée leur devroient faire aussi rejeter le sentiment; et je ne vois pas pourquoi, ayant fait le premier pas, ils ne feroient pas aussi l'autre; que leur en coûteroit-il de plus? et puisqu'ils sont sûrs qu'ils ne pensent pas, comment osent-ils affirmer qu'ils sentent?

core plus obscure. Ou rendez-moi vos sons sensibles, ou je dis qu'ils n'existent pas.

Plus je réfléchis sur la pensée et sur la nature de l'esprit humain, plus je trouve que le raisonnement des matérialistes ressemble à celui de ce sourd. Ils sont sourds, en effet, à la voix intérieure qui leur crie d'un ton difficile à méconnoître : Une machine ne pense point, il n'y a ni mouvement ni figure qui produise la réflexion : quelque chose en toi cherche à briser les liens qui le compriment : l'espace n'est pas ta mesure, l'univers entier n'est pas assez grand pour toi : tes sentiments, tes désirs, ton inquiétude, ton orgueil même, ont un autre principe que ce corps étroit dans lequel tu te sens enchaîné.

Nul être matériel n'est actif par lui-même, et moi je le suis. On a beau me disputer cela, je le sens, et ce sentiment qui me parle est plus fort que la raison qui le combat. J'ai un corps sur lequel les autres agissent et qui agit sur eux; cette action réciproque n'est pas douteuse; mais ma volonté est indépendante de mes sens; je consens ou je résiste, je succombe ou je suis vainqueur, et je sens parfaitement en moi-même quand je fais ce que j'ai voulu faire, ou quand je ne fais que céder à mes passions. J'ai toujours la puissance de vouloir, non la force d'exécuter. Quand je me livre aux tentations, j'agis selon l'impulsion des objets externes. Quand je me reproche cette foiblesse, je n'écoute que ma volonté; je suis esclave par mes vices, et libre par mes remords; le sentiment de ma liberté ne s'efface en moi que quand je me déprave, et que j'empêche enfin la voix de l'ame de s'élever contre la loi du corps.

Je ne connois la volonté que par le sentiment de la mienne, et l'entendement ne m'est pas mieux connu. Quand on me demande quelle est la cause qui détermine ma volonté, je demande à mon tour quelle est la cause qui détermine mon jugement : car il est clair que ces deux causes n'en font qu'une; et si l'on comprend bien que l'homme est actif dans ses jugements, que son entendement n'est que le pouvoir de comparer et de juger, on verra que sa liberté n'est qu'un pouvoir semblable, ou dérivé de celui-là ; il choisit le bon comme il a jugé le vrai; s'il juge faux il choisit mal. Quelle est donc la cause qui détermine sa volonté? C'est son jugement. Et quelle est la cause qui détermine son jugement? C'est sa faculté intelligente, c'est sa puissance de juger; la cause déterminante est en lui-même. Passé cela, je n'entends plus rien.

Sans doute je ne suis pas libre de ne pas vouloir mon propre bien, je ne suis pas libre de vouloir mon mal; mais ma liberté consiste en cela même que je ne puis vouloir que ce qui m'est convenable, ou que j'estime tel, sans que rien d'étranger à moi me détermine. S'ensuit-il que je ne sois pas mon maître parce que je ne suis pas le maître d'être un autre que moi?

Le principe de toute action est dans la volonté d'un être libre; on ne sauroit remonter au-delà. Ce n'est pas le mot de liberté qui ne signifie rien, c'est celui de nécessité. Supposer quelque acte, quelque effet qui ne dérive pas d'un principe actif, c'est vraiment supposer des effets sans cause, c'est tomber dans le cercle vicieux. Ou il n'y a point de première impulsion, ou toute première impulsion n'a nulle cause antérieure, et il n'y a point de véritable volonté sans liberté. L'homme est donc libre dans ses actions, et, comme tel, animé d'une substance immatérielle, c'est mon troisième article de foi. De ces trois premiers vous déduirez aisément tous les autres, sans que je continue à les compter.

Si l'homme est actif et libre, il agit de lui-même; tout ce qu'il fait librement n'entre point dans le système ordonné de la Providence, et ne peut lui être imputé. Elle ne veut point le mal que fait l'homme, en abusant de la liberté qu'elle lui donne; mais elle ne l'empêche pas de le faire, soit que de la part d'un être si foible ce mal soit nul à ses yeux, soit qu'elle ne pût l'empêcher sans gêner sa liberté et faire un mal plus grand en dégradant sa nature. Elle l'a fait libre afin qu'il fît, non le mal, mais le bien par choix. Elle l'a mis en état de faire ce choix en usant bien des facultés dont elle l'a doué; mais elle a tellement borné ses forces, que l'abus de la liberté qu'elle lui laisse ne peut troubler l'ordre général. Le mal que l'homme fait retombe sur lui sans rien changer au système du monde, sans empêcher que l'espèce humaine elle-même ne se conserve malgré qu'elle en ait. Murmurer de ce que Dieu ne l'empêche pas de faire le mal, c'est murmurer de ce qu'il la fit d'une nature excellente, de ce qu'il mit à ses actions la moralité qui les ennoblit, de ce qu'il lui donna droit à la vertu. La suprême jouissance est dans le contentement de soi-même; c'est pour mériter ce contentement que nous sommes placés sur la terre et doués de la liberté, que nous sommes tentés par les passions et retenus par la conscience. Que pouvoit de plus en notre faveur la puissance divine elle-même? Pouvoit-elle mettre de la contradiction dans notre nature et donner le prix d'avoir bien fait à qui n'eût pas le pouvoir de mal faire? Quoi! pour empêcher l'homme d'être méchant, falloit-il le borner à l'instinct et le faire bête? Non, Dieu de mon ame, je ne te reprocherai jamais de l'avoir faite à ton image, afin que je pusse être libre, bon et heureux comme toi.

C'est l'abus de nos facultés qui nous rend malheureux et méchants. Nos chagrins, nos soucis, nos peines, nous viennent de nous. Le mal moral est incontestablement notre ouvrage, et le mal physique ne seroit rien sans nos vices, qui nous l'ont rendu sensible. N'est-ce pas pour nous conserver que la nature nous fait sentir nos besoins? La douleur du corps n'est-elle pas un signe que la machine se dérange, et un avertissement d'y pourvoir? La mort.... Les méchants n'empoisonnent-ils pas leur vie et la nôtre? Qui est-ce qui voudroit toujours vivre? La mort est le remède aux maux que vous vous faites; la nature a voulu que vous ne souffrissiez pas toujours. Combien l'homme vivant dans la simplicité primitive est sujet à peu de maux! il vit presque sans maladies ainsi que sans passions, et ne prévoit ni ne sent la mort; quand il la sent, ses misères la lui rendent désirable : dès-lors elle n'est plus un mal pour lui. Si nous nous contentions d'être ce que nous sommes, nous n'aurions point à déplorer notre sort; mais pour chercher un bien-être imaginaire, nous nous donnons beaucoup de maux réels. Qui ne sait pas supporter un peu de souffrance doit s'attendre à beaucoup souffrir. Quand on a gâté sa constitution par une vie déréglée, on veut la rétablir par des remèdes; au mal qu'on sent on ajoute celui qu'on craint; la prévoyance de la mort la rend horrible et l'accélère; plus on la veut fuir, plus on la sent; et l'on meurt de frayeur durant toute sa vie, en murmurant contre la nature, des maux qu'on s'est faits en l'offensant.

Homme, ne cherche plus l'auteur du mal; cet auteur, c'est toi-même. Il n'existe point d'autre mal que celui que tu fais ou que tu souffres, et l'un et l'autre vient de toi. Le mal général ne peut être que dans le désordre, et je vois dans le système du monde un ordre qui ne se dément point. Le mal particulier n'est que dans le sentiment de l'être qui souffre; et ce sentiment l'homme ne l'a pas reçu de la nature, il se l'est donné. La douleur a peu de prise sur quiconque, ayant peu réfléchi, n'a ni souvenir ni prévoyance. Otez nos funestes progrès, ôtez nos erreurs et nos vices, ôtez l'ouvrage de l'homme et tout est bien.

Où tout est bien rien n'est injuste. La justice est inséparable de la bonté; or la bonté est l'effet nécessaire d'une puissance sans borne et de l'amour de soi, essentiel à tout être qui se sent. Celui qui peut tout étend, pour ainsi dire, son existence avec celle des êtres. Produire et conserver sont l'acte perpétuel de la puissance; elle n'agit point sur ce qui n'est pas; Dieu n'est pas le dieu des morts, il ne pourroit être destructeur et méchant sans se nuire. Celui qui peut tout ne peut vouloir que ce qui est bien [1]. Donc l'Être souverainement bon, parce qu'il est souverainement puissant, doit être aussi souverainement juste, autrement il se contrediroit lui-même, car l'amour de l'ordre qui

[1] Quand les anciens appeloient *optimus maximus* le Dieu suprême, ils disoient très-vrai : mais en disant *maximus optimus*, ils auroient parlé plus exactement; puisque sa bonté vient de sa puissance, il est bon parce qu'il est grand.

le produit s'appelle *bonté*, et l'amour de l'ordre qui le conserve s'appelle *justice*.

Dieu, dit-on, ne doit rien à ses créatures. Je crois qu'il leur doit tout ce qu'il leur promit en leur donnant l'être. Or c'est leur promettre un bien que de leur en donner l'idée et de leur en faire sentir le besoin. Plus je rentre en moi, plus je me consulte, et plus je lis ces mots écrits dans mon ame : *Sois juste et tu seras heureux.* Il n'en est rien pourtant, à considérer l'état présent des choses; le méchant prospère, et le juste reste opprimé. Voyez aussi quelle indignation s'allume en nous quand cette attente est frustrée! la conscience s'élève et murmure contre son auteur; elle lui crie en gémissant : Tu m'as trompé!

Je t'ai trompé, téméraire! et qui te l'a dit? Ton ame est-elle anéantie? As-tu cessé d'exister? O Brutus! ô mon fils! ne souille point ta noble vie en la finissant; ne laisse point ton espoir et ta gloire avec ton corps aux champs de Philippes. Pourquoi dis-tu, *La vertu n'est rien*, quand tu vas jouir du prix de la tienne! Tu vas mourir, penses-tu : non, tu vas vivre, et c'est alors que je tiendrai tout ce que je t'ai promis.

On diroit, aux murmures des impatients mortels, que Dieu leur doit la récompense avant le mérite, et qu'il est obligé de payer leur vertu d'avance. Oh! soyons bons premièrement, et puis nous serons heureux. N'exigeons pas le prix avant la victoire, ni le salaire avant le travail. Ce n'est point dans la lice, disoit Plutarque[1], que les vainqueurs de nos jeux sacrés sont couronnés, c'est après qu'ils l'ont parcourue.

Si l'ame est immatérielle, elle peut survivre au corps; et si elle lui survit, la Providence est justifiée. Quand je n'aurois d'autre preuve de l'immatérialité de l'ame que le triomphe du méchant et l'oppression du juste en ce monde, cela seul m'empêcheroit d'en douter. Une si choquante dissonance dans l'harmonie universelle me feroit chercher à la résoudre. Je me dirois : Tout ne finit pas pour nous avec la vie, tout rentre dans l'ordre à la mort. J'aurois, à la vérité, l'embarras de me demander où est l'homme, quand tout ce qu'il avoit de sensible est détruit. Cette question n'est plus une difficulté pour moi, sitôt que j'ai reconnu deux substances. Il est très-simple que, durant ma vie corporelle, n'apercevant rien que par mes sens, ce qui ne leur est point soumis m'échappe. Quand l'union du corps et de l'ame est rompue, je conçois que l'un peut se dissoudre, et l'autre se conserver. Pourquoi la destruction de l'un entraîneroit-elle la destruction de l'autre? Au contraire, étant de natures si différentes, ils étoient, par leur union, dans un état violent; et quand cette union cesse, ils rentrent tous deux dans leur état naturel : la substance active et vivante regagne toute la force qu'elle

---

[1] * Traité, *On ne peut vivre heureux, selon Épicurus*, § 59.

employoit à mouvoir la substance passive et morte. Hélas! je le sens trop par mes vices, l'homme ne vit qu'à moitié durant sa vie, et la vie de l'ame ne commence qu'à la mort du corps.

Mais qu'elle est cette vie? et l'ame est-elle immortelle par sa nature? Je l'ignore. Mon entendement borné ne conçoit rien sans bornes; tout ce qu'on appelle infini m'échappe. Que puis-je nier, affirmer? quels raisonnements puis-je faire sur ce que je ne puis concevoir? Je crois que l'ame survit au corps assez pour le maintien de l'ordre? qui sait si c'est assez pour durer toujours? Toutefois je conçois comment le corps s'use et se détruit par la division des parties : mais je ne puis concevoir une destruction pareille de l'être pensant; et n'imaginant point comment il peut mourir, je présume qu'il ne meurt pas. Puisque cette présomption me console et n'a rien de déraisonnable, pourquoi craindrois-je de m'y livrer?

Je sens mon ame, je la connois par le sentiment et par la pensée; je sais qu'elle est, sans savoir quelle est son essence; je ne puis raisonner sur des idées que je n'ai pas. Ce que je sais bien, c'est que l'identité du *moi* ne se prolonge que par la mémoire, et que, pour être le même en effet, il faut que je me souvienne d'avoir été. Or je ne saurois me rappeler, après ma mort, ce que j'ai été durant ma vie, que je ne me rappelle aussi ce que j'ai senti, par conséquent ce que j'ai fait; et je ne doute point que ce souvenir ne fasse un jour la félicité des bons et le tourment des méchants. Ici bas, mille passions ardentes absorbent le sentiment interne, et donnent le change aux remords. Les humiliations, les disgrâces qu'attire l'exercice des vertus, empêchent d'en sentir tous les charmes. Mais quand, délivrés des illusions que nous font le corps et les sens, nous jouirons de la contemplation de l'Être suprême et des vérités éternelles dont il est la source, quand la beauté de l'ordre frappera toutes les puissances de notre ame, et que nous serons uniquement occupés à comparer ce que nous avons fait avec ce que nous avons dû faire, c'est alors que la voix de la conscience reprendra sa force et son empire; c'est alors que la volupté pure qui naît du contentement de soi-même, et le regret amer de s'être avili, distingueront par des sentiments inépuisables le sort que chacun se sera préparé. Ne me demandez point, ô mon bon ami, s'il y aura d'autres sources de bonheur et de peines; je l'ignore; et c'est assez de celle que j'imagine pour me consoler de cette vie, et m'en faire espérer une autre. Je ne dis point que les bons seront récompensés; car quel autre bien peut attendre un être excellent que d'exister selon sa nature? mais je dis qu'ils seront heureux, parce que leur auteur, l'auteur de toute justice, les ayant faits sensibles, ne les a pas faits pour souffrir; et que, n'ayant point abusé de leur liberté sur la terre, ils n'ont pas trompé leur destination par leur faute : ils ont souffert pourtant dans cette vie, ils seront donc dédommagés dans une autre. Ce sentiment est moins fondé sur le mérite de l'homme que sur la notion de bonté qui me semble inséparable de l'essence divine. Je ne fais que supposer les lois de l'ordre observées, et Dieu constant à lui-même [1].

Ne me demandez pas non plus si les tourments des méchants seront éternels, et s'il est de la bonté de l'auteur de leur être de les condamner à souffrir toujours; je l'ignore encore, et n'ai point la vaine curiosité d'éclaircir des questions inutiles. Que m'importe ce que deviendront les méchants? Je prends peu d'intérêt à leur sort. Toutefois j'ai peine à croire qu'ils soient condamnés à des tourments sans fin. Si la suprême Justice se venge, elle se venge dès cette vie. Vous et vos erreurs, ô nations! êtes ses ministres. Elle emploie les maux que vous vous faites à punir les crimes qui les ont attirés. C'est dans vos cœurs insatiables, rongés d'envie, d'avarice et d'ambition, qu'au sein de vos fausses prospérités les passions vengeresses punissent vos forfaits. Qu'est-il besoin d'aller chercher l'enfer dans l'autre vie? il est dès celle-ci dans le cœur des méchants.

[1] Non pas pour nous, non pas pour nous, Seigneur,
Mais pour ton nom, mais pour ton propre honneur,
Ô Dieu! fais-nous revivre!
Ps. 115.

Où finissent nos besoins périssables, où cessent nos désirs insensés, doivent cesser aussi nos passions et nos crimes. De quelle perversité de purs esprits seroient-ils susceptibles? N'ayant besoin de rien, pourquoi seroient-ils méchants? Si, destitués de nos sens grossiers, tout leur bonheur est dans la contemplation des êtres, ils ne sauroient vouloir que le bien; et quiconque cesse d'être méchant peut-il être à jamais misérable? Voilà ce que j'ai du penchant à croire, sans prendre peine à me décider là-dessus. O Être clément et bon! quels que soient tes décrets, je les adore : si tu punis éternellement les méchants, j'anéantis ma foible raison devant ta justice; mais si les remords de ces infortunés doivent s'éteindre avec le temps, si leurs maux doivent finir, et si la même paix nous attend tous également un jour, je t'en loue. Le méchant n'est-il pas mon frère? Combien de fois j'ai été tenté de lui ressembler! Que, délivré de sa misère, il perde aussi la malignité qui l'accompagne; qu'il soit heureux ainsi que moi : loin d'exciter ma jalousie, son bonheur ne fera qu'ajouter au mien.

C'est ainsi que, contemplant Dieu dans ses œuvres, et l'étudiant par ceux de ses attributs qu'il m'importoit de connoître, je suis parvenu à étendre et augmenter par degré l'idée, d'abord imparfaite et bornée, que je me faisois de cet être immense. Mais si cette idée est devenue plus noble et plus grande, elle est aussi moins proportionnée à la raison humaine. A mesure que j'approche en esprit de l'éternelle lumière, son éclat m'éblouit, me trouble, et je suis forcé d'abandonner toutes les notions terrestres qui m'aidoient à l'imaginer. Dieu n'est plus corporel et sensible; la suprême Intelligence qui régit le monde n'est plus le monde même : j'élève et fatigue en vain mon esprit à concevoir son essence inconcevable. Quand je pense que c'est elle qui donne la vie et l'activité à la substance vivante et active qui régit les corps animés; quand j'entends dire que mon ame est spirituelle et que Dieu est un esprit, je m'indigne contre cet avilissement de l'essence divine; comme si Dieu et mon ame étoient de même nature! comme si Dieu n'étoit pas le seul être absolu, le seul vraiment actif, sentant, pensant, voulant par lui-même, et duquel nous tenons la pensée, le sentiment, l'activité, la volonté, la liberté, l'être! Nous ne sommes libres que parce qu'il veut que nous le soyons, et sa substance inexplicable est à nos ames ce que nos ames sont à nos corps. S'il a créé la matière, les corps, les esprits, le monde, je n'en sais rien. L'idée de création me confond et passe ma portée : je la crois autant que je la puis concevoir: mais je sais qu'il a formé l'univers et tout ce qui existe, qu'il a tout fait, tout ordonné. Dieu est éternel, sans doute; mais mon esprit peut-il embrasser l'idée de l'éternité? Pourquoi me payer de mots sans idée? Ce que je conçois, c'est qu'il est avant les choses, qu'il sera tant qu'elles subsisteront, et qu'il seroit même au-delà, si tout devoit finir un jour. Qu'un être que je ne conçois pas donne l'existence à d'autres êtres, cela n'est qu'obscur et incompréhensible ; mais que l'être et le néant se convertissent d'eux-mêmes l'un dans l'autre, c'est une contradiction palpable, c'est une claire absurdité.

Dieu est intelligent ; mais comment l'est-il ? L'homme est intelligent quand il raisonne, et la suprême Intelligence n'a pas besoin de raisonner ; il n'y a pour elle ni prémisses ni conséquences, il n'y a pas même de proposition ; elle est purement intuitive, elle voit également tout ce qui y est et tout ce qui peut être ; toutes les vérités ne sont pour elle qu'une seule idée, comme tous les lieux un seul point, et tous les temps un seul moment. La puissance humaine agit par des moyens, la puissance divine agit par elle-même. Dieu peut parce qu'il veut ; sa volonté fait son pouvoir. Dieu est bon ; rien n'est plus manifeste : mais la bonté dans l'homme est l'amour de ses semblables, et la bonté de Dieu est l'amour de l'ordre ; car c'est par l'ordre qu'il maintient ce qui existe, et lie chaque partie avec le tout. Dieu est juste ; j'en suis convaincu, et c'est une suite de sa bonté ; l'injustice des hommes est leur œuvre et non pas la sienne : le désordre moral, qui dépose contre la Providence aux yeux des philosophes, ne fait que la démontrer aux miens. Mais la justice de l'homme est de rendre à chacun ce qui lui appartient, et la justice de Dieu, de demander compte à chacun de ce qu'il lui a donné.

Que si je viens à découvrir successivement ces attributs dont je n'ai nulle idée absolue, c'est par les conséquences forcées, c'est par le bon usage de ma raison; mais je les affirme sans les comprendre, et, dans le fond, c'est n'affirmer rien. J'ai beau me dire, Dieu est ainsi, je le sens, je me le prouve; je n'en conçois pas mieux comment Dieu peut être ainsi.

Enfin, plus je m'efforce de contempler son essence infinie, moins je la conçois; mais elle est, cela me suffit; moins je la conçois, plus je l'adore. Je m'humilie, et lui dis : Être des êtres, je suis parce que tu es; c'est m'élever à ma source que de te méditer sans cesse. Le plus digne usage de ma raison est de s'anéantir devant toi : c'est mon ravissement d'esprit, c'est le charme de ma foiblesse, de me sentir accablé de ta grandeur.

Après avoir ainsi, de l'impression des objets sensibles et du sentiment intérieur qui me porte à juger des causes selon mes lumières naturelles, déduit les principales vérités qu'il m'importoit de connoître, il me reste à chercher quelles maximes j'en dois tirer pour ma conduite, et quelles règles je dois me prescrire pour remplir ma destination sur la terre, selon l'intention de celui qui m'y a placé. En suivant toujours ma méthode, je ne tire point ces règles des principes d'une haute philosophie, mais je les trouve au fond de mon cœur écrites par la nature en caractères ineffaçables. Je n'ai qu'à me consulter sur ce que je veux faire : tout ce que je sens être bien est bien, tout ce que je sens être mal est mal : le meilleur de tous les casuistes est la conscience ; et ce n'est que quand on marchande avec elle qu'on a recours aux subtilités du raisonnement. Le premier de tous les soins est celui de soi-même : cependant combien de fois la voix intérieure nous dit qu'en faisant notre bien aux dépens d'autrui nous faisons mal ! Nous croyons suivre l'impulsion de la nature, et nous lui résistons ; en écoutant ce qu'elle dit à nos sens, nous méprisons ce qu'elle dit à nos cœurs : l'être actif obéit, l'être passif commande. La conscience est la voix de l'ame, les passions sont la voix du corps. Est-il étonnant que souvent ces deux langages se contredisent ? et alors lequel faut-il écouter? Trop souvent la raison nous trompe, nous n'avons que trop acquis le droit de la récuser : mais la conscience ne trompe jamais ; elle est le vrai guide de l'homme ; elle est à l'ame ce que l'instinct est au corps [1] ; qui la suit obéit à la na-

---

[1] La philosophie moderne, qui n'admet que ce qu'elle explique, n'a garde d'admettre cette obscure faculté appelée *instinct*, qui paroît guider, sans aucune connoissance acquise, les animaux vers quelque fin. L'instinct, selon l'un de nos plus sages philosophes,

ture, et ne craint point de s'égarer. Ce point est important, poursuivit mon bienfaiteur, voyant que j'allois l'interrompre : souffrez que je m'arrête un peu plus à l'éclaircir.

Toute la moralité de nos actions est dans le jugement que nous en portons nous-mêmes. S'il est vrai que le bien soit bien, il doit l'être au fond de

---

n'est qu'une habitude privée de réflexion, mais acquise en réfléchissant; et, de la manière dont il explique ce progrès, on doit conclure que les enfants réfléchissent plus que les hommes; paradoxe assez étrange pour valoir la peine d'être examiné. Sans entrer ici dans cette discussion, je demande quel nom je dois donner à l'ardeur avec laquelle mon chien fait la guerre aux taupes qu'il ne mange point, à la patience avec laquelle il les guette quelquefois des heures entières, et à l'habileté avec laquelle il les saisit, les jette hors terre au moment qu'elles poussent, et les tue ensuite pour les laisser là, sans que jamais personne l'ait dressé à cette chasse, et lui ait appris qu'il y avoit là des taupes. Je demande encore, et ceci est plus important, pourquoi, la première fois que j'ai menacé ce même chien, il s'est jeté le dos contre terre, les pattes repliées, dans une attitude suppliante et la plus propre à me toucher; posture dans laquelle il se fût bien gardé de rester, si, sans me laisser fléchir, je l'eusse battu dans cet état. Quoi! mon chien, tout petit encore, et ne faisant presque que de naître, avoit-il acquis déjà des idées morales? savoit-il ce que c'étoit que clémence et générosité? sur quelles lumières acquises espéroit-il m'apaiser en s'abandonnant ainsi à ma discrétion? Tous les chiens du monde font à peu près la même chose dans le même cas, et je ne dis rien ici que chacun ne puisse vérifier. Que les philosophes, qui rejettent si dédaigneusement l'instinct, veuillent bien expliquer ce fait par le seul jeu des sensations et des connoissances qu'elles nous font acquérir; qu'ils l'expliquent d'une manière satisfaisante pour tout homme sensé; alors je n'aurai plus rien à dire, et je ne parlerai plus d'instinct.

nos cœurs comme dans nos œuvres; et le premier prix de la justice est de sentir qu'on la pratique. Si la bonté morale est conforme à notre nature, l'homme ne sauroit être sain d'esprit ni bien constitué qu'autant qu'il est bon. Si elle ne l'est pas, et que l'homme soit méchant naturellement, il ne peut cesser de l'être sans se corrompre, et la bonté n'est en lui qu'un vice contre nature. Fait pour nuire à ses semblables, comme le loup pour égorger sa proie, un homme humain seroit un animal aussi dépravé qu'un loup pitoyable; et la vertu seule nous laisseroit des remords.

Rentrons en nous-mêmes, ô mon jeune ami! examinons, tout intérêt personnel à part, à quoi nos penchants nous portent. Quel spectacle nous flatte le plus, celui des tourments ou du bonheur d'autrui? Qu'est-ce qui nous est le plus doux à faire, et nous laisse une impression plus agréable après l'avoir fait, d'un acte de bienfaisance ou d'un acte de méchanceté? Pour qui vous intéressez-vous sur vos théâtres? Est-ce aux forfaits que vous prenez plaisir? est-ce à leurs auteurs punis que vous donnez des larmes? Tout nous est indifférent, disent-ils, hors notre intérêt : et, tout au contraire, les douceurs de l'amitié, de l'humanité, nous consolent dans nos peines; et, même dans nos plaisirs, nous serions trop seuls, trop misérables, si nous n'avions avec qui les partager. S'il n'y a rien de moral dans le cœur de l'homme, d'où lui viennent donc ces transports d'admiration pour les actions héroïques, ces ravissements d'amour pour les grandes ames? Cet enthousiasme de la vertu, quel rapport a-t-il avec notre intérêt privé? Pourquoi voudrois-je être Caton qui déchire ses entrailles, plutôt que César triomphant? Otez de nos cœurs cet amour du beau, vous ôtez tout le charme de la vie. Celui dont les viles passions ont étouffé dans son ame étroite ces sentiments délicieux; celui qui, à force de se concentrer au dedans de lui, vient à bout de n'aimer que lui-même, n'a plus de transports, son cœur glacé ne palpite plus de joie, un doux attendrissement n'humecte jamais ses yeux, il ne jouit plus de rien; le malheureux ne sent plus, ne vit plus; il est déjà mort.

Mais, quel que soit le nombre des méchants sur la terre, il est peu de ces ames cadavéreuses devenues insensibles, hors leur intérêt, à tout ce qui est juste et bon. L'iniquité ne plaît qu'autant qu'on en profite; dans tout le reste on veut que l'innocent soit protégé. Voit-on dans une rue ou sur un chemin quelque acte de violence et d'injustice; à l'instant un mouvement de colère et d'indignation s'élève au fond du cœur, et nous porte à prendre la défense de l'opprimé : mais un devoir plus puissant nous retient, et les lois nous ôtent le droit de protéger l'innocence. Au contraire, si quelque acte de clémence ou de générosité frappe nos yeux, quelle admiration, quel amour il nous inspire! Qui est-ce qui ne se dit pas, J'en voudrois avoir fait autant? Il nous importe sûrement fort peu qu'un homme ait été méchant ou juste il y a deux mille ans; et cependant le même intérêt nous affecte dans l'histoire ancienne, que si tout cela s'étoit passé de nos jours. Que me font à moi les crimes de Catilina? ai-je peur d'être sa victime? Pourquoi donc ai-je de lui la même horreur que s'il étoit mon contemporain? nous ne haïssons pas seulement les méchants parce qu'ils nous nuisent, mais parce qu'ils sont méchants. Non seulement nous voulons être heureux, nous voulons aussi le bonheur d'autrui, et quand ce bonheur ne coûte rien au nôtre, il l'augmente. Enfin l'on a, malgré soi, pitié des infortunés; quand on est témoin de leur mal, on en souffre. Les plus pervers ne sauroient perdre tout-à-fait ce penchant; souvent il les met en contradiction avec eux-mêmes. Le voleur qui dépouille les passants couvre encore la nudité du pauvre, et le plus féroce assassin soutient un homme tombant en défaillance.

On parle du cri des remords, qui punit en secret les crimes cachés et les met si souvent en évidence. Hélas! qui de nous n'entendit jamais cette importune voix? On parle par expérience; et l'on voudroit étouffer ce sentiment tyrannique qui nous donne tant de tourment. Obéissons à la nature, nous connoîtrons avec quelle douceur elle règne, et quel charme on trouve, après l'avoir écoutée, à se rendre un bon témoignage de soi. Le méchant se craint et se fuit; il s'égaie en se jetant hors de lui-même; il tourne autour de lui des yeux inquiets, et cherche un objet qui l'amuse; sans la satire amère, sans la raillerie insultante, il seroit toujours triste; le ris moqueur est son seul plaisir. Au contraire, la sérénité du juste est intérieure; son ris n'est point de malignité, mais de joie : il en porte la source en lui-même; il est aussi gai seul qu'au milieu d'un cercle; il ne tire pas son contentement de ceux qui l'approchent, il le leur communique.

Jetez les yeux sur toutes les nations du monde, parcourez toutes les histoires; parmi tant de cultes inhumains et bizarres, parmi cette prodigieuse diversité de mœurs et de caractères, vous trouverez partout les mêmes idées de justice et d'honnêteté, partout les mêmes principes de morale, partout les mêmes notions du bien et du mal. L'ancien paganisme enfanta des dieux abominables, qu'on eût pris ici bas comme des scélérats, et qui n'offroient pour tableau du bonheur suprême que des forfaits à commettre et des passions à contenter. Mais le vice, armé d'une autorité sacrée, descendoit en vain du séjour éternel, l'instinct moral le repoussoit du cœur des humains. En célébrant les débauches de Jupiter on admiroit la continence de Xénocrate; la chaste Lucrèce adoroit l'impudique Vénus; l'intrépide Romain sacrifioit à la Peur; il invoquoit le dieu qui mutila son père, et mouroit sans murmure de la main du sien. Les plus méprisables divinités furent servies par les plus grands hommes. La sainte voix de la nature, plus forte que celle des dieux, se faisoit respecter sur la terre, et sembloit reléguer dans le ciel le crime avec les coupables.

Il est donc au fond des ames un principe inné de justice et de vertu, sur lequel, malgré nos propres maximes, nous jugeons nos actions et celles d'autrui comme bonnes ou mauvaises; et c'est à ce principe que je donne le nom de conscience.

Mais à ce mot j'entends s'élever de toutes parts la clameur des prétendus sages : Erreurs de l'enfance, préjugés de l'éducation! s'écrient-ils tous de concert. Il n'y a rien dans l'esprit humain que ce qui s'y introduit par l'expérience, et nous ne jugeons d'aucune chose que sur des idées acquises. Ils font plus; cet accord évident et universel de toutes les nations, ils l'osent rejeter; et, contre l'éclatante uniformité du jugement des hommes, ils vont chercher dans les ténèbres quelque exemple obscur et connu d'eux seuls; comme si tous les penchants de la nature étoient anéantis par la dépravation d'un peuple, et que, sitôt qu'il est des monstres, l'espèce ne fût plus rien. Mais que servent au sceptique Montaigne les tourments qu'il se donne pour déterrer en un coin du monde une coutume opposée aux notions de la justice [1] ? Que lui sert de donner aux plus suspects voyageurs l'autorité qu'il refuse aux écrivains les plus célèbres ? Quelques usages incertains et bizarres, fondés sur des causes locales qui nous sont inconnues, détruiront-ils l'induction générale tirée du concours de tous les peuples, opposés en tout le reste, et d'accord sur ce seul point ? O Montaigne ! toi qui te piques de franchise et de vérité, sois sincère et vrai, si un philosophe peut l'être, et dis-moi s'il est quelque pays sur la terre où ce soit un crime de garder sa foi, d'être clément, bienfaisant, généreux; où l'homme de bien soit méprisable et le perfide honoré.

Chacun, dit-on, concourt au bien public pour son intérêt. Mais d'où vient donc que le juste y concourt à son préjudice ? Qu'est-ce qu'aller à la mort pour son intérêt ? Sans doute nul n'agit que pour son bien; mais s'il n'est un bien moral dont il faut tenir compte, on n'expliquera jamais par l'intérêt propre que les actions des méchants : il est même à croire qu'on ne tentera point d'aller plus loin. Ce seroit une trop abominable philosophie que celle où l'on seroit embarrassé des actions

---

[1] * Voyez tout le chapitre xxii du livre premier. On y remarque ce passage : « Les loix de la conscience, que nous disons naistre de « nature, naissent de la coustume : chascun, ayant en veneration « interne les opinions et mœurs approuvees et reçues autour de luy « ne s'en peult desprendre sans remors, ny s'y appliquer sans « applaudissement. »

vertueuses; où l'on ne pourroit se tirer d'affaire qu'en leur controuvant des intentions basses et des motifs sans vertu; où l'on seroit forcé d'avilir Socrate et de calomnier Régulus. Si jamais de pareilles doctrines pouvoient germer parmi nous, la voix de la nature, ainsi que celle de la raison, s'élèveroient incessamment contre elles, et ne laisseroient jamais à un seul de leurs partisans l'excuse de l'être de bonne foi.

Mon dessein n'est pas d'entrer ici dans des discussions métaphysiques qui passent ma portée et la vôtre, et qui, dans le fond, ne mènent à rien. Je vous ai déjà dit que je ne voulois pas philosopher avec vous, mais vous aider à consulter votre cœur. Quand tous les philosophes du monde prouveroient que j'ai tort, si vous sentez que j'ai raison, je n'en veux pas davantage.

Il ne faut pour cela que vous faire distinguer nos idées acquises de nos sentiments naturels; car nous sentons nécessairement avant de connoître; et, comme nous n'apprenons point à vouloir notre bien et à fuir notre mal, mais que nous tenons cette volonté de la nature, de même l'amour du bon et la haine du mauvais nous sont aussi naturels que l'amour de nous-mêmes. Les actes de la conscience ne sont pas des jugements, mais des sentiments : quoique toutes nos idées nous viennent du dehors, les sentiments qui les apprécient sont au dedans de nous, et c'est par eux seuls que nous connoissons la convenance ou la disconvenance qui existe entre nous et les choses que nous devons rechercher ou fuir.

Exister pour nous, c'est sentir ; notre sensibilité est incontestablement antérieure à notre intelligence, et nous avons eu des sentiments avant des idées[1]. Quelle que soit la cause de notre être, elle a pourvu à notre conservation en nous donnant des sentiments convenables à notre nature ; et l'on ne sauroit nier qu'au moins ceux-là ne soient innés. Ces sentiments, quant à l'individu, sont l'amour de soi, la crainte de la douleur, l'horreur de la mort, le désir du bien-être. Mais si, comme on n'en peut douter, l'homme est sociable par sa nature, ou du moins fait pour le devenir, il ne peut l'être que par d'autres sentiments innés, relatifs à son espèce ; car, à ne considérer que le besoin physique, il doit certainement disperser les hommes au lieu de les rapprocher. Or c'est du système moral formé par ce double rapport à soi-même et à ses semblables que naît l'impulsion de

---

[1] A certains égards les idées sont des sentiments et les sentiments sont des idées. Les deux noms conviennent à toute perception qui nous occupe et de son objet, et de nous-mêmes qui en sommes affectés : il n'y a que l'ordre de cette affection qui détermine le nom qui lui convient. Lorsque, premièrement occupés de l'objet, nous ne pensons à nous que par réflexion, c'est une idée ; au contraire, quand l'impression reçue excite notre première attention, et que nous ne pensons que par réflexion à l'objet qui la cause, c'est un sentiment.

la conscience. Connoître le bien, ce n'est pas l'aimer : l'homme n'en a pas la connoissance innée ; mais sitôt que sa raison le lui fait connoître, sa conscience le porte à l'aimer; c'est ce sentiment qui est inné.

Je ne crois donc pas, mon ami, qu'il soit impossible d'expliquer par des conséquences de notre nature le principe immédiat de la conscience, indépendant de la raison même. Et quand cela seroit impossible, encore ne seroit-il pas nécessaire : car, puisque ceux qui nient ce principe admis et reconnu par tout le genre humain ne prouvent point qu'il n'existe pas, mais se contentent de l'affirmer ; quand nous affirmons qu'il existe, nous sommes tout aussi bien fondés qu'eux, et nous avons de plus le témoignage intérieur, et la voix de la conscience qui dépose pour elle-même. Si les premières lueurs du jugement nous éblouissent et confondent d'abord les objets à nos regards, attendons que nos foibles yeux se rouvrent, se raffermissent; et bientôt nous reverrons ces mêmes objets aux lumières de la raison, tels que nous les montroit d'abord la nature : ou plutôt soyons plus simples et moins vains; bornons-nous aux premiers sentiments que nous trouvons en nous-mêmes, puisque c'est toujours à eux que l'étude nous ramène quand elle ne nous a point égarés.

Conscience ! conscience ! instinct divin, immortelle et céleste voix; guide assuré d'un être ignorant et borné, mais intelligent et libre ; juge infaillible du bien et du mal, qui rends l'homme semblable à Dieu ! c'est toi qui fais l'excellence de sa nature et la moralité de ses actions ; sans toi je ne sens rien en moi qui m'élève au-dessus des bêtes, que le triste privilége de m'égarer d'erreurs en erreurs à l'aide d'un entendement sans règle et d'une raison sans principe.

Grâce au ciel, nous voilà délivrés de tout cet effrayant appareil de philosophie : nous pouvons être hommes sans être savants ; dispensés de consumer notre vie à l'étude de la morale, nous avons à moindres frais un guide plus assuré dans ce dédale immense des opinions humaines. Mais ce n'est pas assez que ce guide existe, il faut savoir le reconnoître et le suivre. S'il parle à tous les cœurs, pourquoi donc y en a-t-il si peu qui l'entendent ? Eh ! c'est qu'il nous parle la langue de la nature, que tout nous fait oublier. La conscience est timide, elle aime la retraite et la paix ; le monde et le bruit l'épouvantent : les préjugés dont on la fait naître sont ses plus cruels ennemis ; elle fuit ou se tait devant eux : leur voix bruyante étouffe la sienne et l'empêche de se faire entendre ; le fanatisme ose la contrefaire et dicter le calme de son nom. Elle se rebute enfin à force d'être éconduite ; elle ne nous parle plus, elle ne nous répond plus, et, après de si long mépris pour elle, il en coûte autant de la rappeler qu'il en coûta de la bannir.

Combien de fois je me suis lassé dans mes recherches de la froideur que je sentois en moi ! Combien de fois la tristesse et l'ennui, versant leur poison sur mes premières méditations, me les rendirent insupportables ! Mon cœur aride ne donnoit qu'un zèle languissant et tiède à l'amour de la vérité. Je me disois : Pourquoi me tourmenter à chercher ce qui n'est pas? Le bien moral n'est qu'une chimère; il n'y a rien de bon que les plaisirs des sens. Oh! quand on a une fois perdu le goût des plaisirs de l'ame, qu'il est difficile de le reprendre ! Qu'il est plus difficile encore de le prendre quand on ne l'a jamais eu! S'il existoit un homme assez misérable pour n'avoir rien fait en toute sa vie dont le souvenir le rendît content de lui-même et bien aise d'avoir vécu, cet homme seroit incapable de jamais se connoître; et, faute de sentir quelle bonté convient à sa nature, resteroit méchant par force et seroit éternellement malheureux. Mais croyez-vous qu'il y ait sur la terre entière un seul homme assez dépravé pour n'avoir jamais livré son cœur à la tentation de bien faire? Cette tentation est si naturelle et si douce, qu'il est impossible de lui résister toujours; et le souvenir du plaisir qu'elle a produit une fois suffit pour la rappeler sans cesse. Malheureusement elle est d'abord pénible à satisfaire; on a mille raisons pour se refuser au penchant de son cœur; la fausse prudence le resserre dans les bornes du *moi* humain : il faut mille efforts de courage pour oser les franchir. Se plaire à bien faire est le prix d'avoir bien fait, et ce prix ne s'obtient qu'après l'avoir mérité. Rien n'est plus aimable que la vertu; mais il en faut jouir pour la trouver telle. Quand on la veut embrasser, semblable au Protée de la fable, elle prend d'abord mille formes effrayantes, et ne se montre enfin sous la sienne qu'à ceux qui n'ont point lâché prise.

Combattu sans cesse par mes sentiments naturels qui parloient pour l'intérêt commun, et par ma raison qui rapportoit tout à moi, j'aurois flotté toute ma vie dans cette continuelle alternative, faisant le mal, aimant le bien, et toujours contraire à moi-même, si de nouvelles lumières n'eussent éclairé mon cœur, si la vérité, qui fixa mes opinions, n'eût encore assuré ma conduite et ne m'eût mis d'accord avec moi. On a beau vouloir établir la vertu par la raison seule, quelle solide base peut-on lui donner? La vertu, disent-ils, est l'amour de l'ordre. Mais cet amour peut-il donc et doit-il l'emporter en moi sur celui de mon bien-être? Qu'ils me donnent une raison claire et suffisante pour le préférer. Dans le fond leur prétendu principe est un pur jeu de mots; car je dis aussi, moi, que le vice est l'amour de l'ordre, pris dans un sens différent. Il y a quelque ordre moral partout où il y a sentiment et intelligence. La différence est que le bon s'ordonne par rapport au tout, et que le méchant ordonne le tout par rapport à lui. Celui-ci se fait le centre de toutes choses; l'autre mesure son rayon et se tient à la circonférence. Alors il est ordonné par rapport au centre commun, qui est Dieu, et par rapport à tous les cercles concentriques, qui sont les créatures. Si la Divinité n'est pas, il n'y a que le méchant qui a raison, le bon n'est qu'un insensé.

O mon enfant! puissiez-vous sentir un jour de quel poids on est soulagé, quand, après avoir épuisé la vanité des opinions humaines et goûté l'amertume des passions, on trouve enfin si près de soi la route de la sagesse, le prix des travaux de cette vie, et la source du bonheur dont on a désespéré! Tous les devoirs de la loi naturelle, presque effacés de mon cœur par l'injustice des hommes, s'y retracent au nom de l'éternelle justice qui me les impose et qui me les voit remplir. Je ne sens plus en moi que l'ouvrage et l'instrument du grand Être qui veut le bien, qui le fait, qui fera le mien par le concours de mes volontés aux siennes, et par le bon usage de ma liberté : j'acquiesce à l'ordre qu'il établit, sûr de jouir moi-même un jour de cet ordre et d'y trouver ma félicité ; car quelle félicité plus douce que de se sentir ordonné dans un système où tout est bien ? En proie à la douleur, je la supporte avec patience, en songeant qu'elle est passagère et qu'elle vient d'un corps qui n'est point à moi. Si je fais une bonne action sans témoin, je sais qu'elle est vue, et je prends acte pour l'autre vie de ma conduite en celle-ci. En souffrant une injustice, je me dis: l'Être juste qui régit tout saura bien m'en dédommager ; les besoins de mon corps, les misères de ma vie, me rendent l'idée de la mort plus supportable : ce seront autant de liens de moins à rompre quand il faudra tout quitter.

Pourquoi mon ame est-elle soumise à mes sens et enchaînée à ce corps qui l'asservit et la gêne ? Je n'en sais rien : suis-je entré dans les décrets de Dieu ? Mais je puis, sans témérité, former de modestes conjectures. Je me dis : Si l'esprit de l'homme fût resté libre et pur, quel mérite auroit-il d'aimer et suivre l'ordre qu'il verroit établi et qu'il n'auroit nul intérêt à troubler ? Il seroit heureux, il est vrai; mais il manqueroit à son bonheur le degré le plus sublime, la gloire de la vertu et le bon témoignage de soi; il ne seroit que comme les anges; et sans doute l'homme vertueux sera plus qu'eux. Unie à un corps mortel par des liens non moins puissants qu'incompréhensibles, le soin de la conservation de ce corps excite l'ame à rapporter tout à lui, et lui donne un intérêt contraire à l'ordre général, qu'elle est pourtant capable de voir et d'aimer; c'est alors que le bon usage de sa liberté devient à la fois le mérite et la récompense, et qu'elle se prépare un bonheur inaltérable en combattant ses passions terrestres et se maintenant dans sa première volonté.

Que si, même dans l'état d'abaissement où nous sommes durant cette vie, tous nos premiers penchants sont légitimes, si tous nos vices nous viennent de nous, pourquoi nous plaignons-nous d'être subjugués par eux? pourquoi reprochons-nous à l'auteur des choses les maux que nous faisons et les ennemis que nous armons contre nous-mêmes? Ah! ne gâtons point l'homme; il sera toujours bon sans peine, et toujours heureux sans remords. Les coupables qui se disent forcés au crime sont aussi menteurs que méchants: comment ne voient-ils point que la foiblesse dont ils se plaignent est leur propre ouvrage; que leur première dépravation vient de leur volonté; qu'à force de vouloir céder à leurs tentations, ils leur cèdent enfin malgré eux et les rendent irrésistibles! Sans doute il ne dépend plus d'eux de n'être pas méchants et foibles, mais il dépendit d'eux de ne le pas devenir. Oh! que nous resterions aisément maîtres de nous et de nos passions, même durant cette vie, si, lorsque nos habitudes ne sont point encore acquises, lorsque notre esprit commence à s'ouvrir, nous savions l'occuper des objets qu'il doit connoître pour apprécier ceux qu'il ne connoît pas; si nous voulions sincèrement nous éclairer, non pour briller aux yeux des autres, mais pour être bons et sages selon notre nature, pour nous rendre heureux en pratiquant nos devoirs! Cette étude nous paroît ennuyeuse et pénible, parce que nous n'y songeons que déjà corrompus par le vice, déjà livrés à nos passions. Nous fixons nos jugements et notre estime avant de connoître le bien et le mal; et puis, rapportant tout à cette mesure, nous ne donnons à rien sa juste valeur.

Il est un âge où le cœur, libre encore, mais ardent, inquiet, avide du bonheur qu'il ne connoît pas, le cherche avec une curieuse incertitude, et, trompé par les sens, se fixe enfin sur sa vaine image, et croit le trouver où il n'est point. Ces illusions ont duré trop long-temps pour moi. Hélas! je les ai trop tard connues, et n'ai pu tout-à-fait les détruire: elles dureront autant que ce corps mortel qui les cause. Au moins elles ont beau me séduire, elles ne m'abusent plus; je les connois pour ce qu'elles sont; en les suivant je les méprise; loin d'y voir l'objet de mon bonheur, j'y vois son obstacle. J'aspire au moment où, délivré des entraves du corps, je serai *moi* sans contradiction, sans partage, et n'aurai besoin que de moi pour être heureux; en attendant je le suis dès cette vie, parce que j'en compte pour peu tous les maux, que je la regarde comme presque étrangère à mon être, et que tout le vrai bien que j'en peux retirer dépend de moi.

Pour m'élever d'avance, autant qu'il se peut, à cet état de bonheur, de force, et de liberté, je m'exerce aux sublimes contemplations. Je médite sur l'ordre de l'univers, non pour l'expliquer par de vains systèmes, mais pour l'admirer sans cesse, pour adorer le sage auteur qui s'y fait sentir. Je converse avec lui, je pénètre toutes mes facultés de sa divine essence ; je m'attendris à ses bienfaits, je le bénis de ses dons : mais je ne le prie pas. Que lui demanderois-je ? qu'il changeât pour moi le cours des choses, qu'il fît des miracles en ma faveur ? Moi qui dois aimer par-dessus tout l'ordre établi par sa sagesse et maintenu par sa providence, voudrois-je que cet ordre fût troublé pour moi ? Non, ce vœu téméraire mériteroit d'être plutôt puni qu'exaucé. Je ne lui demande pas non plus le pouvoir de bien faire : pourquoi lui demander ce qu'il m'a donné ? Ne m'a-t-il pas donné la conscience pour aimer le bien, la raison pour le connoître, la liberté pour le choisir ? Si je fais le mal, je n'ai point d'excuse ; je le fais parce que je le veux : lui demander de changer ma volonté, c'est lui demander ce qu'il me demande ; c'est vouloir qu'il fasse mon œuvre et que j'en recueille le salaire ; n'être pas content de mon état, c'est ne vouloir plus être homme, c'est vouloir autre chose que ce qui est, c'est vouloir le désordre et le mal. Source de justice et de vérité, Dieu clément et bon ! dans ma confiance en toi, le suprême vœu de mon cœur est que ta volonté soit faite. En y joignant la mienne, je fais ce que tu fais, j'acquiesce à ta bonté ; je crois partager d'avance la suprême félicité qui en est le prix.

Dans la juste défiance de moi-même, la seule chose que je lui demande, ou plutôt que j'attends de sa justice, est de redresser mon erreur si je m'égare et si cette erreur m'est dangereuse. Pour être de bonne foi je ne me crois pas infaillible : mes opinions qui me semblent les plus vraies sont peut-être autant de mensonges; car quel homme ne tient pas aux siennes ? et combien d'hommes sont d'accord en tout ? L'illusion qui m'abuse a beau me venir de moi, c'est lui seul qui m'en peut guérir. J'ai fait ce que j'ai pu pour atteindre à la vérité, mais sa source est trop élevée ; quand les forces me manquent pour aller plus loin, de quoi puis-je être coupable ? c'est à elle à s'approcher.

Le bon prêtre avoit parlé avec véhémence? il étoit ému, je l'étois aussi. Je croyois entendre le divin Orphée chanter les premiers hymnes, et apprendre aux hommes le culte des dieux. Cependant je voyois des foules d'objections à lui faire : je n'en fis pas une, parce qu'elles étoient moins solides qu'embarrassantes, et que la persuasion étoit pour lui. A mesure qu'il me parloit selon sa conscience, la mienne sembloit me confirmer ce qu'il m'avoit dit.

Les sentiments que vous venez de m'exposer, lui dis-je, me paroissent plus nouveaux par ce que vous avouez ignorer que par ce que vous dites croire. J'y vois, à peu de chose près, le théisme ou la religion naturelle, que les chrétiens affectent de confondre avec l'athéisme ou l'irréligion, qui est la doctrine directement opposée. Mais dans l'état actuel de ma foi, j'ai plus à remonter qu'à descendre pour adopter vos opinions, et je trouve difficile de rester précisément au point où vous êtes, à moins d'être aussi sage que vous. Pour être au moins aussi sincère je veux consulter avec moi. C'est le sentiment intérieur qui doit me conduire à votre exemple; et vous m'avez appris vous-même qu'après lui avoir long-temps imposé silence, le rappeler n'est pas l'affaire d'un moment. J'emporte vos discours dans mon cœur, il faut que je les médite. Si, après m'être bien consulté, j'en demeure aussi convaincu que vous, vous serez mon dernier apôtre, et je serai votre prosélyte jusqu'à la mort. Continuez cependant à m'instruire, vous ne m'avez dit que la moitié de ce que je dois savoir. Parlez-moi de la révélation, des écritures, de ces dogmes obscurs sur lesquels je vais errant dès mon enfance, sans pouvoir ni les concevoir ni les croire, et sans savoir ni les admettre ni les rejeter.

Oui, mon enfant, dit-il en m'embrassant, j'achèverai de vous dire ce que je pense; je ne veux point vous ouvrir mon cœur à demi: mais le désir que vous me témoignez étoit nécessaire pour m'autoriser à n'avoir aucune réserve avec vous. Je ne vous ai rien dit jusqu'ici que je ne crusse pouvoir vous être utile et dont je ne fusse intimement persuadé. L'examen qui me reste à faire est bien différent; je n'y vois qu'embarras, mystère, obscurité; je n'y porte qu'incertitude et défiance. Je ne me détermine qu'en tremblant, et je vous dis plutôt mes doutes que mon avis. Si vos sentiments étoient plus stables, j'hésiterois de vous exposer les miens; mais, dans l'état où vous êtes, vous gagnerez à penser comme moi[1]. Au reste, ne donnez à mes discours que l'autorité de la raison : j'ignore si je suis dans l'erreur. Il est difficile, quand on discute, de ne pas prendre quelquefois le ton affirmatif; mais souvenez-vous qu'ici toutes mes affirmations ne sont que des raisons de douter. Cherchez la vérité vous-même; pour moi, je ne vous promets que de la bonne foi.

Vous ne voyez dans mon exposé que la religion naturelle : il est bien étrange qu'il en faille une autre. Par où connoîtrai-je cette nécessité? De quoi puis-je être coupable en servant Dieu selon les lumières qu'il donne à mon esprit, et selon les sentiments qu'il inspire à mon cœur? Quelle pureté de morale, quel dogme utile à l'homme et honorable à son auteur puis-je tirer d'une doctrine positive, que je ne puisse tirer sans elle du bon usage de mes facultés? Montrez-moi ce qu'on peut ajouter, pour la gloire de Dieu, pour le bien de la société, et pour mon propre avantage, aux

---

[1] Voilà, je crois, ce que le bon vicaire pourroit dire à présent au public.

devoirs de la loi naturelle, et quelle vertu vous ferez naître d'un nouveau culte, qui ne soit pas une conséquence du mien. Les plus grandes idées de la Divinité nous viennent par la raison seule. Voyez le spectacle de la nature, écoutez la voix intérieure. Dieu n'a-t-il pas tout dit à nos yeux, à notre conscience, à notre jugement? Qu'est-ce que les hommes nous diront de plus? Leurs révélations ne font que dégrader Dieu, en lui donnant les passions humaines. Loin d'éclaircir les notions du grand Être, je vois que les dogmes particuliers les embrouillent; que loin de les ennoblir ils les avilissent; qu'aux mystères inconcevables qui l'environnent ils ajoutent des contradictions absurdes; qu'ils rendent l'homme orgueilleux, intolérant, cruel; qu'au lieu d'établir la paix sur la terre, ils y portent le fer et le feu. Je me demande à quoi bon tout cela sans savoir me répondre. Je n'y vois que les crimes des hommes et les misères du genre humain.

On me dit qu'il falloit une révélation pour apprendre aux hommes la manière dont Dieu vouloit être servi; on assigne en preuve la diversité des cultes bizarres qu'ils ont institués, et l'on ne voit pas que cette diversité même vient de la fantaisie des révélations. Dès que les peuples se sont avisés de faire parler Dieu, chacun l'a fait parler à sa mode et lui a fait dire ce qu'il a voulu. Si l'on n'eût écouté que ce que Dieu dit au cœur de l'homme, il n'y auroit jamais eu qu'une religion sur la terre.

Il falloit un culte uniforme ; je le veux bien : mais ce point étoit-il donc si important qu'il fallût tout l'appareil de la puissance divine pour l'établir ? Ne confondons point le cérémonial de la religion avec la religion. Le culte que Dieu demande est celui du cœur ; et celui-là, quand il est sincère, est toujours uniforme. C'est avoir une vanité bien folle de s'imaginer que Dieu prenne un si grand intérêt à la forme de l'habit du prêtre, à l'ordre des mots qu'il prononce, aux gestes qu'il fait à l'autel, et à toutes ses génuflexions. Eh ! mon ami, reste de toute ta hauteur, tu seras toujours assez près de terre. Dieu veut être adoré en esprit et en vérité : ce devoir est de toutes les religions, de tous les pays, de tous les hommes. Quant au culte extérieur, s'il doit être uniforme pour le bon ordre, c'est purement une affaire de police ; il ne faut point de révélation pour cela.

Je ne commençai pas par toutes ces réflexions. Entraîné par les préjugés de l'éducation et par ce dangereux amour-propre qui veut toujours porter l'homme au-dessus de sa sphère, ne pouvant élever mes foibles conceptions jusqu'au grand Être, je m'efforçois de le rabaisser jusqu'à moi. Je rapprochois les rapports infiniment éloignés qu'il a mis entre sa nature et la mienne. Je voulois des communications plus immédiates, des instructions plus particulières; et, non content de faire Dieu semblable à l'homme, pour être privilégié moi-même parmi mes semblables, je voulois des lumières surnaturelles; je voulois un culte exclusif; je voulois que Dieu m'eût dit ce qu'il n'avoit pas dit à d'autres, ou ce que d'autres n'auroient pas entendu comme moi.

Regardant le point où j'étois parvenu comme le point commun d'où partoient tous les croyants pour arriver à un culte plus éclairé, je ne trouvois dans les dogmes de la religion naturelle que les éléments de toute religion. Je considérois cette diversité de sectes qui règnent sur la terre et qui s'accusent mutuellement de mensonge et d'erreur; je demandois, *Quelle est la bonne?* Chacun me répondit, C'est la mienne; chacun disoit: Moi seul et mes partisans pensons juste; tous les autres sont dans l'erreur. *Et comment savez-vous que votre secte est la bonne?* Parce que Dieu l'a dit[1]. Et qui vous dit que Dieu l'a dit? Mon pasteur, qui le

---

[1] « Tous, dit un bon et sage prêtre, disent qu'ils la tiennent et
« la croient (et tous usent de ce jargon), que non des hommes, ne
« d'aucune créature, ains de Dieu.

« Mais, à dire vrai, sans rien flatter ni déguiser, il n'en est rien;
« elles sont, quoi qu'on die, tenues par mains et moyens humains;
« tesmoin premièrement la manière que les religions ont été reçues
« au monde et sont encore tous les jours par les particuliers : la
« nation, le pays, le lieu, donne la religion : l'on est de celle que
« le lieu auquel on est né et élevé tient : nous sommes circoncis,
« baptisés, juifs, mahométans, chrétiens, avant que nous sachions
« que nous sommes hommes : la religion n'est pas de notre choix

sait bien. Mon pasteur me dit d'ainsi croire, et ainsi je crois ; il m'assure que tous ceux qui disent autrement que lui mentent, et je ne les écoute pas.

Quoi! pensois-je, la vérité n'est-elle pas une? et ce qui est vrai chez moi peut-il être faux chez vous? Si la méthode de celui qui suit la bonne route et celle de celui qui s'égare est la même, quel mérite ou quel tort a l'un de plus que l'autre? Leur choix est l'effet du hasard; le leur imputer est iniquité, c'est récompenser ou punir pour être né dans tel ou dans tel pays. Oser dire que Dieu nous juge ainsi, c'est outrager sa justice.

Ou toutes les religions sont bonnes et agréables à Dieu, ou, s'il en est une qu'il prescrive aux hommes, et qu'il les punisse de méconnoître, il lui a donné des signes certains et manifestes pour être distinguée et connue pour la seule véritable : ces signes sont de tous les temps et de tous les lieux, également sensibles à tous les hommes grands et petits, savants et ignorants, Européens, Indiens, Africains, Sauvages. S'il étoit une religion

« et election; tesmoin, après, la vie et les mœurs si mal accordantes « avec la religion; tesmoin que par occasions humaines et bien lé-« gères, l'on va contre la teneur de sa religion. » CHARRON, *de la Sagesse*, liv. II, chap. v, pag. 257, édit. de Bordeaux, 1601.

Il y a grande apparence que la sincère profession de foi du vertueux théologal de Condom n'eût pas été fort différente de celle du vicaire savoyard *.

* Avant Charron, Montaigne avoit développé la même pensée, et avoit dit dans le même sens : « Nous sommes chrestiens à mesme tiltre que nous sommes Perigordiens ou Allemands. » Liv. II, chap. xii.

sur la terre hors de laquelle il n'y eût que peine éternelle, et qu'en quelque lieu du monde un seul mortel de bonne foi n'eût pas été frappé de son évidence, le Dieu de cette religion seroit le plus inique et le plus cruel des tyrans.

Cherchons-nous donc sincèrement la vérité, ne donnons rien au droit de la naissance et à l'autorité des pères et des pasteurs, mais rappelons à l'examen de la conscience et de la raison tout ce qu'ils nous ont appris dès notre enfance. Ils ont beau me crier, Soumets ta raison; autant m'en peut dire celui qui me trompe : il me faut des raisons pour soumettre ma raison.

Toute la théologie que je puis acquérir de moi-même par l'inspection de l'univers, et par le bon usage de mes facultés, se borne à ce que je vous ai ci-devant expliqué. Pour en savoir davantage, il faut recourir à des moyens extraordinaires. Ces moyens ne sauraient être l'autorité des hommes; car, nul homme n'étant d'une autre espèce que moi, tout ce qu'un homme connoît naturellement je puis aussi le connoître, et un autre homme peut se tromper aussi bien que moi; quand je crois ce qu'il dit, ce n'est pas parce qu'il le dit, mais parce qu'il le prouve. Le témoignage des hommes n'est donc au fond que celui de ma raison même, et n'ajoute rien aux moyens naturels que Dieu m'a donnés de connoître la vérité.

Apôtre de la vérité, qu'avez-vous donc à me dire

dont je ne reste pas le juge? Dieu lui-même a parlé:
écoutez sa révélation. C'est autre chose. Dieu a
parlé! Voilà certes un grand mot. Et à qui a-t-il
parlé? Il a parlé aux hommes. Pourquoi donc n'en
ai-je rien entendu? il a chargé d'autres hommes
de vous rendre sa parole. J'entends : ce sont des
hommes qui vont me dire ce que Dieu a dit. J'aimerois mieux avoir entendu Dieu lui-même; il
ne lui en auroit pas coûté davantage, et j'aurois
été à l'abri de la séduction. Il vous en garantit en
manifestant la mission de ses envoyés. Comment
cela? Par des prodiges. Et où sont ces prodiges?
Dans les livres. Et qui a fait ces livres? Des hommes.
Et qui a vu ces prodiges? Des hommes qui les at-
testent. Quoi! toujours des témoignages humains!
toujours des hommes qui me rapportent ce que
d'autres hommes ont rapporté! que d'hommes
entre Dieu et moi! Voyons toutefois, examinons,
comparons, vérifions. Oh! si Dieu eût daigné me
dispenser de tout ce travail, l'en aurois-je servi de
moins bon cœur?

Considérez, mon ami, dans quelle horrible discussion me voilà engagé; de quelle immense érudition j'ai besoin pour remonter dans les plus hautes
antiquités, pour examiner, peser, confronter les
prophéties, les révélations, les faits, tous les monuments de foi proposés dans tous les pays du
monde, pour en assigner les temps, les lieux, les
auteurs, les occasions! Quelle justesse de critique

m'est nécessaire pour distinguer les pièces authentiques des pièces supposées; pour comparer les objections aux réponses, les traductions aux originaux; pour juger de l'impartialité des témoins, de leur bon sens, de leurs lumières; pour savoir si l'on n'a rien supprimé, rien ajouté, rien transposé, changé, falsifié; pour lever les contradictions qui restent; pour juger quel poids doit avoir le silence des adversaires dans les faits allégués contre eux; si ces allégations leur ont été connues; s'ils en ont fait assez de cas pour daigner y répondre; si les livres étoient assez communs pour que les nôtres leur parvinssent; si nous avons été d'assez bonne foi pour donner cours aux leurs parmi nous, et pour y laisser leurs plus fortes objections telles qu'ils les avoient faites!

Tous ces monuments reconnus pour incontestables, il faut passer ensuite aux preuves de la mission de leurs auteurs; il faut bien savoir les lois des sorts, les probabilités éventives, pour juger quelle prédiction ne peut s'accomplir sans miracle; le génie des langues originales pour distinguer ce qui est prédiction dans ces langues, et ce qui n'est que figure oratoire; quels faits sont dans l'ordre de la nature, et quels autres faits n'y sont pas; pour dire jusqu'à quel point un homme adroit peut fasciner les yeux des simples, peut étonner même les gens éclairés; chercher de quelle espèce doit être un prodige, et quelle authenticité il doit avoir, non seulement pour être cru, mais pour qu'on soit punissable d'en douter ; comparer les preuves des vrais et des faux prodiges, et trouver les règles sûres pour les discerner ; dire enfin pourquoi Dieu choisit, pour attester sa parole, des moyens qui ont eux-mêmes si grand besoin d'attestation, comme s'il se jouoit de la crédulité des hommes, et qu'il évitât à dessein les vrais moyens de les persuader.

Supposons que la majesté divine daigne s'abaisser assez pour rendre un homme l'organe de ses volontés sacrées ; est-il raisonnable, est-il juste d'exiger que tout le genre humain obéisse à la voix de ce ministre sans le lui faire connoître pour tel? Y a-t-il de l'équité à ne lui donner, pour toutes lettres de créance, que quelques signes particuliers faits devant peu de gens obscurs, et dont tout le reste des hommes ne saura jamais rien que par ouï-dire? Par tous les pays du monde, si l'on tenoit pour vrais tous les prodiges que le peuple et les simples disent avoir vus, chaque secte seroit la bonne ; il y auroit plus de prodiges que d'événements naturels ; et le plus grand de tous les miracles seroit que là où il y a des fanatiques persécutés, il n'y eut point de miracles. C'est l'ordre inaltérable de la nature qui montre le mieux la sage main qui la régit ; s'il arrivoit beaucoup d'exceptions, je ne saurois plus qu'en penser ; et, pour moi, je crois trop en Dieu pour croire à tant de miracles si peu dignes de lui.

Qu'un homme vienne nous tenir ce langage : Mortels, je vous annonce la volonté du Très-Haut; reconnoissez à ma voix celui qui m'envoie ; j'ordonne au soleil de changer sa course, aux étoiles de former un autre arrangement, aux montagnes de s'aplanir, aux flots de s'élever, à la terre de prendre un autre aspect. A ces merveilles, qui ne reconnoîtra pas à l'instant le maître de la nature? Elle n'obéit point aux imposteurs; leurs miracles se font dans des carrefours, dans des déserts, dans des chambres ; et c'est là qu'ils ont bon marché d'un petit nombre de spectateurs, déjà disposés à tout croire. Qui est-ce qui m'osera dire combien il faut de témoins oculaires pour rendre un prodige digne de foi? Si vos miracles, faits pour prouver votre doctrine, ont eux-mêmes besoin d'être prouvés, de quoi servent-ils? autant valoit n'en point faire.

Reste enfin l'examen le plus important dans la doctrine annoncée; car, puisque ceux qui disent que Dieu fait ici bas des miracles prétendent que le diable les imite quelquefois, avec les prodiges les mieux attestés, nous ne sommes pas plus avancés qu'auparavant; et puisque les magiciens de Pharaon osaient, en présence même de Moïse, faire les mêmes signes qu'il faisoit par l'ordre exprès de Dieu, pourquoi, dans son absence, n'eussent-ils pas, aux mêmes titres, prétendu la même autorité? Ainsi donc, après avoir prouvé la doctrine par le miracle; il faut prouver le miracle par la doctrine¹, de peur de prendre l'œuvre du démon pour l'œuvre de Dieu. Que pensez-vous de ce dialèle²?

¹ Cela est formel en mille endroits de l'Écriture, et entre autres dans le *Deutéronome*, chapitre XIII, où il est dit que si un prophète annonçant des dieux étrangers confirme ses discours par des prodiges, et que ce qu'il prédit arrive, loin d'y avoir aucun égard on doit mettre ce prophète à mort. Quand donc les païens mettoient à mort les apôtres leur annonçant un dieu étranger, et prouvant leur mission par des prédictions et des miracles, je ne vois pas ce qu'on avoit à leur objecter de solide qu'ils ne pussent à l'instant rétorquer contre nous. Or, que faire en pareil cas? une seule chose : revenir au raisonnement, et laisser là les miracles. Mieux eût valu n'y pas recourir. C'est là du bon sens le plus simple, qu'on n'obscurcit qu'à force de distinctions tout au moins très-subtiles. Des subtilités dans le christianisme! Mais Jésus-Christ a donc eu tort de promettre le royaume des cieux aux simples; il a donc eu tort de commencer le plus beau de ses discours par féliciter les pauvres d'esprit, s'il faut tant d'esprit pour entendre sa doctrine et pour apprendre à croire en lui. Quand vous m'aurez prouvé que je dois me soumettre, tout ira fort bien : mais pour me prouver cela mettez-vous à ma portée ; mesurez vos raisonnements à la capacité d'un pauvre d'esprit, ou je ne reconnois plus en vous le vrai disciple de votre maître, et ce n'est pas sa doctrine que vous m'annoncez.

² *On appelle ainsi en logique l'argument par lequel on fait voir le cercle vicieux résultant d'un raisonnement qui se réduit à prouver une chose incertaine et obscure par une autre entachée des mêmes défauts, puis cette seconde par la première. Le dialèle est l'argument favori des sceptiques ou pyrrhoniens, et le plus formidable, dit Bayle, de tous ceux qu'ils emploient contre les dogmatiques.

Cette doctrine, venant de Dieu, doit porter le sacré caractère de la divinité; non seulement elle doit nous éclaircir les idées confuses que le raisonnement en trace dans notre esprit, mais elle doit aussi nous proposer un culte, une morale, et des maximes convenables aux attributs par lesquels seuls nous concevons son essence. Si donc elle ne nous apprenoit que des choses absurdes et sans raison, si elle ne nous inspiroit que des sentiments d'aversion pour nos semblables et de frayeur pour nous-mêmes, si elle ne nous peignoit qu'un Dieu colère, jaloux, vengeur, partial, haïssant les hommes, un Dieu de la guerre et des combats, toujours prêt à détruire et foudroyer, toujours parlant de tourments, de peines, et se vantant de punir même les innocents, mon cœur ne seroit point attiré vers ce Dieu terrible, et je me garderois de quitter la religion naturelle pour embrasser celle-là; car vous voyez bien qu'il faudroit nécessairement opter. Votre Dieu n'est pas le nôtre, dirois-je à ses sectateurs. Celui qui commence par se choisir un seul peuple et proscrire le reste du genre humain n'est pas le père commun des hommes; celui qui destine au supplice éternel le plus grand nombre de ses créatures n'est pas le Dieu clément et bon que ma raison m'a montré.

A l'égard des dogmes, elle me dit qu'ils doivent être clairs, lumineux, frappants par leur évidence. Si la religion naturelle est insuffisante, c'est par l'obscurité qu'elle laisse dans les grandes vérités qu'elle nous enseigne : c'est à la révélation de nous enseigner ces vérités d'une manière sensible à l'esprit de l'homme, de les mettre à sa portée, de les lui faire concevoir, afin qu'il les croie. La foi s'assure et s'affermit par l'entendement ; la meilleure de toutes les religions est infailliblement la plus claire : celui qui charge de mystères, de contradictions, le culte qu'il me prêche, m'apprend par cela même à m'en défier. Le Dieu que j'adore n'est point un Dieu de ténèbres, il ne m'a point doué d'un entendement pour m'en interdire l'usage : me dire de soumettre ma raison, c'est outrager son auteur. Le ministre de la vérité ne tyrannise point ma raison, il l'éclaire.

Nous avons mis à part toute autorité humaine ; et, sans elle, je ne saurois voir comment un homme en peut convaincre un autre en lui prêchant une doctrine déraisonnable. Mettons un moment ces deux hommes aux prises, et cherchons ce qu'ils pourront se dire dans cette âpreté de langage ordinaire aux deux partis.

L'INSPIRÉ.

La raison vous apprend que le tout est plus grand que sa partie ; mais moi je vous apprends, de la part de Dieu, que c'est la partie qui est plus grande que le tout.

LE RAISONNEUR.

Et qui êtes-vous pour m'oser dire que Dieu se

contredit? et à qui croirai-je par préférence, de lui qui m'apprend par la raison les vérités éternelles, ou de vous qui m'annoncez de sa part une absurdité?

L'INSPIRÉ.

A moi, car mon instruction est plus positive; et je vais vous prouver invinciblement que c'est lui qui m'envoie.

LE RAISONNEUR.

Comment? vous me prouverez que c'est Dieu qui vous envoie déposer contre lui? Et de quel genre seront vos preuves pour me convaincre qu'il est plus certain que Dieu me parle par votre bouche que par l'entendement qu'il m'a donné?

L'INSPIRÉ.

L'entendement qu'il vous a donné! Homme petit et vain! comme si vous étiez le premier impie qui s'égare dans sa raison corrompue par le péché!

LE RAISONNEUR.

Homme de Dieu, vous ne seriez pas non plus le premier fourbe qui donne son arrogance pour preuve de sa mission.

L'INSPIRÉ.

Quoi! les philosophes disent aussi des injures!

LE RAISONNEUR.

Quelquefois, quand les saints leur en donnent l'exemple.

LIVRE IV.

L'INSPIRÉ.

Oh! moi j'ai le droit d'en dire, je parle de la part de Dieu.

LE RAISONNEUR.

Il seroit bon de montrer vos titres avant d'user de vos priviléges.

L'INSPIRÉ.

Mes titres sont authentiques, la terre et les cieux déposeront pour moi. Suivez bien mes raisonnements, je vous prie.

LE RAISONNEUR.

Vos raisonnements! vous n'y pensez pas. M'apprendre que ma raison me trompe, n'est-ce pas réfuter ce qu'elle m'aura dit pour vous? Quiconque veut récuser la raison doit convaincre sans se servir d'elle. Car, supposons qu'en raisonnant vous m'ayez convaincu, comment saurai-je si ce n'est point ma raison corrompue par le péché qui me fait acquiescer à ce que vous me dites? D'ailleurs, quelle preuve, quelle démonstration pourrez-vous jamais employer plus évidente que l'axiome qu'elle doit détruire? Il est tout aussi croyable qu'un bon syllogisme est un mensonge, qu'il l'est que la partie est plus grande que le tout.

L'INSPIRÉ.

Quelle différence! Mes preuves sont sans réplique; elles sont d'un ordre surnaturel.

LE RAISONNEUR.

Surnaturel! Que signifie ce mot? Je ne l'entends pas.

L'INSPIRÉ.

Des changements dans l'ordre de la nature, des prophéties, des miracles, des prodiges de toute espèce.

LE RAISONNEUR.

Des prodiges! des miracles! je n'ai jamais rien vu de tout cela.

L'INSPIRÉ.

D'autres l'ont vu pour vous. Des nuées de témoins.... le témoignage des peuples....

LE RAISONNEUR.

Le témoignage des peuples est-il d'un ordre surnaturel?

L'INSPIRÉ.

Non; mais quand il est unanime il est incontestable.

LE RAISONNEUR.

Il n'y a rien de plus incontestable que les principes de la raison, et l'on ne peut autoriser une absurdité sur le témoignage des hommes. Encore une fois, voyons des preuves surnaturelles, car l'attestation du genre humain n'en est pas une.

L'INSPIRÉ.

O cœur endurci! la grâce ne vous parle point.

LE RAISONNEUR.

Ce n'est pas ma faute ; car, selon vous, il faut avoir déjà reçu la grâce pour savoir la demander : commencez donc à me parler au lieu d'elle.

L'INSPIRÉ.

Ah ! c'est ce que je fais, et vous ne m'écoutez pas. Mais que dites-vous des prophéties ?

LE RAISONNEUR.

Je dis premièrement que je n'ai pas plus entendu de prophéties que je n'ai vu de miracles. Je dis de plus qu'aucune prophétie ne sauroit faire autorité pour moi.

L'INSPIRÉ.

Satellite du démon ! et pourquoi les prophéties ne font-elles pas autorité pour vous ?

LE RAISONNEUR.

Parce que, pour qu'elles la fissent, il faudroit trois choses dont le concours est impossible ; savoir, que j'eusse été témoin de la prophétie, que je fusse témoin de l'événement, et qu'il me fût démontré que cet événement n'a pu cadrer fortuitement avec la prophétie ; car, fût-elle plus précise, plus claire, plus lumineuse qu'un axiome de géométrie, puisque la clarté d'une prédiction faite au hasard n'en rend pas l'accomplissement impossible, cet accomplissement, quand il a lieu, ne prouve rien à la rigueur pour celui qui l'a prédit.

Voyez donc à quoi se réduisent vos prétendues preuves surnaturelles, vos miracles, vos prophéties. A croire tout cela sur la foi d'autrui, et à soumettre à l'autorité des hommes l'autorité de Dieu parlant à ma raison. Si les vérités éternelles que mon esprit conçoit pouvoient souffrir quelque atteinte, il n'y auroit plus pour moi nulle espèce de certitude; et, loin d'être sûr que vous me parlez de la part de Dieu, je ne serois pas même assuré qu'il existe.

Voilà bien des difficultés, mon enfant, et ce n'est pas tout. Parmi tant de religions diverses qui se proscrivent et s'excluent mutuellement, une seule est la bonne, si tant est qu'une le soit. Pour la reconnoître, il ne suffit pas d'en examiner une, il faut les examiner toutes; et, dans quelque matière que ce soit, on ne doit point condamner sans entendre [1]; il faut comparer les objections aux preuves; il faut savoir ce que chacun oppose aux autres, et ce qu'il leur répond. Plus un sentiment nous paroît démontré, plus nous devons chercher sur quoi tant d'hommes se fondent pour ne pas

---

[1] Plutarque[*] rapporte que les stoïciens, entre autres bizarres paradoxes, soutenoient que, dans un jugement contradictoire, il étoit inutile d'entendre les deux parties : Car, disoient-ils, ou le premier a prouvé son dire, ou il ne l'a pas prouvé : s'il l'a prouvé, tout est dit, et la partie adverse doit être condamnée; s'il ne l'a pas prouvé, il a tort, et doit être débouté. Je trouve que la méthode de tous ceux qui admettent une révélation exclusive ressemble beaucoup à celle de ces stoïciens. Sitôt que chacun prétend avoir seul raison, pour choisir entre tant de partis, il les faut tous écouter, ou l'on est injuste.

[*] *Contredits des Philosophes stoïques*, § 6.

le trouver tel. Il faudroit être bien simple pour croire qu'il suffit d'entendre les docteurs de son parti pour s'instruire des raisons du parti contraire. Où sont les théologiens qui se piquent de bonne foi ? où sont ceux qui, pour réfuter les raisons de leurs adversaires, ne commencent pas par les affoiblir ? Chacun brille dans son parti : mais tel au milieu des siens est tout fier de ses preuves, qui feroit un fort sot personnage avec ces mêmes preuves parmi des gens d'un autre parti. Voulez-vous vous instruire dans les livres ; quelle érudition il faut acquérir ! que de langues il faut apprendre ! que de bibliothèques il faut feuilleter ! quelle immense lecture il faut faire ! Qui me guidera dans le choix ? Difficilement trouvera-t-on dans un pays les meilleurs livres du parti contraire, à plus forte raison ceux de tous les partis : quand on les trouveroit, ils seroient bientôt réfutés. L'absent a toujours tort, et de mauvaises raisons dites avec assurance effacent aisément les bonnes exposées avec mépris. D'ailleurs souvent rien n'est plus trompeur que les livres et ne rend moins fidèlement les sentiments de ceux qui les ont écrits. Quand vous avez voulu juger de la foi catholique sur le livre de Bossuet, vous vous êtes trouvé loin de compte après avoir vécu parmi nous. Vous avez vu que la doctrine avec laquelle on répond aux protestants n'est point celle qu'on enseigne au peuple, et que le livre de Bossuet ne ressemble guère aux instructions du prône[1]. Pour bien juger d'une religion, il ne faut pas l'étudier dans les livres de ses sectateurs, il faut aller l'apprendre chez eux; cela est fort différent. Chacun a ses traditions, son sens, ses coutumes, ses préjugés, qui font l'esprit de sa croyance, et qu'il y faut joindre pour en juger.

Combien de grands peuples n'impriment point de livres et ne lisent pas les nôtres! Comment jugeront-ils de nos opinions? comment jugerons-nous des leurs? Nous les raillons, ils nous méprisent[2]; et, si nos voyageurs les tournent en ridicule, il ne leur manque pour nous le rendre que de voyager parmi nous. Dans quel pays n'y a-t-il pas des gens sensés, des gens de bonne foi, d'honnêtes gens, amis de la vérité, qui, pour la professer, ne cherchent qu'à la connoître? Cependant chacun la voit dans son culte, et trouve absurdes les cultes des autres nations: donc ces cultes étrangers ne sont pas si extravagants qu'ils

---

[1] * Ce livre de Bossuet est l'*Exposition de la doctrine de l'Église catholique*, réimprimée plus de vingt fois, et traduite dans toutes les langues de l'Europe. La meilleure édition est celle de l'abbé Lequeux, avec des notes et la version latine de l'abbé Fleury (1761, in-12). — Il est à remarquer que Rousseau ne fait ici que renouveler le reproche qu'ont fait à Bossuet les docteurs protestants lors de la première publication de son ouvrage en 1671. Voyez l'article Bossuet dans la *Biographie universelle*.

[2] * Var. « .... Méprisent; ils ne savent pas nos raisons, nous « ne savons pas les leurs; et.... »

nous semblent, ou la raison que nous trouvons dans les nôtres ne prouve rien.

Nous avons trois principales religions en Europe. L'une admet une seule révélation, l'autre en admet deux, l'autre en admet trois. Chacune déteste, maudit les deux autres; les accuse d'aveuglement, d'endurcissement, d'opiniâtreté, de mensonge. Quel homme impartial osera juger entre elles s'il n'a premièrement bien pesé leurs preuves, bien écouté leurs raisons? Celle qui n'admet qu'une révélation est la plus ancienne, et paroît la plus sûre; celle qui en admet trois est la plus moderne, et paroît la plus conséquente; celle qui en admet deux, et rejette la troisième, peut bien être la meilleure, mais elle a certainement tous les préjugés contre elle, l'inconséquence saute aux yeux.

Dans les trois révélations, les livres sacrés sont écrits en des langues inconnues aux peuples qui les suivent. Les juifs n'entendent plus l'hébreu, les chrétiens n'entendent ni l'hébreu ni le grec; les Turcs ni les Persans n'entendent point l'arabe; et les Arabes modernes eux-mêmes ne parlent plus la langue de Mahomet. Ne voilà-t-il pas une manière bien simple d'instruire les hommes, de leur parler toujours une langue qu'ils n'entendent point? On traduit ces livres, dira-t-on. Belle réponse! Qui m'assurera que ces livres sont fidèlement traduits, qu'il est même possible qu'ils le soient? et quand Dieu fait tant que de parler aux hommes, pourquoi faut-il qu'il ait besoin d'interprète ?

Je ne concevrai jamais que ce que tout homme est obligé de savoir soit enfermé dans des livres, et que celui qui n'est à portée ni de ces livres ni des gens qui les entendent soit puni d'une ignorance involontaire. Toujours des livres ! quelle manie ! Parce que l'Europe est pleine de livres, les Européens les regardent comme indispensables, sans songer que, sur les trois quarts de la terre, on n'en a jamais vu. Tous les livres n'ont-ils pas été écrits par des hommes ? Comment donc l'homme en auroit-il besoin pour connoître ses devoirs ? et quels moyens avoit-il de les connoître avant que ces livres fussent faits ? Ou il apprendra ses devoirs de lui-même, ou il est dispensé de les savoir.

Nos catholiques font grand bruit de l'autorité de l'Église; mais que gagnent-ils à cela, s'il leur faut un aussi grand appareil de preuves pour établir cette autorité, qu'aux autres sectes pour établir directement leur doctrine ? l'Église décide que l'Église a droit de décider. Ne voilà-t-il pas une autorité bien prouvée ? Sortez de là, vous rentrez dans toutes nos discussions.

Connoissez-vous beaucoup de chrétiens qui aient pris la peine d'examiner avec soin ce que le judaïsme allègue contre eux ? Si quelques uns en ont vu quelque chose, c'est dans les livres des chrétiens. Bonne manière de s'instruire des raisons de leurs adversaires! Mais comment faire? Si quelqu'un osoit publier parmi nous des livres où l'on favoriseroit ouvertement le judaïsme¹, nous punirions l'auteur, l'éditeur, le libraire². Cette police est commode et sûre, pour avoir toujours raison. Il y a plaisir à réfuter des gens qui n'osent parler.

Ceux d'entre nous qui sont à portée de converser avec des juifs ne sont guère plus avancés. Les malheureux se sentent à notre discrétion; la tyrannie qu'on exerce envers eux les rend craintifs; ils savent combien peu l'injustice et la cruauté coûtent à la charité chrétienne : qu'oseront-ils dire sans s'exposer à nous faire crier au blasphème? L'avidité nous donne du zèle, et ils sont trop riches pour n'avoir pas tort. Les plus savants, les plus

---

¹ * Var. « .... Des livres où l'on affirmeroit, où l'on s'efforceroit « de prouver que Jésus-Christ n'est pas le Messie. » — Ce membre de phrase est en effet dans le manuscrit autographe, mais il y est raturé de la main de l'auteur, qui a écrit au-dessus ce qu'il y a substitué, et qui est dans toutes les éditions.

² Entre mille faits connus en voici un qui n'a pas besoin de commentaire. Dans le seizième siècle, les théologiens catholiques ayant condamné au feu tous les livres des juifs, sans distinction, l'illustre et savant Reuchlin *, consulté sur cette affaire, s'en attira de terribles qui faillirent le perdre, pour avoir seulement été d'avis qu'on pouvoit conserver ceux de ces livres qui ne faisoient rien contre le christianisme, et qui traitoient de matières indifférentes à la religion.

* Professeur catholique allemand, mort en 1524, profondément versé dans les langues grecques et hébraïques, et le seul que l'Allemagne pût opposer alors aux savants d'Italie. On a de lui un grand nombre d'ouvrages imprimés en Allemagne, sur la théologie, la grammaire et la philosophie.

éclairés sont toujours les plus circonspects. Vous convertirez quelque misérable, payé pour calomnier sa secte; vous ferez parler quelques vils fripiers qui céderont pour vous flatter; vous triompherez de leur ignorance ou de leur lâcheté, tandis que leurs docteurs souriront en silence de votre ineptie. Mais croyez-vous que dans des lieux où ils se sentiroient en sûreté l'on eût aussi bon marché d'eux? En Sorbonne, il est clair comme le jour que les prédictions du Messie se rapportent à Jésus-Christ. Chez les rabbins d'Amsterdam, il est tout aussi clair qu'elles n'y ont pas le moindre rapport. Je ne croirai jamais avoir bien entendu les raisons des juifs, qu'ils n'aient un état libre, des écoles, des universités, où ils puissent parler et disputer sans risque. Alors seulement nous pourrons savoir ce qu'ils ont à dire.

A Constantinople les Turcs disent leurs raisons, mais nous n'osons dire les nôtres; là c'est notre tour de ramper. Si les Turcs exigent de nous pour Mahomet, auquel nous ne croyons point, le même respect que nous exigeons pour Jésus-Christ des juifs qui n'y croient pas davantage, les Turcs ont-ils tort? avons-nous raison? sur quel principe équitable résoudrons-nous cette question?

Les deux tiers du genre humain ne sont ni juifs, ni mahométans, ni chrétiens; et combien de millions d'hommes n'ont jamais ouï parler de Moïse, de Jésus-Christ, ni de Mahomet! On le nie; on soutient que nos missionnaires vont partout. Cela est bientôt dit. Mais vont-ils dans le cœur de l'Afrique, encore inconnu, et où jamais Européen n'a pénétré jusqu'à présent? Vont-ils dans la Tartarie méditerranée suivre à cheval les hordes ambulantes, dont jamais étranger n'approche, et qui, loin d'avoir ouï parler du pape, connoissent à peine le grand lama? Vont-ils dans les continents immenses de l'Amérique, où des nations entières ne savent pas encore que des peuples d'un autre monde ont mis les pieds dans le leur? Vont-ils au Japon, dont leurs manœuvres les ont fait chasser pour jamais, et où leurs prédécesseurs ne sont connus des générations qui naissent que comme des intrigants rusés, venus avec un zèle hypocrite pour s'emparer doucement de l'empire? Vont-ils dans les harem des princes de l'Asie annoncer l'Évangile à des milliers de pauvres esclaves? Qu'ont fait les femmes de cette partie du monde pour qu'aucun missionnaire ne puisse leur prêcher la foi? Iront-elles toutes en enfer pour avoir été recluses?

Quand il seroit vrai que l'Évangile est annoncé par toute la terre, qu'y gagneroit-on? la veille du jour que le premier missionnaire est arrivé dans un pays, il y est sûrement mort quelqu'un qui n'a pu l'entendre. Or dites-moi ce que nous ferons de ce quelqu'un-là. N'y eût-il dans tout l'univers qu'un seul homme à qui l'on auroit jamais prêché Jésus-Christ, l'objection seroit aussi forte pour ce seul homme que pour le quart du genre humain.

Quand les ministres de l'Évangile se sont fait entendre aux peuples éloignés, que leur ont-ils dit qu'on pût raisonnablement admettre sur leur parole, et qui ne demandât pas la plus exacte vérification ? Vous m'annoncez un Dieu né et mort, il y a deux mille ans, à l'autre extrémité du monde, dans je ne sais quelle petite ville, et vous me dites que tous ceux qui n'auront pas cru à ce mystère seront damnés. Voilà des choses bien étranges pour les croire si vite sur la seule autorité d'un homme que je ne connois point ! Pourquoi votre Dieu a-t-il fait arriver si loin de moi les événements dont il vouloit m'obliger d'être instruit ? Est-ce un crime d'ignorer ce qui se passe aux antipodes ? Puis-je deviner qu'il y a eu dans un autre hémisphère un peuple hébreu et une ville de Jérusalem ? Autant vaudroit m'obliger de savoir ce qui se fait dans la lune. Vous venez, dites-vous, me l'apprendre ; mais pourquoi n'êtes-vous pas venu l'apprendre à mon père ? ou pourquoi damnez-vous ce bon vieillard pour n'en avoir jamais rien su ? Doit-il être éternellement puni de votre paresse, lui qui étoit si bon, si bienfaisant, et qui ne cherchoit que la vérité ? Soyez de bonne foi, puis mettez-vous à ma place : voyez si je dois, sur votre seul témoignage, croire toutes les choses incroyables que vous me dites, et concilier tant d'injustices avec le Dieu juste que vous m'annoncez. Laissez-moi, de grâce, aller voir ce pays lointain où s'opérèrent tant de merveilles inouies dans celui-ci¹ ; que j'aille savoir pourquoi les habitants de cette Jérusalem ont traité Dieu comme un brigand. Ils ne l'ont pas, dites-vous, reconnu pour Dieu. Que ferai-je donc, moi qui n'en ai jamais entendu parler que par vous? Vous ajoutez qu'ils ont été punis, dispersés, opprimés, asservis, qu'aucun d'eux n'approche plus de la même ville. Assurément ils ont bien mérité tout cela; mais les habitants d'aujourd'hui, que disent-ils du déicide de leurs prédécesseurs? Ils le nient, ils ne reconnoissent pas non plus Dieu pour Dieu. Autant valoit donc laisser les enfants des autres.

Quoi! dans cette même ville où Dieu est mort, les anciens ni les nouveaux habitants ne l'ont point reconnu, et vous voulez que je le reconnoisse, moi qui suis né deux mille ans après à deux mille lieues de là! Ne voyez-vous pas qu'avant que j'ajoute foi à ce livre que vous appelez sacré, et auquel je ne comprends rien, je dois savoir par d'autres que vous quand et par qui il a été fait, comment il s'est conservé, comment il vous est parvenu, ce que

---

¹ * Var. « .... Allez voir ce merveilleux pays où les vierges ac-
« couchent, où les dieux naissent, mangent, souffrent et meurent;
« que j'aille... » — Même observation sur cette variante que sur la précédente. Elle existe en effet dans le manuscrit autographe, mais raturée par l'auteur, qui l'a remplacée par une leçon nouvelle, telle qu'elle est ici, et qu'elle se trouve dans toutes les éditions antérieures à celle de 1801.

disent dans le pays, pour leurs raisons, ceux qui le rejettent, quoiqu'ils sachent aussi-bien que vous tout ce que vous m'apprenez? Vous sentez bien qu'il faut nécessairement que j'aille en Europe, en Asie, en Palestine, examiner tout par moi-même : il faudroit que je fusse fou pour vous écouter avant ce temps-là.

Non seulement ce discours me paroît raisonnable, mais je soutiens que tout homme sensé doit, en pareil cas, parler ainsi, et renvoyer bien loin le missionnaire qui, avant la vérification des preuves, veut se dépêcher de l'instruire et de le baptiser. Or, je soutiens qu'il n'y a pas de révélation contre laquelle les mêmes objections ou d'autres équivalentes n'aient autant et plus de force que contre le christianisme [1]. D'où il suit que s'il n'y a qu'une religion véritable, et que tout homme soit obligé de la suivre sous peine de damnation, il faut passer sa vie à les étudier toutes, à les approfondir, à les comparer, à parcourir les pays où elles sont établies. Nul n'est exempt du premier devoir de l'homme, nul n'a droit de se fier au jugement d'autrui. L'artisan qui ne vit que de son travail, le laboureur qui ne sait pas lire, la jeune fille délicate et timide, l'infirme qui peut à peine sortir de son lit, tous, sans exception, doivent étudier, méditer,

---

[1] Il est à remarquer que ces mots, *ou d'autres équivalentes*, ne sont ni dans le manuscrit autographe, ni dans aucune des éditions antérieures à l'édition de Genève.

disputer, voyager, parcourir le monde : il n'y aura plus de peuple fixe et stable; la terre entière ne sera couverte que de pélerins allant à grands frais, et avec de longues fatigues, vérifier, comparer, examiner par eux-mêmes les cultes divers qu'on y suit. Alors, adieu les métiers, les arts, les sciences humaines, et toutes les occupations civiles : il ne peut plus y avoir d'autre étude que celle de la religion : à grand'peine celui qui aura joui de la santé la plus robuste, le mieux employé son temps, le mieux usé de sa raison, vécu le plus d'années, saura-t-il dans sa vieillesse à quoi s'en tenir; et ce sera beaucoup s'il apprend avant sa mort dans quel culte il auroit dû vivre.

Voulez-vous mitiger cette méthode, et donner la moindre prise à l'autorité des hommes : à l'instant vous lui rendez tout; et si le fils d'un chrétien fait bien de suivre, sans un examen profond et impartial, la religion de son père, pourquoi le fils d'un Turc feroit-il mal de suivre de même la religion du sien[1]? Je défie tous les intolérants de répondre à cela rien qui contente un homme sensé.

Pressés par ces raisons, les uns aiment mieux faire Dieu injuste, et punir les innocents du péché de leur père, que de renoncer à leur barbare

---

[1] * Var. « .... la religion du sien? Combien d'hommes sont à
« Rome très-bons catholiques, qui, par la même raison, seroient
« très-bons musulmans, s'ils fussent nés à la Mecque; et récipro-
« quement, que d'honnêtes gens sont très-bons turcs en Asie, qui
« seroient très-bons chrétiens parmi nous? »

dogme. Les autres se tirent d'affaire en envoyant obligeamment un ange instruire quiconque, dans une ignorance invincible, auroit vécu moralement bien. La belle invention que cet ange ! Non contents de nous asservir à leurs machines, ils mettent Dieu lui-même dans la nécessité d'en employer.

Voyez, mon fils, à quelle absurdité mènent l'orgueil et l'intolérance, quand chacun veut abonder dans son sens, et croire avoir raison exclusivement au reste du genre humain. Je prends à témoin ce Dieu de paix que j'adore et que je vous annonce, que toutes mes recherches ont été sincères; mais voyant qu'elles étoient, qu'elles seroient toujours sans succès, et que je m'abîmois dans un océan sans rives, je suis revenu sur mes pas, et j'ai resserré ma foi dans mes notions primitives. Je n'ai jamais pu croire que Dieu m'ordonnât, sous peine de l'enfer, d'être si savant. J'ai donc refermé tous les livres. Il en est un seul ouvert à tous les yeux, c'est celui de la nature. C'est dans ce grand et sublime livre que j'apprends à servir et adorer son divin auteur. Nul n'est excusable de n'y pas lire, parce qu'il parle à tous les hommes une langue intelligible à tous les esprits. Quand je serois né dans une île déserte, quand je n'aurois point vu d'autre homme que moi, quand je n'aurois jamais appris ce qui s'est fait anciennement dans un coin du monde; si j'exerce ma raison, si je la cultive, si j'use bien des facultés immédiates que Dieu me donne, j'apprendrai de moi-même à le connoître, à l'aimer, à aimer ses œuvres, à vouloir le bien qu'il veut, et à remplir pour lui plaire tous mes devoirs sur la terre. Qu'est-ce que tout le savoir des hommes m'apprendra de plus?

A l'égard de la révélation, si j'étois meilleur raisonneur ou mieux instruit, peut-être sentirois-je sa vérité, son utilité pour ceux qui ont le bonheur de la reconnoître; mais si je vois en sa faveur des preuves que je ne puis combattre, je vois aussi contre elle des objections que je ne puis résoudre. Il y a tant de raisons solides pour et contre, que, ne sachant à quoi me déterminer, je ne l'admets ni la rejette; je rejette seulement l'obligation de la reconnoître, parce que cette obligation prétendue est incompatible avec la justice de Dieu, et que, loin de lever par-là les obstacles au salut, il les eût multipliés, il les eût rendus insurmontables pour la plus grande partie du genre humain. A cela près, je reste sur ce point dans un doute respectueux. Je n'ai pas la présomption de me croire infaillible : d'autres hommes ont pu décider ce qui me semble indécis; je raisonne pour moi et non pas pour eux; je ne les blâme ni ne les imite : leur jugement peut être meilleur que le mien; mais il n'y a pas de ma faute si ce n'est pas le mien.

Je vous avoue aussi que la sainteté de l'Évangile

est un argument qui parle à mon cœur, et auquel j'aurois même regret de trouver quelque bonne réponse. Voyez les livres des philosophes avec toute leur pompe : qu'ils sont petits près de celui-là ! Se peut-il qu'un livre à la fois si sublime et si simple soit l'ouvrage des hommes ? Se peut-il que celui dont il fait l'histoire ne soit qu'un homme lui-même ? Est-ce là le ton d'un enthousiaste ou d'un ambitieux sectaire ? Quelle douceur, quelle pureté dans ses mœurs ! quelle grâce touchante dans ses instructions ! quelle élévation dans ses maximes ! quelle profonde sagesse dans ses discours ! quelle présence d'esprit, quelle finesse et quelle justesse dans ses réponses ! quel empire sur ses passions ! Où est l'homme, où est le sage qui sait agir, souffrir et mourir sans foiblesse et sans ostentation ? Quand Platon peint son juste imaginaire [1] couvert de tout l'opprobre du crime, et digne de tous les prix de la vertu, il peint trait pour trait Jésus-Christ : la ressemblance est si frappante, que tous les Pères l'ont sentie, et qu'il n'est pas possible de s'y tromper. Quels préjugés, quel aveuglement [2] ne faut-il point avoir pour oser comparer le fils de Sophronisque au fils de Marie ? Quelle distance de l'un à l'autre ! Socrate, mourant sans douleur, sans ignominie, soutint aisément jusqu'au bout son personnage ; et si cette

---

[1] De Rep., lib. I.
[2] * Var. « .... Quel aveuglement ou quelle mauvaise foi ne... »

facile mort n'eût honoré sa vie, on douteroit si Socrate, avec tout son esprit, fut autre chose qu'un sophiste. Il inventa, dit-on, la morale; d'autres avant lui l'avoient mise en pratique : il ne fit que dire ce qu'ils avoient fait, il ne fit que mettre en leçons leurs exemples. Aristide avoit été juste avant que Socrate eût dit ce que c'étoit que justice; Léonidas étoit mort pour son pays avant que Socrate eût fait un devoir d'aimer la patrie; Sparte étoit sobre avant que Socrate eût loué la sobriété; avant qu'il eût défini la vertu, la Grèce abondoit en hommes vertueux. Mais où Jésus avoit-il pris chez les siens cette morale élevée et pure dont lui seul a donné des leçons et l'exemple [1]? Du sein du plus furieux fanatisme la plus haute sagesse se fit entendre; et la simplicité des plus héroïques vertus honora le plus vil de tous les peuples. La mort de Socrate, philosophant tranquillement avec ses amis, est la plus douce qu'on puisse désirer; celle de Jésus expirant dans les tourments, injurié, raillé, maudit de tout un peuple, est la plus horrible qu'on puisse craindre. Socrate prenant la coupe empoisonnée bénit celui qui la lui présente et qui pleure; Jésus, au milieu d'un supplice affreux, prie pour ses bourreaux acharnés. Oui, si la vie et la mort de Socrate sont d'un sage, la vie

---

[1] Voyez dans le discours sur la montagne, le parallèle qu'il fait lui-même de la morale de Moïse à la sienne. Matt., cap. v, vers. 21 et seq.

et la mort de Jésus sont d'un Dieu. Dirons-nous que l'histoire de l'Évangile est inventée à plaisir? Mon ami, ce n'est pas ainsi qu'on invente; et les faits de Socrate, dont personne ne doute, sont moins attestés que ceux de Jésus-Christ. Au fond c'est reculer la difficulté sans la détruire; il seroit plus inconcevable que plusieurs hommes d'accord[1] eussent fabriqué ce livre, qu'il ne l'est qu'un seul en ait fourni le sujet. Jamais des auteurs juifs n'eussent trouvé ni ce ton, ni cette morale; et l'Évangile a des caractères de vérité si grands, si frappants, si parfaitement inimitables, que l'inventeur en seroit plus étonnant que le héros. Avec tout cela, ce même Évangile est plein de choses incroyables, de choses qui répugnent à la raison, et qu'il est impossible à tout homme sensé de concevoir ni d'admettre. Que faire au milieu de toutes ces contradictions? Être toujours modeste et circonspect, mon enfant; respecter en silence ce qu'on ne sauroit ni rejeter, ni comprendre, et s'humilier devant le grand Être qui seul sait la vérité.

Voilà le scepticisme involontaire où je suis resté; mais ce scepticisme ne m'est nullement pénible,

---

[1] * Var. « .... que quatre hommes d'accord.... » — A la suite de ces mots est une note ainsi conçue : « Je veux bien n'en pas « compter davantage, parce que leurs quatre livres sont les seules « vies de Jésus-Christ qui nous sont restées du grand nombre qui « avoient été écrites. »

parce qu'il ne s'étend pas aux points essentiels à la pratique, et que je suis bien décidé sur les principes de tous mes devoirs. Je sers Dieu dans la simplicité de mon cœur. Je ne cherche à savoir que ce qui importe à ma conduite. Quant aux dogmes qui n'influent ni sur les actions ni sur la morale, et dont tant de gens se tourmentent, je ne m'en mets nullement en peine. Je regarde toutes les religions particulières comme autant d'institutions salutaires qui prescrivent dans chaque pays une manière uniforme d'honorer Dieu par un culte public, et qui peuvent toutes avoir leurs raisons dans le climat, dans le gouvernement, dans le génie du peuple, ou dans quelque autre cause locale qui rend l'une préférable à l'autre, selon les temps et les lieux. Je les crois toutes bonnes quand on y sert Dieu convenablement. Le culte essentiel est celui du cœur. Dieu n'en rejette point l'hommage, quand il est sincère, sous quelque forme qu'il lui soit offert. Appelé dans celle que je professe au service de l'Église, j'y remplis avec toute l'exactitude possible les soins qui me sont prescrits, et ma conscience me reprocheroit d'y manquer volontairement en quelque point. Après un long interdit, vous savez que j'obtins, par le crédit de M. de Mellarède, la permission de reprendre mes fonctions pour m'aider à vivre. Autrefois je disois la messe avec la légèreté qu'on met à la longue aux choses les plus graves quand on les fait trop souvent ; depuis mes nouveaux principes, je la célèbre avec plus de vénération : je me pénètre de la majesté de l'Être suprême, de sa présence, de l'insuffisance de l'esprit humain, qui conçoit si peu ce qui se rapporte à son auteur. En songeant que je lui porte les vœux du peuple sous une forme prescrite, je suis avec soin tous les rites ; je récite attentivement, je m'applique à n'omettre jamais ni le moindre mot ni la moindre cérémonie : quand j'approche du moment de la consécration, je me recueille pour la faire avec toutes les dispositions qu'exige l'Église et la grandeur du sacrement ; je tâche d'anéantir ma raison devant la suprême Intelligence ; je me dis : Qui es-tu pour mesurer la puissance infinie ? Je prononce avec respect les mots sacramentaux, et je donne à leur effet toute la foi qui dépend de moi. Quoi qu'il en soit de ce mystère inconcevable, je ne crains pas qu'au jour du jugement je sois puni pour l'avoir jamais profané dans mon cœur.

Honoré du ministère sacré, quoique dans le dernier rang, je ne ferai ni ne dirai jamais rien qui me rende indigne d'en remplir les sublimes devoirs. Je prêcherai toujours la vertu aux hommes, je les exhorterai toujours à bien faire ; et, tant que je pourrai, je leur en donnerai l'exemple. Il ne tiendra pas à moi de leur rendre la religion aimable ; il ne tiendra pas à moi d'affermir leur foi dans les dogmes vraiment utiles et que tout homme est

obligé de croire : mais à Dieu ne plaise que jamais je leur prêche le dogme cruel de l'intolérance; que jamais je les porte à détester leur prochain; à dire à d'autres hommes, Vous serez damnés; à dire, Hors de l'Église, point de salut [1]! Si j'étois dans un rang plus remarquable, cette réserve pourroit m'attirer des affaires; mais je suis trop petit pour avoir beaucoup à craindre, et je ne puis guère tomber plus bas que je ne suis. Quoi qu'il arrive, je ne blasphémerai point contre la justice divine, et ne mentirai point contre le Saint-Esprit.

J'ai long-temps ambitionné l'honneur d'être curé; je l'ambitionne encore, mais je ne l'espère plus. Mon bon ami, je ne trouve rien de si beau que d'être curé. Un bon curé est un ministre de bonté, comme un bon magistrat est un ministre de justice. Un curé n'a jamais de mal à faire; s'il ne peut pas toujours faire le bien par lui-même, il est toujours à sa place quand il le sollicite, et souvent il l'obtient quand il sait se faire respecter. O si jamais dans nos montagnes j'avois quelque

---

[1] Le devoir de suivre et d'aimer la religion de son pays ne s'étend pas jusqu'aux dogmes contraires à la bonne morale, tels que celui de l'intolérance. C'est ce dogme horrible qui arme les hommes les uns contre les autres, et les rend tous ennemis du genre humain. La distinction entre la tolérance civile et la tolérance théologique est puérile et vaine. Ces deux tolérances sont inséparables, et l'on ne peut admettre l'une sans l'autre. Des anges mêmes ne vivroient pas en paix avec des hommes qu'ils regarderoient comme les ennemis de Dieu.

pauvre cure de bonnes gens à desservir! je serois heureux, car il me semble que je ferois le bonheur de mes paroissiens. Je ne les rendrois pas riches, mais je partagerois leur pauvreté; j'en ôterois la flétrissure et le mépris plus insupportable que l'indigence. Je leur ferois aimer la concorde et l'égalité, qui chassent souvent la misère, et la font toujours supporter. Quand ils verroient que je ne serois en rien mieux qu'eux, et que pourtant je vivrois content, ils apprendroient à se consoler de leur sort et à vivre contents comme moi. Dans mes instructions je m'attacherois moins à l'esprit de l'Église qu'à l'esprit de l'Évangile, où le dogme est simple et la morale sublime, où l'on voit peu de pratiques religieuses et beaucoup d'œuvres de charité. Avant de leur enseigner ce qu'il faut faire, je m'efforcerois toujours de le pratiquer, afin qu'ils vissent bien que tout ce que je leur dis je le pense. Si j'avois des protestants dans mon voisinage ou dans ma paroisse, je ne les distinguerois point de mes vrais paroissiens en tout ce qui tient à la charité chrétienne, je les porterois tous également à s'entr'aimer, à se regarder comme frères, à respecter toutes les religions, et à vivre en paix chacun dans la sienne. Je pense que solliciter quelqu'un de quitter celle où il est né, c'est le solliciter de mal faire, et par conséquent faire mal soi-même. En attendant de plus grandes lumières; gardons l'ordre public; dans tout pays respectons les lois, ne troublons point le culte qu'elles prescrivent : ne portons point les citoyens à la désobéissance ; car nous ne savons point certainement si c'est un bien pour eux de quitter leurs opinions pour d'autres, et nous savons très-certainement que c'est un mal de désobéir aux lois.

Je viens, mon jeune ami, de vous réciter de bouche ma profession de foi telle que Dieu la lit dans mon cœur : vous êtes le premier à qui je l'ai faite ; vous êtes le seul peut-être à qui je la ferai jamais. Tant qu'il reste quelque bonne croyance parmi les hommes, il ne faut point troubler les ames paisibles, ni alarmer la foi des simples par des difficultés qu'ils ne peuvent résoudre et qui les inquiètent sans les éclairer. Mais quand une fois tout est ébranlé, on doit conserver le tronc aux dépens des branches. Les consciences agitées, incertaines, presque éteintes, et dans l'état où j'ai vu la vôtre, ont besoin d'être affermies et réveillées ; et, pour les rétablir sur la base des vérités éternelles, il faut achever d'arracher les piliers flottants auxquels elles pensent tenir encore.

Vous êtes dans l'âge critique où l'esprit s'ouvre à la certitude, où le cœur reçoit sa forme et son caractère, et où l'on se détermine pour toute la vie, soit en bien, soit en mal. Plus tard, la substance est durcie, et les nouvelles empreintes ne marquent plus. Jeune homme, recevez dans votre ame, encore flexible, le cachet de la vérité. Si j'étois plus sûr de moi-même, j'aurois pris avec vous un ton dogmatique et décisif : mais je suis homme, ignorant, sujet à l'erreur ; que pouvois-je faire ? Je vous ai ouvert mon cœur sans réserve ; ce que je tiens pour sûr, je vous l'ai donné pour tel ; je vous ai donné mes doutes pour des doutes, mes opinions pour des opinions ; je vous ai dit mes raisons de douter et de croire. Maintenant c'est à vous de juger : vous avez pris du temps ; cette précaution est sage, et me fait bien penser de vous. Commencez par mettre votre conscience en état de vouloir être éclairée. Soyez sincère avec vous-même. Appropriez-vous de mes sentiments ce qui vous aura persuadé, rejetez le reste. Vous n'êtes pas encore assez dépravé par le vice pour risquer de mal choisir. Je vous proposerois d'en conférer entre nous ; mais sitôt qu'on dispute, on s'échauffe ; la vanité, l'obstination s'en mêlent, la bonne foi n'y est plus. Mon ami, ne disputez jamais, car on n'éclaire par la dispute ni soi ni les autres. Pour moi, ce n'est qu'après bien des années de méditation que j'ai pris mon parti : je m'y tiens ; ma conscience est tranquille, mon cœur est content. Si je voulois recommencer un nouvel examen de mes sentiments, je n'y porterois pas un plus pur amour de la vérité ; et mon esprit, déjà moins actif, seroit moins en état de la connoître. Je resterai comme je suis, de peur qu'insensiblement le goût de la contemplation, devenant une passion oiseuse, ne m'attiédit sur l'exercice de mes devoirs, et de peur de retomber dans mon premier pyrrhonisme, sans retrouver la force d'en sortir. Plus de la moitié de ma vie est écoulée ; je n'ai plus que le temps qu'il faut pour en mettre à profit le reste, et pour effacer mes erreurs par mes vertus. Si je me trompe, c'est malgré moi. Celui qui lit au fond de mon cœur sait bien que je n'aime pas mon aveuglement. Dans l'impuissance de m'en tirer par mes propres lumières, le seul moyen qui me reste pour en sortir est une bonne vie ; et si des pierres mêmes Dieu peut susciter des enfants à Abraham, tout homme a droit d'espérer d'être éclairé lorsqu'il s'en rend digne.

Si mes réflexions vous amènent à penser comme je pense, que mes sentiments soient les vôtres, et que nous ayons la même profession de foi, voici le conseil que je vous donne : N'exposez plus votre vie aux tentations de la misère et du désespoir ; ne la traînez plus avec ignominie à la merci des étrangers, et cessez de manger le vil pain de l'aumône. Retournez dans votre patrie, reprenez la religion de vos pères, suivez-la dans la sincérité de votre cœur, et ne la quittez plus : elle est très-simple et très-sainte ; je la crois de toutes les religions qui sont sur la terre celle dont la morale est la plus pure, et dont la raison se contente le mieux. Quant aux frais du voyage, n'en soyez point en peine, on y pourvoira. Ne craignez pas non plus la mauvaise honte d'un retour humiliant ; il faut rougir de faire une faute, et non de la réparer. Vous êtes encore dans l'âge où tout se pardonne, mais où l'on ne pèche plus impunément. Quand vous voudrez écouter votre conscience, mille vains obstacles disparoîtront à sa voix. Vous sentirez que, dans l'incertitude où nous sommes, c'est une inexcusable présomption de professer une autre religion que celle où l'on est né, et une fausseté de ne pas pratiquer sincèrement celle qu'on professe. Si l'on s'égare, on s'ôte une grande excuse au tribunal du souverain juge. Ne pardonnera-t-il pas plutôt l'erreur où l'on fut nourri, que celle qu'on osa choisir soi-même ?

Mon fils, tenez votre ame en état de désirer toujours qu'il y ait un Dieu, et vous n'en douterez jamais. Au surplus, quelque parti que vous puissiez prendre, songez que les vrais devoirs de la religion sont indépendants des institutions des hommes ; qu'un cœur juste est le vrai temple de la Divinité ; qu'en tout pays et dans toute secte, aimer Dieu par-dessus tout et son prochain comme soi-même, est le sommaire de la loi ; qu'il n'y a point de religion qui dispense des devoirs de la morale, qu'il n'y a de vraiment essentiels que ceux-là ; que le culte intérieur est le premier de ces devoirs, et que sans foi nulle véritable vertu n'existe.

Fuyez ceux qui, sous prétexte d'expliquer la

nature, sèment dans les cœurs des hommes de désolantes doctrines, et dont le scepticisme apparent est cent fois plus affirmatif et plus dogmatique que le ton décidé de leurs adversaires. Sous le hautain prétexte qu'eux seuls sont éclairés, vrais, de bonne foi, ils nous soumettent impérieusement à leurs décisions tranchantes, et prétendent nous donner pour les vrais principes des choses les inintelligibles systèmes qu'ils ont bâtis dans leur imagination. Du reste, renversant, détruisant, foulant aux pieds tout ce que les hommes respectent, ils ôtent aux affligés la dernière consolation de leur misère, aux puissants et aux riches le seul frein de leurs passions; ils arrachent du fond des cœurs le remords du crime, l'espoir de la vertu, et se vantent encore d'être les bienfaiteurs du genre humain. Jamais, disent-ils, la vérité n'est nuisible aux hommes. Je le crois comme eux, et c'est, à mon avis, une grande preuve que ce qu'ils enseignent n'est pas la vérité[1].

[1] Les deux partis s'attaquent réciproquement par tant de sophismes, que ce seroit une entreprise immense et téméraire de vouloir les relever tous; c'est déjà beaucoup d'en noter quelques uns à mesure qu'ils se présentent. Un des plus familiers au parti philosophiste est d'opposer un peuple supposé de bons philosophes à un peuple de mauvais chrétiens : comme si un peuple de vrais philosophes étoit plus facile à faire qu'un peuple de vrais chrétiens! Je ne sais si, parmi les individus, l'un est plus facile à trouver que l'autre; mais je sais bien que, dès qu'il est question de peuples, il en faut supposer qui abuseront de la philosophie sans religion, comme les nôtres abusent de la religion sans phi-

Bon jeune homme, soyez sincère et vrai sans orgueil; sachez être ignorant : vous ne tromperez ni vous ni les autres. Si jamais vos talents cultivés vous mettent en état de parler aux hommes, ne leur parlez jamais que selon votre conscience, sans vous embarrasser s'ils vous applaudiront. L'abus du savoir produit l'incrédulité. Tout savant dé-

losophie; et cela me paroît changer beaucoup l'état de la question.

Bayle a très-bien prouvé que le fanatisme est plus pernicieux que l'athéisme, et cela est incontestable; mais ce qu'il n'a eu garde de dire, et qui n'est pas moins vrai, c'est que le fanatisme, quoique sanguinaire et cruel, est pourtant une passion grande et forte, qui élève le cœur de l'homme, qui lui fait mépriser la mort, qui lui donne un ressort prodigieux, et qu'il ne faut que mieux diriger pour en tirer les plus sublimes vertus : au lieu que l'irréligion, et en général l'esprit raisonneur et philosophique, attache à la vie, efférine, avilit les ames, concentre toutes les passions dans la bassesse de l'intérêt particulier, dans l'abjection du *moi* humain, et sape ainsi à petit bruit les vrais fondements de toute société; car ce que les intérêts particuliers ont de commun est si peu de chose, qu'il ne balancera jamais ce qu'ils ont d'opposé.

Si l'athéisme ne fait pas verser le sang des hommes, c'est moins par amour pour la paix que par indifférence pour le bien : comme que tout aille, peu importe au prétendu sage, pourvu qu'il reste en repos dans son cabinet. Ses principes ne font pas tuer les hommes, mais ils les empêchent de naître, en détruisant les mœurs qui les multiplient, en les détachant de leur espèce, en réduisant toutes leurs affections à un secret égoïsme, aussi funeste à la population qu'à la vertu. L'indifférence philosophique ressemble à la tranquillité de l'état sous le despotisme; c'est la tranquillité de la mort : elle est plus destructive que la guerre même.

Ainsi le fanatisme, quoique plus funeste dans ses effets immédiats que ce qu'on appelle aujourd'hui l'esprit philosophique, l'est daigne le sentiment vulgaire; chacun en veut avoir un à soi. L'orgueilleuse philosophie mène à l'esprit fort, comme l'aveugle dévotion mène au fanatisme. Évitez ces extrémités; restez toujours ferme dans la voix de la vérité, ou de ce qui vous paroîtra l'être dans la simplicité de votre cœur, sans jamais vous en détourner par vanité ni par foi-

beaucoup moins dans ses conséquences. D'ailleurs il est aisé d'étaler de belles maximes dans des livres : mais la question est de savoir si elles tiennent bien à la doctrine, si elles en découlent nécessairement; et c'est ce qui n'a point paru clair jusqu'ici. Reste à savoir encore si la philosophie, à son aise et sur le trône, commanderoit bien à la gloriole, à l'intérêt, à l'ambition, aux petites passions de l'homme, et si elle pratiqueroit cette humanité si douce qu'elle nous vante la plume à la main.

Par les principes, la philosophie ne peut faire aucun bien que la religion ne le fasse encore mieux, et la religion en fait beaucoup que la philosophie ne sauroit faire.

Par la pratique, c'est autre chose; mais encore faut-il examiner. Nul homme ne suit de tout point sa religion quand il en a une; cela est vrai : la plupart n'en ont guère, et ne suivent point du tout celle qu'ils ont; cela est encore vrai : mais, enfin, quelques uns en ont une, la suivent du moins en partie; et il est indubitable que des motifs de religion les empêchent souvent de mal faire, et obtiennent d'eux des vertus, des actions louables, qui n'auroient point eu lieu sans ces motifs.

Qu'un moine nie un dépôt; que s'ensuit-il, sinon qu'un sot le lui avoit confié? Si Pascal en eût nié un, cela prouveroit que Pascal étoit un hypocrite, et rien de plus. Mais un moine!... Les gens qui font trafic de la religion sont-ils ceux qui en ont? Tous les crimes qui se font dans le clergé, comme ailleurs, ne prouvent point que la religion soit inutile; mais que très-peu de gens ont de la religion.

Nos gouvernements modernes doivent incontestablement au christianisme leur plus solide autorité et leurs révolutions moins blesse. Osez confesser Dieu chez les philosophes ; osez prêcher l'humanité aux intolérants. Vous serez seul de votre parti, peut-être ; mais vous porterez en vous-même un témoignage qui vous dispensera de ceux des hommes. Qu'ils vous aiment ou vous haïssent, qu'ils lisent ou méprisent vos écrits, il n'importe. Dites ce qui est vrai, faites ce

fréquentes ; il les a rendus eux-mêmes moins sanguinaires : cela se prouve par le fait en les comparant aux gouvernements anciens. La religion mieux connue, écartant le fanatisme, a donné plus de douceur aux mœurs chrétiennes. Ce changement n'est point l'ouvrage des lettres ; car, partout où elles ont brillé, l'humanité n'en a pas été plus respectée ; les cruautés des Athéniens, des Égyptiens, des empereurs de Rome, des Chinois, en font foi. Que d'œuvres de miséricorde sont l'ouvrage de l'Évangile ! Que de restitutions, de réparations, la confession ne fait-elle point faire chez les catholiques ! Chez nous combien les approches des temps de communion n'opèrent-elles point de réconciliations et d'aumônes ! Combien le jubilé des Hébreux ne rendoit-il pas les usurpateurs moins avides ! Que de misères ne prévenoit-il pas ! La fraternité légale unissoit toute la nation ; on ne voyoit pas un mendiant chez eux. On n'en voit point non plus chez les Turcs, où les fondations pieuses sont innombrables : ils sont, par principe de religion, hospitaliers, même envers les ennemis de leur culte.

« Les mahométans disent, selon Chardin, qu'après l'examen
« qui suivra la résurrection universelle, tous les corps iront passer
« un pont appelé *Poul-Serrho*, qui est jeté sur le feu éternel,
« pont qu'on peut appeler, disent-ils, le troisième et dernier exa-
« men et le vrai jugement final, parce que c'est là où se fera la
« séparation des bons d'avec les méchants.... etc.

« Les Persans, poursuit Chardin, sont fort infatués de ce pont ;
« et lorsque quelqu'un souffre une injure dont, par aucune voie
« ni dans aucun temps, il ne peut avoir raison, sa dernière conso-
« lation est de dire : *Eh bien ! par le Dieu vivant, tu me le paieras*

qui est bien ; ce qui importe à l'homme est de remplir ses devoirs sur la terre ; et c'est en s'oubliant qu'on travaille pour soi. Mon enfant, l'intérêt particulier nous trompe ; il n'y a que l'espoir du juste qui ne trompe point.

J'ai transcrit cet écrit, non comme une règle des sentiments qu'on doit suivre en matière de reli-

« au double au dernier jour; tu ne passeras point le *Poul-Serrho*
« *que tu ne me satisfasses auparavant; je m'attacherai au bord de ta*
« *veste et me jetterai à tes jambes.* J'ai vu beaucoup de gens émi-
« nents, et de toutes sortes de professions, qui, appréhendant
« qu'on ne criât ainsi *haro* sur eux au passage de ce pont redou-
« table, sollicitoient ceux qui se plaignoient d'eux de leur pardon-
« ner : cela m'est arrivé cent fois à moi-même. Des gens de qualité
« qui m'avoient fait faire, par importunité, des démarches autre-
« ment que je n'eusse voulu, m'abordoient au bout de quelque
« temps, qu'ils pensoient que le chagrin en étoit passé, et me di-
« soient : *Je te prie, halal becon antchisra,* c'est-à-dire *rends-*
« *moi cette affaire licite ou juste.* Quelques uns même m'ont fait
« des présents et rendu des services, afin que je leur pardonnasse
« en déclarant que je le faisois de bon cœur : de quoi la cause
« n'est autre que cette créance qu'on ne passera point le pont de
« l'enfer qu'on n'ait rendu le dernier quatrain à ceux qu'on a op-
« pressés. » Tome VII, in-12, pag. 50.

Croirai-je que l'idée de ce pont qui répare tant d'iniquités n'en prévient jamais ? Que si l'on ôtoit aux Persans cette idée, en leur persuadant qu'il n'y a ni *Poul-Serrho*, ni rien de semblable, où les opprimés sont vengés de leurs tyrans après la mort, n'est-il pas clair que cela mettroit ceux-ci fort à leur aise, et les délivreroit du soin d'apaiser ces malheureux ? Il est donc faux que cette doctrine ne fût pas nuisible ; elle ne seroit donc pas la vérité.

Philosophe, tes lois morales sont fort belles ; mais montrem'en, de grâce, la sanction. Cesse un moment de battre la campagne, et dis-moi nettement ce que tu mets à la place du *Poul-Serrho.*

gion, mais comme un exemple de la manière dont on peut raisonner avec son élève, pour ne point s'écarter de la méthode que j'ai tâché d'établir. Tant qu'on ne donne rien à l'autorité des hommes, ni aux préjugés du pays où l'on est né, les seules lumières de la raison ne peuvent, dans l'institution de la nature, nous mener plus loin que la religion naturelle, et c'est à quoi je me borne avec mon Émile. S'il en doit avoir une autre, je n'ai plus en cela le droit d'être son guide; c'est à lui seul de la choisir.

Nous travaillons de concert avec la nature, et tandis qu'elle forme l'homme physique, nous tâchons de former l'homme moral; mais nos progrès ne sont pas les mêmes. Le corps est déjà robuste et fort, que l'ame est encore languissante et foible; et quoi que l'art humain puisse faire, le tempérament précède toujours la raison. C'est à retenir l'un et à exciter l'autre, que nous avons jusqu'ici donné tous nos soins, afin que l'homme fût toujours un, le plus qu'il étoit possible. En développant le naturel, nous avons donné le change à sa sensibilité naissante; nous l'avons réglé en cultivant la raison. Les objets intellectuels modéroient l'impression des objets sensibles. En remontant au principe des choses, nous l'avons soustrait à l'empire des sens; il étoit simple de s'élever de l'étude de la nature à la recherche de son auteur.

Quand nous en sommes venus là, quelles nouvelles prises nous nous sommes données sur notre élève! que de nouveaux moyens nous avons de parler à son cœur! C'est alors seulement qu'il trouve son véritable intérêt à être bon, à faire le bien loin des regards des hommes; et sans y être forcé par les lois, à être juste entre Dieu et lui, à remplir son devoir, même aux dépens de sa vie; et à porter dans son cœur la vertu, non seulement pour l'amour de l'ordre, auquel chacun préfère toujours l'amour de soi, mais pour l'amour de l'auteur de son être, amour qui se confond avec ce même amour de soi, pour jouir enfin du bonheur durable que le repos d'une bonne conscience et la contemplation de cet Être suprême lui promettent dans l'autre vie, après avoir bien usé de celle-ci. Sortez de là, je ne vois plus qu'injustice, hypocrisie, et mensonge parmi les hommes : l'intérêt particulier, qui, dans la concurrence, l'emporte nécessairement sur toutes choses, apprend à chacun d'eux à parer le vice du masque de la vertu. Que tous les autres hommes fassent mon bien aux dépens du leur; que tout se rapporte à moi seul; que tout le genre humain meure, s'il le faut, dans la peine et dans la misère pour m'épargner un moment de douleur ou de faim : tel est le langage intérieur de tout incrédule qui raisonne. Oui, je le soutiendrai toute ma vie; quiconque a dit dans son cœur, Il n'y a point de Dieu, et parle autrement, n'est qu'un menteur ou un insensé.

Lecteur, j'aurai beau faire, je sens bien que vous et moi ne verrons jamais mon Émile sous les mêmes traits; vous vous le figurez toujours semblable à vos jeunes gens, toujours étourdi, pétulant, volage, errant de fête en fête, d'amusement en amusement, sans jamais pouvoir se fixer à rien. Vous rirez de me voir faire un contemplatif, un philosophe, un vrai théologien, d'un jeune homme ardent, vif, emporté, fougueux, dans l'âge le plus bouillant de la vie. Vous direz : Ce rêveur poursuit toujours sa chimère; en nous donnant un élève de sa façon, il ne le forme pas seulement, il le crée, il le tire de son cerveau; et, croyant toujours suivre la nature, il s'en écarte à chaque instant. Moi, comparant mon élève aux vôtres, je trouve à peine ce qu'ils peuvent avoir de commun. Nourri si différemment, c'est presque un miracle s'il leur ressemble en quelque chose. Comme il a passé son enfance dans toute la liberté qu'ils prennent dans leur jeunesse, il commence à prendre dans sa jeunesse la règle à laquelle on les a soumis enfants : cette règle devient leur fléau, ils la prennent en horreur, ils n'y voient que la longue tyrannie des maîtres; ils croient ne sortir de l'enfance qu'en secouant toute espèce de joug[1]; ils se dédommagent alors de la longue contrainte où

---

[1] Il n'y a personne qui voie l'enfance avec tant de mépris que ceux qui en sortent, comme il n'y a pas de pays où les rangs soient gardés avec plus d'affectation que ceux où l'inégalité n'est

l'on les a tenus, comme un prisonnier, délivré des fers, étend, agite et fléchit ses membres.

Émile, au contraire, s'honore de faire l'homme, et de s'assujettir au joug de la raison naissante ; son corps, déjà formé, n'a plus besoin des mêmes mouvements, et commence à s'arrêter de lui-même, tandis que son esprit, à moitié développé, cherche à son tour à prendre l'essor. Ainsi l'âge de raison n'est pour les uns que l'âge de la licence; pour l'autre, il devient l'âge du raisonnement.

Voulez-vous savoir lesquels d'eux ou de lui sont mieux en cela dans l'ordre de la nature, considérez les différences dans ceux qui en sont plus ou moins éloignés : observez les jeunes gens chez les villageois, et voyez s'ils sont aussi pétulants que les vôtres. « Durant l'enfance des sauvages, dit le « sieur Le Beau, on les voit toujours actifs, et « s'occupant sans cesse à différents jeux qui leur « agitent le corps; mais à peine ont-ils atteint l'âge « de l'adolescence, qu'ils deviennent tranquilles, « rêveurs; ils ne s'appliquent plus guère qu'à des « jeux sérieux ou de hasard [1]. » Émile, ayant été élevé dans toute la liberté des jeunes paysans et des jeunes sauvages, doit changer et s'arrêter comme eux en grandissant. Toute la différence est

---

pas grande, et où chacun craint toujours d'être confondu avec son inférieur.

[1] Aventures du sieur C. Le Beau, avocat au parlement, t. II, p. 70.

qu'au lieu d'agir uniquement pour jouer ou pour se nourrir, il a, dans ses travaux et dans ses jeux, appris à penser. Parvenu donc à ce terme par cette route, il se trouve tout disposé pour celle où je l'introduis : les sujets de réflexion que je lui présente irritent sa curiosité, parce qu'ils sont beaux par eux-mêmes, qu'ils sont tout nouveaux pour lui, et qu'il est en état de les comprendre. Au contraire, ennuyés, excédés de vos fades leçons, de vos longues morales, de vos éternels catéchismes, comment vos jeunes gens ne se refuseroient-ils pas à l'application d'esprit qu'on leur a rendue triste, aux lourds préceptes dont on n'a cessé de les accabler, aux méditations sur l'auteur de leur être, dont on a fait l'ennemi de leurs plaisirs! Ils n'ont conçu pour tout cela qu'aversion, dégoût, ennui; la contrainte les a rebutés : le moyen désormais qu'ils s'y livrent quand ils commencent à disposer d'eux? Il leur faut du nouveau pour leur plaire, il ne leur faut plus rien de ce qu'on dit aux enfants. C'est la même chose pour mon élève; quand il devient homme, je lui parle comme à un homme, et ne lui dis que des choses nouvelles; c'est précisément parce qu'elles ennuient les autres qu'il doit les trouver de son goût.

Voilà comment je lui fais doublement gagner du temps, en retardant au profit de la raison le progrès de la nature. Mais ai-je en effet retardé ce progrès? Non; je n'ai fait qu'empêcher l'imagination de l'accélérer; j'ai balancé par des leçons d'une autre espèce les leçons précoces que le jeune homme reçoit d'ailleurs. Tandis que le torrent de nos institutions l'entraîne, l'attire en sens contraire par d'autres institutions, ce n'est pas l'ôter de sa place, c'est l'y maintenir.

Le vrai moment de la nature arrive enfin, il faut qu'il arrive. Puisqu'il faut que l'homme meure, il faut qu'il se reproduise, afin que l'espèce dure et que l'ordre du monde soit conservé. Quand, par les signes dont j'ai parlé, vous pressentirez le moment critique, à l'instant quittez avec lui pour jamais votre ancien ton. C'est votre disciple encore, mais ce n'est plus votre élève. C'est votre ami, c'est un homme; traitez-le désormais comme tel.

Quoi! faut-il abdiquer mon autorité lorsqu'elle m'est le plus nécessaire? Faut-il abandonner l'adulte à lui-même au moment qu'il sait le moins se conduire, et qu'il fait les plus grands écarts? Faut-il renoncer à mes droits quand il lui importe le plus que j'en use? Vos droits! Qui vous dit d'y renoncer? ce n'est qu'à présent qu'ils commencent pour lui. Jusqu'ici vous n'en obteniez rien que par force ou par ruse; l'autorité, la loi du devoir, lui étoient inconnues; il falloit le contraindre ou le tromper pour vous faire obéir. Mais vous voyez de combien de nouvelles chaînes vous avez environné son cœur. La raison, l'amitié, la reconnoissance, mille affections, lui parlent d'un ton qu'il ne peut méconnoître. Le vice ne l'a point encore rendu sourd à leur voix. Il n'est sensible encore qu'aux passions de la nature. La première de toutes, qui est l'amour de soi, le livre à vous, l'habitude vous le livre encore. Si le transport d'un moment vous l'arrache, le regret vous le ramène à l'instant; le sentiment qui l'attache à vous est le seul permanent; tous les autres passent et s'effacent mutuellement. Ne le laissez point corrompre, il sera toujours docile; il ne commence d'être rebelle que quand il est déjà perverti.

J'avoue bien que si, heurtant de front ses désirs naissants, vous alliez sottement traiter de crimes les nouveaux besoins qui se font sentir à lui, vous ne seriez pas long-temps écouté; mais sitôt que vous quitterez ma méthode, je ne vous réponds plus de rien. Songez toujours que vous êtes le ministre de la nature; vous n'en serez jamais l'ennemi.

Mais quel parti prendre? On ne s'attend ici qu'à l'alternative de favoriser ses penchants, ou de les combattre, d'être son tyran ou son complaisant; et tous deux ont de si dangereuses conséquences, qu'il n'y a que trop à balancer sur le choix.

Le premier moyen qui s'offre pour résoudre cette difficulté est de le marier bien vite; c'est incontestablement l'expédient le plus sûr et le plus naturel. Je doute pourtant que ce soit le meilleur, ni le plus utile. Je dirai ci-après mes raisons; en attendant, je conviens qu'il faut marier les jeunes gens à l'âge nubile. Mais cet âge vient pour eux avant le temps; c'est nous qui l'avons rendu précoce; on doit le prolonger jusqu'à la maturité.

S'il ne falloit qu'écouter les penchants et suivre les indications, cela seroit bientôt fait : mais il y a tant de contradictions entre les droits de la nature et nos lois sociales, que pour les concilier il faut gauchir et tergiverser sans cesse : il faut employer beaucoup d'art pour empêcher l'homme social d'être tout-à-fait artificiel.

Sur les raisons ci-devant exposées, j'estime que, par les moyens que j'ai donnés, et d'autres semblables, on peut au moins étendre jusqu'à vingt ans l'ignorance des désirs et la pureté des sens : cela est si vrai, que, chez les Germains, un jeune homme qui perdoit sa virginité avant cet âge en restoit diffamé : et les auteurs attribuent, avec raison, à la continence de ces peuples durant leur jeunesse la vigueur de leur constitution et la multitude de leurs enfants.

On peut même beaucoup prolonger cette époque, et il y a peu de siècles que rien n'étoit plus commun dans la France même. Entre autres exemples connus, le père de Montaigne, homme non moins scrupuleux et vrai que fort et bien constitué, juroit s'être marié vierge à trente-trois ans, après avoir servi long-temps dans les guerres d'Italie; et l'on peut voir dans les écrits du fils quelle vigueur et quelle gaieté conservoit le père à plus de soixante ans. Certainement l'opinion contraire tient plus à nos mœurs et à nos préjugés, qu'à la connoissance de l'espèce en général.

Je puis donc laisser à part l'exemple de notre jeunesse; il ne prouve rien pour qui n'a pas été élevé comme elle. Considérant que la nature n'a point là-dessus de terme fixe qu'on ne puisse avancer ou retarder, je crois pouvoir, sans sortir de sa loi, supposer Émile resté jusque-là par mes soins dans sa primitive innocence, et je vois cette heureuse époque prête à finir. Entouré de périls toujours croissants, il va m'échapper, quoi que je fasse, à la première occasion, et cette occasion ne tardera pas à naître; il va suivre l'aveugle instinct des sens; il y a mille à parier contre un qu'il va se perdre. J'ai trop réfléchi sur les mœurs des hommes pour ne pas voir l'influence invincible de ce premier moment sur le reste de sa vie. Si je dissimule et feins de ne rien voir, il se prévaut de ma foiblesse; croyant me tromper, il me méprise, et je suis le complice de sa perte. Si j'essaie de le ramener, il n'est plus temps, il ne m'écoute plus; je lui deviens incommode, odieux, insupportable; il ne tardera guère à se débarrasser de moi. Je n'ai donc plus qu'un parti raisonnable à prendre; c'est de le rendre comptable de ses actions à lui-même, de le garantir au moins des surprises de l'erreur, et de lui montrer à découvert les périls dont il est environné. Jusqu'ici je l'arrêtois par son ignorance; c'est maintenant par ses lumières qu'il faut l'arrêter.

Ces nouvelles instructions sont importantes, et il convient de reprendre les choses de plus haut. Voici l'instant de lui rendre, pour ainsi dire, mes comptes; de lui montrer l'emploi de son temps et du mien; de lui déclarer ce qu'il est et ce que je suis; ce que j'ai fait, ce qu'il a fait; ce que nous nous devons l'un à l'autre, toutes ses relations morales, tous les engagements qu'il a contractés, tous ceux qu'on a contractés avec lui, à quel point il est parvenu dans le progrès de ses facultés, quel chemin lui reste à faire, les difficultés qu'il y trouvera, les moyens de franchir ces difficultés, en quoi je lui puis aider encore, en quoi lui seul peut désormais s'aider, enfin le point critique où il se trouve, les nouveaux périls qui l'environnent, et toutes les solides raisons qui doivent l'engager à veiller attentivement sur lui-même avant d'écouter ses désirs naissants.

Songez que pour conduire un adulte il faut prendre le contre-pied de tout ce que vous avez fait pour conduire un enfant. Ne balancez point à l'instruire de ces dangereux mystères que vous lui avez cachés si long-temps avec tant de soin. Puisqu'il faut enfin qu'il les sache, il importe qu'il ne les apprenne ni d'un autre, ni de lui-même, mais de vous seul: puisque le voilà désormais forcé de combattre, il faut, de peur de surprise, qu'il connoisse son ennemi.

Jamais les jeunes gens qu'on trouve savants sur ces matières, sans savoir comment ils le sont devenus, ne le sont devenus impunément. Cette indiscrète instruction, ne pouvant avoir un objet honnête, souille au moins l'imagination de ceux qui la reçoivent, et les dispose aux vices de ceux qui la donnent. Ce n'est pas tout; des domestiques s'insinuent ainsi dans l'esprit d'un enfant, gagnent sa confiance, lui font envisager son gouverneur comme un personnage triste et fâcheux; et l'un des sujets favoris de leurs secrets colloques est de médire de lui. Quand l'élève en est là, le maître peut se retirer, il n'a plus rien de bon à faire.

Mais pourquoi l'enfant se choisit-il des confidents particuliers? Toujours par la tyrannie de ceux qui le gouvernent. Pourquoi se cacheroit-il d'eux, s'il n'étoit forcé de s'en cacher? Pourquoi s'en plaindroit-il, s'il n'avoit nul sujet de s'en plaindre? Naturellement ils sont ses premiers confidents; on voit à l'empressement avec lequel il vient leur dire ce qu'il pense, qu'il croit ne l'avoir pensé qu'à moitié jusqu'à ce qu'il le leur ait dit. Comptez que si l'enfant ne craint de votre part ni sermon ni réprimande, il vous dira toujours tout, et qu'on n'osera lui rien confier qu'il vous doive taire, quand on sera bien sûr qu'il ne vous taira rien.

Ce qui me fait le plus compter sur ma méthode, c'est qu'en suivant ses effets le plus exactement qu'il m'est possible, je ne vois pas une situation dans la vie de mon élève qui ne me laisse de lui quelque image agréable. Au moment même où les fureurs du tempérament l'entraînent, et où, révolté contre la main qui l'arrête, il se débat et commence à m'échapper, dans ses agitations, dans ses emportements, je retrouve encore sa première simplicité; son cœur, aussi pur que son corps, ne connoît pas plus le déguisement que le vice; les reproches ni le mépris ne l'ont point rendu lâche; jamais la vile crainte ne lui apprit à se déguiser. Il a toute l'indiscrétion de l'innocence; il est naïf sans scrupule; il ne sait encore à quoi sert de tromper. Il ne se passe pas un mouvement dans son ame que sa bouche ou ses yeux ne le disent; et souvent les sentiments qu'il éprouve me sont connus plus tôt qu'à lui.

Tant qu'il continue de m'ouvrir ainsi librement son ame, et de me dire avec plaisir ce qu'il sent, je n'ai rien à craindre, le péril n'est pas encore proche; mais s'il devient plus timide, plus réservé, que j'aperçoive dans ses entretiens le premier embarras de la honte, déjà l'instinct se développe, déjà la notion du mal commence à s'y joindre, il n'y a plus un moment à perdre; et, si je ne me hâte de l'instruire, il sera bientôt instruit malgré moi.

Plus d'un lecteur, même en adoptant mes idées, pensera qu'il ne s'agit ici que d'une conversation prise au hasard avec le jeune homme, et que tout est fait. Oh! que ce n'est pas ainsi que le cœur humain se gouverne! Ce qu'on dit ne signifie rien si l'on n'a préparé le moment de le dire. Avant de semer il faut labourer la terre : la semence de la vertu lève difficilement; il faut de longs apprêts pour lui faire prendre racine. Une des choses qui rendent les prédications le plus inutiles est qu'on les fait indifféremment à tout le monde sans discernement et sans choix. Comment peut-on penser que le même sermon convienne à tant d'auditeurs si diversement disposés, si différents d'esprit, d'humeurs, d'âges, de sexes, d'états et d'opinions? Il n'y en a peut-être pas deux auxquels ce qu'on dit à tous puisse être convenable; et toutes nos affections ont si peu de constance, qu'il n'y a peut-être pas deux moments dans la vie de chaque homme où le même discours fît sur lui la même impression. Jugez si, quand les sens enflammés aliènent l'entendement et tyrannisent la volonté, c'est le temps d'écouter les graves leçons de la sagesse. Ne parlez donc jamais raison aux jeunes gens, même en âge de raison, que vous ne les ayez premièrement mis en état de l'entendre. La plupart des discours perdus le sont bien plus par la faute des maîtres que par celle des disciples. Le pédant et l'instituteur disent à peu près les mêmes

choses : mais le premier les dit à tout propos ; le second ne les dit que quand il est sûr de leur effet.

Comme un somnambule, errant durant son sommeil, marche en dormant sur les bords d'un précipice, dans lequel il tomberoit s'il étoit éveillé tout à coup ; ainsi mon Émile, dans la sommeil de l'ignorance, échappe à des périls qu'il n'aperçoit point : si je l'éveille en sursaut, il est perdu. Tâchons premièrement de l'éloigner du précipice, et puis nous l'éveillerons pour le lui montrer de plus loin.

La lecture, la solitude, l'oisiveté, la vie molle, et sédentaire, le commerce des femmes et des jeunes gens ; voilà les sentiers dangereux à frayer à son âge, et qui le tiennent sans cesse à côté du péril. C'est par d'autres objets sensibles que je donne le change à ses sens, c'est en traçant un autre cours aux esprits que je détourne de celui qu'ils commencent à prendre ; c'est en exerçant son corps à des travaux pénibles que j'arrête l'activité de l'imagination qui l'entraîne. Quand les bras travaillent beaucoup, l'imagination se repose ; quand le corps est bien las, le cœur ne s'échauffe point. La précaution la plus prompte et la plus facile est de l'arracher au danger local. Je l'emmène d'abord hors des villes, loin des objets capables de le tenter. Mais ce n'est pas assez ; dans quel désert, dans quel sauvage asile échappera-t-il aux images qui le poursuivent ? Ce n'est rien d'éloigner les objets dangereux, si je n'en éloigne aussi le souvenir : si je ne trouve l'art de le détacher de tout, si je ne le distrais de lui-même, autant valoit le laisser où il étoit.

Émile sait un métier, mais ce métier n'est pas ici notre ressource; il aime et entend l'agriculture, mais l'agriculture ne nous suffit pas : les occupations qu'il connoît deviennent une routine ; en s'y livrant, il est comme ne faisant rien; il pense à tout autre chose ; la tête et les bras agissent séparément. Il lui faut une occupation nouvelle qui l'intéresse par sa nouveauté, qui le tienne en haleine, qui lui plaise, qui l'applique, qui l'exerce ; une occupation dont il se passionne, et à laquelle il soit tout entier. Or, la seule qui me paroît réunir toutes ces conditions est la chasse. Si la chasse est jamais un plaisir innocent, si jamais elle est convenable à l'homme, c'est à présent qu'il y faut avoir recours. Émile a tout ce qu'il faut pour y réussir ; il est robuste, adroit, patient, infatigable. Infailliblement il prendra du goût pour cet exercice; il y mettra toute l'ardeur de son âge; il y perdra, du moins pour un temps, les dangereux penchants qui naissent de la mollesse. La chasse endurcit le cœur aussi bien que le corps; elle accoutume au sang, à la cruauté. On a fait Diane ennemie de l'amour; et l'allégorie est très-juste : les langueurs de l'amour ne naissent que dans un doux repos; un violent exercice étouffe les sentiments tendres. Dans les bois, dans les lieux champêtres, l'amant, le chasseur, sont si diversement affectés, que sur les mêmes objets ils portent des images toutes différentes. Les ombrages frais, les bocages, les doux asiles du premier, ne sont pour l'autre que des viandis, des forts, des remises ; où l'un n'entend que chalumeaux, que rossignols, que ramages, l'autre se figure les cors et les cris des chiens; l'un n'imagine que dryades et nymphes, l'autre que piqueurs, meutes et chevaux. Promenez-vous en campagne avec ces deux sortes d'hommes; à la différence de leur langage, vous connoîtrez bientôt que la terre n'a pas pour eux un aspect semblable, et que le tour de leurs idées est aussi divers que le choix de leurs plaisirs.

Je comprends comment ces goûts se réunissent et comment on trouve enfin du temps pour tout.

Mais les passions de la jeunesse ne se partagent pas ainsi : donnez-lui une seule occupation qu'elle aime, et tout le reste sera bientôt oublié. La variété des désirs vient de celle des connoissances, et les premiers plaisirs qu'on connoît sont long-temps les seuls qu'on recherche. Je ne veux pas que toute la jeunesse d'Émile se passe à tuer des bêtes, et je ne prétends pas même justifier en tout cette féroce passion; il me suffit qu'elle serve assez à suspendre une passion plus dangereuse pour me faire écouter de sang-froid parlant d'elle, et me donner le temps de la peindre sans l'exciter.

Il est des époques dans la vie humaine qui sont faites pour n'être jamais oubliées. Telle est, pour Émile, celle de l'instruction dont je parle ; elle doit influer sur le reste de ses jours. Tâchons donc de la graver dans sa mémoire en sorte qu'elle ne s'en efface point. Une des erreurs de notre âge est d'employer la raison trop nue, comme si les hommes n'étoient qu'esprit. En négligeant la langue des signes qui parlent à l'imagination, l'on a perdu le plus énergique des langages. L'impression de la parole est toujours foible, et l'on parle au cœur par les yeux bien mieux que par les oreilles. En voulant tout donner au raisonnement, nous avons réduit en mots nos préceptes ; nous n'avons rien mis dans les actions. La seule raison n'est point active ; elle retient quelquefois, rarement elle excite, et jamais elle n'a rien fait de grand. Toujours raisonner est la manie des petits esprits. Les ames fortes ont bien un autre langage ; c'est par ce langage qu'on persuade et qu'on fait agir.

J'observe que, dans les siècles modernes, les hommes n'ont plus de prise les uns sur les autres que par la force et par l'intérêt, au lieu que les anciens agissoient beaucoup plus par la persuasion, par les affections de l'ame, parce qu'ils ne négligeoient pas la langue des signes. Toutes les conventions se passoient avec solennité pour les rendre plus inviolables : avant que la force fût établie, les dieux étoient les magistrats du genre humain ; c'est par-devant eux que les particuliers faisoient leurs traités, leurs alliances, prononçoient leurs promesses ; la face de la terre étoit le livre où s'en conservoient les archives. Des rochers, des arbres, des monceaux de pierres consacrés par ces actes, et rendus respectables aux hommes barbares, étoient les feuillets de ce livre, ouvert sans cesse à tous les yeux. Le puits du serment, le puits du vivant et voyant, le vieux chêne de Mambré, le monceau du témoin, voilà quels étoient les monuments grossiers, mais augustes, de la sainteté des contrats ; nul n'eût osé d'une main sacrilége attenter à ces monuments, et la foi des hommes étoit plus assurée par la garantie de ces témoins muets, qu'elle ne l'est aujourd'hui par toute la vaine rigueur des lois.

Dans le gouvernement, l'auguste appareil de la puissance royale en imposoit aux peuples. Des marques de dignité, un trône, un sceptre, une robe de pourpre, une couronne, un bandeau, étoient pour eux des choses sacrées. Ces signes respectés leur rendoient vénérable l'homme qu'ils en voyoient orné : sans soldats, sans menaces, sitôt qu'il parloit il étoit obéi. Maintenant qu'on affecte d'abolir ces signes [1], qu'arrive-t-il de ce

---

[1] Le clergé romain les a très-habilement conservés, et, à son exemple, quelques républiques, entre autre celle de Venise. Aussi le gouvernement vénitien, malgré la chute de l'état, jouit-il en-

mépris? Que la majesté royale s'efface de tous les cœurs, que les rois ne se font plus obéir qu'à force de troupes, et que le respect des sujets n'est que dans la crainte du châtiment. Les rois n'ont plus la peine de porter leur diadème, ni les grands les marques de leurs dignités; mais il faut avoir cent mille bras toujours prêts pour faire exécuter leurs ordres. Quoique cela leur semble plus beau peut-être, il est aisé de voir qu'à la longue cet échange ne leur tournera pas à profit.

Ce que les anciens ont fait avec l'éloquence est prodigieux : mais cette éloquence ne consistoit pas seulement en beaux discours bien arrangés; et jamais elle n'eut plus d'effet que quand l'orateur parloit le moins. Ce qu'on disoit le plus vivement ne s'exprimoit pas par des mots, mais par des signes; on ne le disoit pas, on le montroit. L'objet qu'on expose aux yeux ébranle l'imagination, excite la curiosité, tient l'esprit dans l'attente de ce

---

core, sous l'appareil de son antique majesté, de toute l'affection, de toute l'adoration du peuple; et, après le pape, orné de sa tiare, il n'y a peut-être ni roi, ni potentat, ni homme au monde aussi respecté que le doge de Venise, sans pouvoir, sans autorité, mais rendu sacré par sa pompe, et paré sous sa corne ducale d'une coiffure de femme. Cette cérémonie du Bucentaure, qui fait tant rire les sots, feroit verser à la populace de Venise tout son sang pour le maintien de son tyrannique gouvernement*.

* Le *Bucentaure* étoit le nom donné à un gros et magnifique bâtiment sans mâts et sans voiles, assez semblable à un galion, et que montoit le doge de Venise, lorsque chaque année, au jour de l'Ascension, il épousoit la mer. Cette cérémonie a cessé vers l'époque où Venise passa au pouvoir de l'Autriche par le traité de Campo-Formio, en 1797.

qu'on va dire; et souvent cet objet seul a tout dit. Thrasibule et Tarquin coupant des têtes de pavots, Alexandre appliquant son sceau sur la bouche de son favori, Diogène marchant devant Zénon, ne parloient-ils pas mieux que s'ils avoient fait de longs discours? Quel circuit de paroles eût aussi bien rendu les mêmes idées? Darius, engagé dans la Scythie avec son armée, reçoit de la part du roi des Scythes un oiseau, une grenouille, une souris, et cinq flèches. L'ambassadeur remet son présent et s'en retourne sans rien dire. De nos jours cet homme eût passé pour fou. Cette terrible harangue fut entendue, et Darius n'eut plus grande hâte que de regagner son pays comme il put. Substituez une lettre à ces signes, plus elle sera menaçante, et moins elle effraiera; ce ne sera qu'une fanfaronnade dont Darius n'eût fait que rire.

Que d'attention chez les Romains à la langue des signes! Des vêtements divers selon les âges, selon les conditions; des toges, des saies, des prétextes, des bulles, des laticlaves, des chaires, des licteurs, des faisceaux, des haches, des couronnes d'or, d'herbes, de feuilles, des ovations, des triomphes: tout chez eux étoit appareil, représentation, cérémonie, et tout faisoit impression sur les cœurs des citoyens. Il importoit à l'état que le peuple s'assemblât en tel lieu plutôt qu'en tel autre; qu'il vît ou ne vît pas le Capitole; qu'il fût ou ne fût pas tourné du côté du sénat ; qu'il délibérât tel ou tel jour par préférence. Les accusés changeoient d'habit, les candidats en changeoient ; les guerriers ne vantoient plus leurs exploits, ils montroient leurs blessures. A la mort de César, j'imagine un de nos orateurs, voulant émouvoir le peuple, épuiser tous les lieux communs de l'art pour faire une pathétique description de ses plaies, de son sang, de son cadavre : Antoine, quoique éloquent, ne dit point tout cela ; il fait apporter le corps. Quelle rhétorique !

Mais cette digression m'entraîne insensiblement loin de mon sujet, ainsi que font beaucoup d'autres, et mes écarts sont trop fréquents pour pouvoir être longs et tolérables : je reviens donc.

Ne raisonnez jamais séchement avec la jeunesse. Revêtez la raison d'un corps si vous voulez la lui rendre sensible. Faites passer par le cœur le langage de l'esprit, afin qu'il se fasse entendre. Je le répète, les arguments froids peuvent déterminer nos opinions, non nos actions ; ils nous font croire et non pas agir ; on démontre ce qu'il faut penser, et non ce qu'il faut faire. Si cela est vrai pour tous les hommes, à plus forte raison l'est-il pour les jeunes gens encore enveloppés dans leurs sens, et qui ne pensent qu'autant qu'ils imaginent.

Je me garderai donc bien, même après les préparations dont j'ai parlé, d'aller tout d'un coup dans la chambre d'Émile lui faire lourdement un long discours sur le sujet dont je veux l'instruire. Je commencerai par émouvoir son imagination ; je choisirai le temps, le lieu, les objets les plus favorables à l'impression que je veux faire ; j'appellerai, pour ainsi dire, toute la nature à témion de nos entretiens ; j'attesterai l'Être éternel, dont elle est l'ouvrage, de la vérité de mes discours ; je le prendrai pour juge entre Émile et moi ; je marquerai la place où nous sommes, les rochers, les bois, les montagnes qui nous entourent pour monuments de ses engagements et des miens ; je mettrai dans mes yeux, dans mon accent, dans mon geste, l'enthousiasme et l'ardeur que je lui veux inspirer. Alors je lui parlerai et il m'écoutera ; je m'attendrirai et il sera ému. En me pénétrant de la sainteté de mes devoirs je lui rendrai les siens plus respectables ; j'animerai la force du raisonnement d'images et de figures ; je ne serai point long et diffus en froides maximes, mais abondant en sentiments qui débordent ; ma raison sera grave et sentencieuse, mais mon cœur n'aura jamais assez dit. C'est alors qu'en lui montrant tout ce que j'ai fait pour lui, je le lui montrerai comme fait pour moi-même : il verra dans ma tendre affection la raison de tous mes soins. Quelle surprise, quelle agitation je vais lui donner en changeant tout à coup de langage ! au lieu de lui rétrécir l'ame en lui parlant toujours de son intérêt, c'est du mien seul que je lui parlerai désormais, et je le toucherai davantage; j'enflammerai son jeune cœur de tous les sentiments d'amitié, de générosité, de reconnoissance, que j'ai déjà fait naître, et qui sont si doux à nourrir. Je le presserai contre mon sein en versant sur lui des larmes d'attendrissement; je lui dirai : Tu es mon bien, mon enfant, mon ouvrage; c'est de ton bonheur que j'attends le mien : si tu frustres mes espérances, tu me voles vingt ans de ma vie, et tu fais le malheur de mes vieux jours. C'est ainsi qu'on se fait écouter d'un jeune homme, et qu'on grave au fond de son cœur le souvenir de ce qu'on lui dit.

Jusqu'ici j'ai tâché de donner des exemples de la manière dont un gouverneur doit instruire son disciple dans les occasions difficiles. J'ai tenté d'en faire autant dans celle-ci; mais, après bien des essais, j'y renonce, convaincu que la langue françoise est trop précieuse pour supporter jamais dans un livre la naïveté des premières instructions sur certains sujets.

La langue françoise est, dit-on, la plus chaste des langues; je la crois, moi, la plus obscène; car il me semble que la chasteté d'une langue ne consiste pas à éviter avec soin les tours déshonnêtes, mais à ne les pas avoir. En effet, pour les éviter, il faut qu'on y pense; et il n'y a point de langue où il soit plus difficile de parler purement en tout sens que la françoise. Le lecteur, toujours plus habile à trouver des sens obscènes que l'auteur à les écarter, se scandalise et s'effarouche de tout. Comment ce qui passe par des oreilles impures ne contracteroit-il pas leur souillure ? Au contraire, un peuple de bonnes mœurs a des termes propres pour toutes choses ; et ces termes sont toujours honnêtes, parce qu'ils sont toujours employés honnêtement. Il est impossible d'imaginer un langage plus modeste que celui de la Bible, précisément parce que tout y est dit avec naïveté. Pour rendre immodestes les mêmes choses, il suffit de les traduire en françois. Ce que je dois dire à mon Émile n'aura rien que d'honnête et de chaste à son oreille; mais, pour le trouver tel à la lecture, il faudroit avoir un cœur aussi pur que le sien.

Je penserois même que des réflexions sur la véritable pureté du discours et sur la fausse délicatesse du vice pourroient tenir une place utile dans les entretiens de morale où ce sujet nous conduit; car, en apprenant le langage de l'honnêteté, il doit apprendre aussi celui de la décence, et il faut bien qu'il sache pourquoi ces deux langages sont si différents. Quoi qu'il en soit, je soutiens qu'au lieu des vains préceptes dont on rebat avant le temps les oreilles de la jeunesse, et dont elle se moque à l'âge où ils seroient de saison; si l'on attend, si l'on prépare le moment de se faire entendre; qu'alors on lui expose les lois de la nature dans toute leur vérité; qu'on lui montre la sanction de ces mêmes lois dans les maux physiques et moraux qu'attire leur infraction sur les coupables; qu'en lui parlant de cet inconcevable mystère de la génération, l'on joigne à l'idée de l'attrait que l'auteur de la nature donne à cet acte celle de l'attachement exclusif qui le rend délicieux, celle des devoirs de fidélité, de pudeur qui l'environnent, et qui redoublent son charme en remplissant son objet; qu'en lui peignant le mariage, non seulement comme la plus douce des sociétés, mais comme le plus inviolable et le plus saint de tous les contrats, on lui dise avec force toutes les raisons qui rendent un nœud si sacré respectable à tous les hommes, et qui couvrent de haine et de malédictions quiconque ose en souiller la pureté; qu'on lui fasse un tableau frappant et vrai des horreurs de la débauche, de son stupide abrutissement, de la pente insensible par laquelle un premier désordre conduit à tous, et traîne enfin celui qui s'y livre à sa perte; si, dis-je, on lui montre avec évidence comment, au goût de la chasteté, tiennent la santé, la force, le courage, les vertus, l'amour même, et tous les vrais biens de l'homme, je soutiens qu'alors on lui rendra cette même chasteté désirable et chère, et qu'on trouvera son esprit docile aux moyens qu'on lui donnera pour la conserver : car tant qu'on la conserve on la respecte; on ne la méprise qu'après l'avoir perdue.

Il n'est point vrai que le penchant au mal soit indomptable, et qu'on ne soit pas maître de le vaincre avant d'avoir pris l'habitude d'y succomber. Aurélius Victor dit [1] que plusieurs hommes transportés d'amour achetèrent volontairement de leur vie une nuit de Cléopâtre; et ce sacrifice n'est pas impossible à l'ivresse de la passion. Mais supposons que l'homme le plus furieux, et qui commande le moins à ses sens, vît l'appareil du supplice, sûr d'y périr dans les tourments un quart d'heure après; non seulement cet homme, dès cet instant, deviendroit supérieur aux tentations, il lui en coûteroit même peu de leur résister : bientôt l'image affreuse dont elles seroient accompagnées le distrairoit d'elles; et, toujours rebutées, elles se lasseroient de revenir. C'est la seule tiédeur de notre volonté qui fait toute notre foiblesse, et l'on est toujours fort pour faire ce qu'on veut fortement, *volenti nihil difficile*. Oh! si nous détestions le vice autant que nous aimons la vie, nous nous abstiendrions aussi aisément d'un crime agréable que d'un poison mortel dans un mets délicieux.

Comment ne voit-on pas que, si toutes les leçons qu'on donne sur ce point à un jeune homme sont sans succès, c'est qu'elles sont sans raison pour son âge, et qu'il importe à tout âge de revêtir la raison de formes qui la fassent aimer? Parlez-lui gravement quand il le faut; mais que ce que vous lui dites ait toujours un attrait qui le force à vous

---

[1] * De Vir. ill., c. LXXXVI.

écouter. Ne combattez pas ses désirs avec sécheresse; n'étouffez pas son imagination, guidez-la de peur qu'elle n'engendre des monstres. Parlez-lui de l'amour, des femmes, des plaisirs; faites qu'il trouve dans vos conversations un charme qui flatte son jeune cœur; n'épargnez rien pour devenir son confident : ce n'est qu'à ce titre que vous serez vraiment son maître. Alors ne craignez plus que vos entretiens l'ennuient; il vous fera parler plus que vous ne voudrez.

Je ne doute pas un instant que, si sur ces maximes j'ai su prendre toutes les précautions nécessaires, et tenir à mon Émile les discours convenables à la conjoncture où le progrès des ans l'a fait arriver, il ne vienne de lui-même au point où je veux le conduire, qu'il ne se mette avec empressement sous ma sauvegarde, et qu'il ne me dise avec toute la chaleur de son âge, frappé des dangers dont il se voit environné : O mon ami, mon protecteur, mon maître! reprenez l'autorité que vous voulez déposer au moment qu'il m'importe le plus qu'elle vous reste; vous ne l'aviez jusqu'ici que par ma foiblesse; vous l'aurez maintenant par ma volonté, et elle m'en sera plus sacrée. Défendez-moi de tous les ennemis qui m'assiégent, et surtout de ceux que je porte avec moi, et qui me trahissent; veillez sur votre ouvrage, afin qu'il demeure digne de vous. Je veux obéir à vos lois, je le veux toujours, c'est ma volonté constante; si jamais je vous désobéis, ce sera malgré moi : rendez-moi libre en me protégeant contre mes passions qui me font violence; empêchez-moi d'être leur esclave, et forcez-moi d'être mon propre maître en n'obéissant point à mes sens, mais à ma raison.

Quand vous aurez amené votre élève à ce point (et s'il n'y vient pas ce sera votre faute), gardez-vous de le prendre trop vite au mot, de peur que, si jamais votre empire lui paroît trop rude, il ne se croie en droit de s'y soustraire en vous accusant de l'avoir surpris. C'est en ce moment que la réserve et la gravité sont à leur place; et ce ton lui en imposera d'autant plus, que ce sera la première fois qu'il vous l'aura vu prendre.

Vous lui direz donc : Jeune homme, vous prenez légèrement des engagements pénibles, il faudroit les connoître pour être en droit de les former : vous ne savez pas avec quelle fureur les sens entraînent vos pareils dans le gouffre des vices sous l'attrait du plaisir. Vous n'avez point une ame abjecte, je le sais bien; vous ne violerez jamais votre foi ; mais combien de fois peut-être vous vous repentirez de l'avoir donnée ! combien de fois vous maudirez celui qui vous aime, quand, pour vous dérober aux maux qui vous menacent, il se verra forcé de vous déchirer le cœur ! Tel qu'Ulysse, ému du chant des Sirènes, criait à ses conducteurs de le déchaîner, séduit par l'attrait des plaisirs, vous voudrez briser les liens qui vous gênent; vous m'importunerez de vos plaintes; vous me reprocherez ma tyrannie quand je serai le plus tendrement occupé de vous; en ne songeant qu'à vous rendre heureux, je m'attirerai votre haine. O mon Émile! je ne supporterai jamais la douleur de t'être odieux; ton bonheur même est trop cher à ce prix. Bon jeune homme, ne voyez-vous pas qu'en vous obligeant à m'obéir vous m'obligez à vous conduire, à m'oublier pour me dévouer à vous, à n'écouter ni vos plaintes, ni vos murmures, à combattre incessamment vos désirs et les miens? Vous m'imposez un joug plus dur que le vôtre. Avant de nous en charger tous deux, consultons nos forces; prenez du temps, donnez-m'en pour y penser, et sachez que le plus lent à promettre est toujours le plus fidèle à tenir.

Sachez aussi vous-même que plus vous vous rendez difficile sur l'engagement, et plus vous en facilitez l'exécution. Il importe que le jeune homme sente qu'il promet beaucoup, et que vous promettez encore plus. Quand le moment sera venu, et qu'il aura, pour ainsi dire, signé le contrat, changez alors de langage, mettez autant de douceur dans votre empire que vous avez annoncé de sévérité. Vous lui direz: Mon jeune ami, l'expérience vous manque, mais j'ai fait en sorte que la raison ne vous manquât pas. Vous êtes en état de voir partout les motifs de ma conduite; il ne faut pour cela qu'attendre que vous soyez de sang-froid.

Commencez toujours par obéir, et puis demandez-moi compte de mes ordres ; je serai prêt à vous en rendre raison sitôt que vous serez en état de m'entendre, et je ne craindrai jamais de vous prendre pour juge entre vous et moi. Vous promettez d'être docile, et moi je promets de n'user de cette docilité que pour vous rendre le plus heureux des hommes. J'ai pour garant de ma promesse le sort dont vous avez joui jusqu'ici. Trouvez quelqu'un de votre âge qui ait passé une vie aussi douce que la vôtre, et je ne vous promets plus rien.

Après l'établissement de mon autorité, mon premier soin sera d'écarter la nécessité d'en faire usage. Je n'épargnerai rien pour m'établir de plus en plus dans sa confiance, pour me rendre de plus en plus le confident de son cœur et l'arbitre de ses plaisirs. Loin de combattre les penchants de son âge, je les consulterai pour en être le maître ; j'entrerai dans ses vues pour les diriger, je ne lui chercherai point aux dépens du présent un bonheur éloigné. Je ne veux point qu'il soit heureux une fois, mais toujours, s'il est possible.

Ceux qui veulent conduire sagement la jeunesse pour la garantir des piéges des sens lui font horreur de l'amour, et lui feroient volontiers un crime d'y songer à son âge, comme si l'amour étoit fait pour les vieillards. Toutes ces leçons trompeuses que le cœur dément ne persuadent point. Le jeune homme, conduit par un instinct plus sûr, rit en secret des tristes maximes auxquelles il feint d'acquiescer, et n'attend que le moment de les rendre vaines. Tout cela est contre la nature. En suivant une route opposée, j'arriverai plus sûrement au même but. Je ne craindrai point de flatter en lui le doux sentiment dont il est avide ; je le lui peindrai comme le suprême bonheur de la vie, parce qu'il l'est en effet ; en le lui peignant, je veux qu'il s'y livre ; en lui faisant sentir quel charme ajoute à l'attrait des sens l'union des cœurs, je le dégoûterai du libertinage, et je le rendrai sage en le rendant amoureux.

Qu'il faut être borné pour ne voir dans les désirs naissants d'un jeune homme qu'un obstacle aux leçons de la raison ! Moi, j'y vois le vrai moyen de le rendre docile à ces mêmes leçons. On n'a de prise sur les passions que par les passions ; c'est par leur empire qu'il faut combattre leur tyrannie, et c'est toujours de la nature elle-même qu'il faut tirer les instruments propres à la régler.

Émile n'est pas fait pour rester toujours solitaire ; membre de la société, il en doit remplir les devoirs. Fait pour vivre avec les hommes, il doit les connoître. Il connoît l'homme en général ; il lui reste à connoître les individus. Il sait ce qu'on fait dans le monde ; il lui reste à voir comment on y vit. Il est temps de lui montrer l'extérieur de cette grande scène dont il connoît déjà tous les jeux cachés. Il n'y portera plus l'admiration stupide d'un jeune étourdi, mais le discernement d'un esprit droit et juste. Ses passions pourront l'abuser, sans doute ; quand est-ce qu'elles n'abusent pas ceux qui s'y livrent? mais au moins il ne sera point trompé par celles des autres. S'il les voit, il les verra de l'œil du sage, sans être entraîné par leurs exemples ni séduit par leurs préjugés.

Comme il y a un âge propre à l'étude des sciences, il y en a un pour bien saisir l'usage du monde. Quiconque apprend cet usage trop jeune le suit toute sa vie, sans choix, sans réflexion, et, quoique avec suffisance, sans jamais bien savoir ce qu'il fait. Mais celui qui l'apprend, et qui en voit les raisons, le suit avec plus de discernement; et par conséquent avec plus de justesse et de grâce. Donnez-moi un enfant de douze ans qui ne sache rien du tout, à quinze ans je dois vous le rendre aussi savant que celui que vous avez instruit dès le premier âge, avec la différence que le savoir du vôtre ne sera que dans sa mémoire, et que celui du mien sera dans son jugement. De même, introduisez un jeune homme de vingt ans dans le monde ; bien conduit, il sera dans un an plus aimable et plus judicieusement poli que celui qu'on y aura nourri dès son enfance : car le premier, étant capable de sentir les raisons de tous les procédés relatifs à l'âge, à l'état, au sexe, qui constituent cet usage, les peut réduire en principes, et les étendre aux cas non prévus; au lieu que l'autre, n'ayant que sa routine pour toute règle, est embarrassé sitôt qu'on l'en sort.

Les jeunes demoiselles françoises sont toutes élevées dans des couvents jusqu'à ce qu'on les marie. S'aperçoit-on qu'elles aient peine alors à prendre ces manières qui leur sont si nouvelles? et accusera-t-on les femmes de Paris d'avoir l'air gauche, embarrassé, et d'ignorer l'usage du monde pour n'y avoir pas été mises dès leur enfance? Ce préjugé vient des gens du monde eux-mêmes, qui, ne connoissant rien de plus important que cette petite science, s'imaginent faussement qu'on ne peut s'y prendre de trop bonne heure pour l'acquérir.

Il est vrai qu'il ne faut pas non plus trop attendre. Quiconque a passé toute sa jeunesse loin du grand monde y porte le reste de sa vie un air embarrassé, contraint, un propos toujours hors de propos, des manières lourdes et maladroites, dont l'habitude d'y vivre ne le défait plus, et qui n'acquièrent qu'un nouveau ridicule par l'effort de s'en délivrer. Chaque sorte d'instruction a son temps propre qu'il faut connoître, et ses dangers qu'il faut éviter. C'est surtout pour celle-ci qu'ils se réunissent; mais je n'y expose pas non plus mon élève sans précautions pour l'en garantir.

Quand ma méthode remplit d'un même objet toutes mes vues, et quand, parant un inconvénient, elle en prévient un autre, je juge alors qu'elle est bonne, et que je suis dans le vrai. C'est ce que je crois voir dans l'expédient qu'elle me suggère ici. Si je veux être austère et sec avec mon disciple, je perdrai sa confiance, et bientôt il se cachera de moi. Si je veux être complaisant, facile, ou fermer les yeux, de quoi lui sert d'être sous ma garde? Je ne fais qu'autoriser son désordre, et soulager sa conscience aux dépens de la mienne. Si je l'introduis dans le monde avec le seul projet de l'instruire, il s'instruira plus que je ne veux. Si je l'en tiens éloigné jusqu'à la fin, qu'aura-t-il appris de moi? Tout, peut-être, hors l'art le plus nécessaire à l'homme et au citoyen, qui est de savoir vivre avec ses semblables. Si je donne à ces soins une utilité trop éloignée, elle sera pour lui comme nulle; il ne fait cas que du présent. Si je me contente de lui fournir des amusements, quel bien lui ferai-je? il s'amollit et ne s'instruit point.

Rien de tout cela. Mon expédient seul pourvoit à tout. Ton cœur, dis-je au jeune homme, a besoin d'une compagne : allons chercher celle qui te convient : nous ne la trouverons pas aisément peut-être, le vrai mérite est toujours rare; mais ne nous pressons ni ne nous rebutons point. Sans doute il en est une, et nous la trouverons à la fin, ou du moins celle qui en approche le plus. Avec un projet si flatteur pour lui je l'introduis dans le monde. Qu'ai-je besoin d'en dire davantage? Ne voyez-vous pas que j'ai tout fait?

En lui peignant la maîtresse que je lui destine, imaginez si je saurai m'en faire écouter, si je saurai lui rendre agréables et chères les qualités qu'il doit aimer, si je saurai disposer tous ses sentiments à ce qu'il doit rechercher ou fuir. Il faut que je sois le plus maladroit des hommes, si je ne le rends d'avance passionné sans savoir de qui. Il n'importe que l'objet que je lui peindrai soit imaginaire, il suffit qu'il le dégoûte de ceux qui pourroient le tenter, il suffit qu'il trouve partout des comparaisons qui lui fassent préférer sa chimère aux objets réels qui le frapperont : et qu'est-ce que le véritable amour lui-même, si ce n'est chimère, mensonge, illusion? on aime bien plus l'image qu'on se fait que l'objet auquel on l'applique. Si l'on voyoit ce qu'on aime exactement tel qu'il est, il n'y auroit plus d'amour sur la terre. Quand on cesse d'aimer, la personne qu'on aimoit reste la même qu'auparavant, mais on ne la voit plus la même, le voile du prestige tombe, et l'amour s'évanouit. Or, en fournissant l'objet imaginaire, je suis le maître des comparaisons, et j'empêche aisément l'illusion des objets réels.

Je ne veux pas pour cela qu'on trompe un jeune homme en lui peignant un modèle de perfection qui ne puisse exister; mais je choisirai tellement les défauts de sa maîtresse, qu'ils lui conviennent, qu'ils lui plaisent, et qu'ils servent à corriger les siens. Je ne veux pas non plus qu'on lui mente, en affirmant faussement que l'objet qu'on lui peint existe ; mais s'il se complaît à l'image, il lui souhaitera bientôt un original. Du souhait à la supposition le trajet est facile ; c'est l'affaire de quelques descriptions adroites, qui, sous des traits plus sensibles, donneront à cet objet imaginaire un plus grand air de vérité. Je voudrois aller jusqu'à le nommer ; je dirois en riant : Appelons *Sophie* votre future maîtresse : *Sophie* est un nom de bon augure : si celle que vous choisirez ne le porte pas, elle sera digne au moins de le porter ; nous pouvons lui en faire honneur d'avance. Après ces détails, si, sans affirmer [1], sans nier, on s'échappe par des défaites, ses soupçons se changeront en certitude ; il croira qu'on lui fait mystère de l'épouse qu'on lui destine, et qu'il la verra quand il sera temps. S'il en est une fois là, et qu'on ait bien choisi les traits qu'il faut lui montrer, tout le reste est facile ; on peut l'exposer dans le monde presque sans risque : défendez-le seulement de ses sens, son cœur est en sûreté.

Mais, soit qu'il personnifie ou non le modèle que j'aurai su lui rendre aimable, ce modèle, s'il est bien fait, ne l'attachera pas moins à tout ce qui lui ressemble, et ne lui donnera pas moins d'éloignement pour tout ce qui ne lui ressemble

---

1. *. Var. « ... Ces détails, si *sur ses questions*, sans affirmer... »

pas, que s'il avoit un objet réel. Quel avantage pour préserver son cœur des dangers auxquels sa personne doit être exposée, pour réprimer ses sens par son imagination, pour l'arracher surtout à ces donneuses d'éducation qui la font payer si cher, et ne forment un jeune homme à la politesse qu'en lui ôtant toute honnêteté! Sophie est si modeste! de quel œil verra-t-il leurs avances? Sophie a tant de simplicité! comment aimera-t-il leurs airs? il y a trop loin de ses idées à ses observations pour que celles-ci lui soient jamais dangereuses.

Tous ceux qui parlent du gouvernement des enfants suivent les mêmes préjugés et les mêmes maximes, parce qu'ils observent mal et réfléchissent plus mal encore. Ce n'est ni par le tempérament ni par les sens que commence l'égarement de la jeunesse, c'est par l'opinion. S'il étoit ici question des garçons qu'on élève dans les collèges, et des filles qu'on élève dans les couvents, je ferois voir que cela est vrai, même à leur égard; car les premières leçons que prennent les uns et les autres, les seules qui fructifient sont celles du vice; et ce n'est pas là nature qui les corrompt, c'est l'exemple. Mais abandonnons les pensionnaires des colléges et des couvents à leurs mauvaises mœurs; elles seront toujours sans remède. Je ne parle que de l'éducation domestique. Prenez un jeune homme élevé sagement dans la maison de son père en province, et l'examinez au moment qu'il arrive à Paris, ou qu'il entre dans le monde; vous le trouverez pensant bien sur les choses honnêtes, et ayant la volonté même aussi saine que la raison; vous lui trouverez du mépris pour le vice, et de l'horreur pour la débauche; au nom seul d'une prostituée, vous verrez dans ses yeux le scandale de l'innocence. Je soutiens qu'il n'y en a pas un qui pût se résoudre à entrer seul dans les tristes demeures de ces malheureuses, quand même il en sauroit l'usage, et qu'il en sentiroit le besoin.

A six mois de là, considérez de nouveau le même jeune homme, vous ne le reconnoîtrez plus; des propos libres, des maximes du haut ton, des airs dégagés, le feroient prendre pour un autre homme, si ses plaisanteries sur sa première simplicité, sa honte quand on la lui rappelle, ne montroient qu'il est le même et qu'il en rougit. O combien il s'est formé dans peu de temps! D'où vient un changement si grand et si brusque? Du progrès du tempérament? Son tempérament n'eût-il pas fait le même progrès dans la maison paternelle? et sûrement il n'y eût pris ni ce ton ni ces maximes. Des premiers plaisirs des sens? Tout au contraire: quand on commence à s'y livrer, on est craintif, inquiet, on fuit le grand jour et le bruit. Les premières voluptés sont toujours mystérieuses; la pudeur les assaisonne et les cache : la première maîtresse ne rend pas effronté, mais timide. Tout absorbé dans un état si nouveau pour lui, le jeune homme se recueille pour le goûter, et tremble toujours de le perdre. S'il est bruyant, il n'est ni voluptueux ni tendre; tant qu'il se vante, il n'a pas joui.

D'autres manières de penser ont produit seules ces différences. Son cœur est encore le même, mais ses opinions ont changé. Ses sentiments, plus lents à s'altérer, s'altéreront enfin par elles; et c'est alors seulement qu'il sera véritablement corrompu. A peine est-il entré dans le monde qu'il y prend une seconde éducation tout opposée à la première, par laquelle il apprend à mépriser ce qu'il estimoit et à estimer ce qu'il méprisoit : on lui fait regarder les leçons de ses parents et de ses maîtres comme un jargon pédantesque, et les devoirs qu'ils lui ont prêchés comme une morale puérile qu'on doit dédaigner étant grand. Il se croit obligé par honneur à changer de conduite; il devient entreprenant sans désirs et fat par mauvaise honte. Il raille les bonnes mœurs avant d'avoir pris du goût pour les mauvaises, et se pique de débauche sans savoir être débauché. Je n'oublierai jamais l'aveu d'un jeune officier aux gardes-suisses, qui s'ennuyoit beaucoup des plaisirs bruyants de ses camarades, et n'osoit s'y refuser de peur d'être moqué d'eux : « Je m'exerce à cela, « disoit-il, comme à prendre du tabac malgré ma

« répugnance : le goût viendra par l'habitude ; il
« ne faut pas toujours être enfant. »

Ainsi donc c'est bien moins de la sensualité que de la vanité qu'il faut préserver un jeune homme entrant dans le monde : il cède plus aux penchants d'autrui qu'aux siens, et l'amour-propre fait plus de libertins que l'amour.

Cela posé, je demande s'il en est un sur la terre entière mieux armé que le mien contre tout ce qui peut attaquer ses mœurs, ses sentiments, ses principes ; s'il en est un plus en état de résister au torrent. Car contre quelle séduction n'est-il pas en défense ? Si ses désirs l'entraînent vers le sexe, il n'y trouve point ce qu'il cherche ; et son cœur préoccupé le retient. Si ses sens l'agitent et le pressent, où trouvera-t-il à les contenter ? L'horreur de l'adultère et de la débauche l'éloigne également des filles publiques et des femmes mariées, et c'est toujours par l'un de ces deux états que commencent les désordres de la jeunesse. Une fille à marier peut être coquette ; mais elle ne sera pas effrontée, elle n'ira pas se jeter à la tête d'un jeune homme qui peut l'épouser s'il la croit sage ; d'ailleurs elle aura quelqu'un pour la surveiller. Émile, de son côté, ne sera pas tout-à-fait livré à lui-même ; tous deux auront au moins pour gardes la crainte et la honte, inséparables des premiers désirs ; ils ne passeront point tout d'un coup aux dernières familiarités, et n'auront pas le temps d'y venir par degrés sans obstacles. Pour s'y prendre autrement, il faut qu'il ait déjà pris leçon de ses camarades, qu'il ait apppris d'eux à se moquer de sa retenue, à devenir insolent à leur imitation. Mais quel homme au monde est moins imitateur qu'Émile ? Quel homme se mène moins par le ton plaisant que celui qui n'a point de préjugés et ne sait rien donner à ceux des autres ? J'ai travaillé vingt ans à l'armer contre les moqueurs : il leur faudra plus d'un jour pour en faire leur dupe ; car le ridicule n'est à ses yeux que la raison des sots, et rien ne rend plus insensible à la raillerie que d'être au-dessus de l'opinion. Au lieu de plaisanteries il lui faut des raisons, et tant qu'il en sera là, je n'ai pas peur que de jeunes fous me l'enlèvent ; j'ai pour moi la conscience et la vérité. S'il faut que le préjugé s'y mêle, un attachement de vingt ans est aussi quelque chose : on ne lui fera jamais croire que je l'aie ennuyé de vaines leçons ; et dans un cœur droit et sensible, la voix d'un ami fidèle et vrai saura bien effacer les cris de vingt séducteurs. Comme il n'est alors question que de lui montrer qu'ils le trompent, et qu'en feignant de le traiter en homme ils le traitent réellement en enfant, j'affecterai d'être toujours simple, afin qu'il sente que c'est moi qui le traite en homme. Je lui dirai : « Vous voyez que votre seul intérêt, « qui est le mien, dicte mes discours ; je n'en peux « avoir aucun autre. Mais pourquoi ces jeunes

« gens veulent-ils vous persuader? c'est qu'ils
« veulent vous séduire : ils ne vous aiment point,
« ils ne prennent aucun intérêt à vous ; ils ont
« pour tout motif un dépit secret de voir que vous
« valez mieux qu'eux; ils veulent vous rabaisser à
« leur petite mesure, et ne vous reprochent de
« vous laisser gouverner qu'afin de vous gouver-
« ner eux-mêmes. Pouvez-vous croire qu'il y eût
« à gagner pour vous dans ce changement? Leur
« sagesse est-elle donc si supérieure, et leur atta-
« chement d'un jour est-il plus fort que le mien ?
« Pour donner quelque poids à leur raillerie, il
« faudroit en pouvoir donner à leur autorité; et
« quelle expérience ont-ils pour élever leurs
« maximes au-dessus des nôtres ? Ils n'ont fait
« qu'imiter d'autres étourdis, comme ils veulent
« être imités à leur tour. Pour se mettre au-dessus
« des prétendus préjugés de leurs pères, ils s'as-
« servissent à ceux de leurs camarades. Je ne vois
« point ce qu'ils gagnent à cela : mais je vois qu'ils
« y perdent sûrement deux grands avantages,
« celui de l'affection paternelle, dont les conseils
« sont tendres et sincères, et celui de l'expérience,
« qui fait juger de ce qu'on connoît; car les pères
« ont été enfants, et les enfants n'ont pas été
« pères.

« Mais les croyez-vous sincères au moins dans
« leurs folles maximes? Pas même cela, cher Émile;
« ils se trompent pour vous tromper ; ils ne sont

« point d'accord avec eux-mêmes : leur cœur les
« dément sans cesse, et souvent leur bouche les
« contredit. Tel d'entre eux tourne en dérision
« tout ce qui est honnête, qui seroit au désespoir
« que sa femme pensât comme lui. Tel autre pous-
« sera cette indifférence de mœurs jusqu'à celles
« de la femme qu'il n'a point encore, ou, pour
« comble d'infamie, à celles de la femme qu'il a
« déjà : mais allez plus loin, parlez-lui de sa mère,
« et voyez s'il passera volontiers pour être un en-
« fant d'adultère et le fils d'une femme de mau-
« vaise vie, pour prendre à faux le nom d'une
« famille, pour en voler le patrimoine à l'héritier
« naturel, enfin s'il se laissera patiemment traiter
« de bâtard. Qui d'entre eux voudra qu'on rende
« à sa fille le déshonneur dont il couvre celle d'au-
« trui ? Il n'y en a pas un qui n'attentât même à
« votre vie, si vous adoptiez avec lui, dans la pra-
« tique, tous les principes qu'il s'efforce de vous
« donner. C'est ainsi qu'ils décèlent enfin leur in-
« conséquence, et qu'on sent qu'aucun d'eux ne
« croit ce qu'il dit. Voilà des raisons, cher Émile :
« pesez les leurs, s'ils en ont, et comparez. Si je
« voulois user comme eux de mépris et de raille-
« rie, vous les verriez prêter le flanc au ridicule
« autant peut-être et plus que moi. Mais je n'ai
« pas peur d'un examen sérieux. Le triomphe des
« moqueurs est de courte durée ; la vérité de-
« meure, et leur rire insensé s'évanouit. »

Vous n'imaginez pas comment, à vingt ans, Émile peut être docile. Que nous pensons différemment ! Moi, je ne conçois pas comment il a pu l'être à dix ; car quelle prise avois-je sur lui à cet âge ? il m'a fallu quinze ans de soins pour me ménager cette prise. Je ne l'élevois pas alors, je le préparois pour être élevé. Il l'est maintenant assez pour être docile ; il reconnoît la voix de l'amitié, et il sait obéir à la raison. Je lui laisse, il est vrai, l'apparence de l'indépendance ; mais jamais il ne me fut mieux assujetti, car il l'est parce qu'il veut l'être. Tant que je n'ai pu me rendre maître de sa volonté, je le suis demeuré de sa personne ; je ne le quittois pas d'un pas. Maintenant je le laisse quelquefois à lui-même, parce que je le gouverne toujours. En le quittant je l'embrasse, et je lui dis d'un air assuré : Émile, je te confie à mon ami ; je te livre à son cœur honnête ; c'est lui qui me répondra de toi.

Ce n'est pas l'affaire d'un moment de corrompre des affections saines qui n'ont reçu nulle altération précédente, et d'effacer des principes dérivés immédiatement des premières lumières de la raison. Si quelque changement s'y fait durant mon absence, elle ne sera jamais assez longue, il ne saura jamais assez bien se cacher de moi pour que je n'aperçoive pas le danger avant le mal, et que je ne sois pas à temps d'y porter remède. Comme on ne se déprave pas tout d'un coup, on n'apprend pas tout d'un coup à dissimuler ; et si jamais homme est maladroit en cet art, c'est Émile, qui n'eut de sa vie une seule occasion d'en user.

Par ces soins et d'autres semblables je le crois si bien garanti des objets étrangers et des maximes vulgaires, que j'aimerois mieux le voir au milieu de la plus mauvaise société de Paris, que seul dans sa chambre où dans un parc, livré à toute l'inquiétude de son âge. On a beau faire, de tous les ennemis qui peuvent attaquer un jeune homme, le plus dangereux et le seul qu'on ne peut écarter, c'est lui-même : cet ennemi pourtant n'est dangereux que par notre faute; car, comme je l'ai dit mille fois, c'est par la seule imagination que s'éveillent les sens. Leur besoin proprement n'est point un besoin physique : il n'est pas vrai que ce soit un vrai besoin. Si jamais objet lascif n'eût frappé nos yeux, si jamais idée déshonnête ne fût entrée dans notre esprit, jamais peut-être ce prétendu besoin ne se fût fait sentir à nous; et nous serions demeurés chastes, sans tentations, sans efforts et sans mérite. On ne sait pas quelles fermentations sourdes certaines situations et certains spectacles excitent dans le sang de la jeunesse sans qu'elle sache démêler elle-même la cause de cette première inquiétude, qui n'est pas facile à calmer, et qui ne tarde pas à renaître. Pour moi, plus je réfléchis à cette importante crise et à ses causes prochaines ou éloignées, plus je me persuade qu'un solitaire élevé dans un désert, sans livres, sans instructions et sans femmes, y mourroit vierge à quelque âge qu'il fût parvenu.

Mais il n'est pas ici question d'un sauvage de cette espèce. En élevant un homme parmi ses semblables et pour la société, il est impossible, il n'est pas même à propos de le nourrir toujours dans cette salutaire ignorance ; et ce qu'il y a de pis pour la sagesse est d'être savant à demi. Le souvenir des objets qui nous ont frappés, les idées que nous avons acquises, nous suivent dans la retraite, la peuplent, malgré nous, d'images plus séduisantes que les objets mêmes, et rendent la solitude aussi funeste à celui qui les y porte, qu'elle est utile à celui qui s'y maintient toujours seul.

Veillez donc avec soin sur le jeune homme, il pourra se garantir de tout le reste ; mais c'est à vous de le garantir de lui. Ne le laissez seul ni jour ni nuit, couchez tout au moins dans sa chambre : qu'il ne se mette au lit qu'accablé de sommeil, et qu'il en sorte à l'instant qu'il s'éveille. Défiez-vous de l'instinct sitôt que vous ne vous y bornez plus : il est bon tant qu'il agit seul ; il est suspect dès qu'il se mêle aux institutions des hommes : il ne faut pas le détruire, il faut le régler ; et cela peut-être est plus difficile que de l'anéantir. Il seroit très-dangereux qu'il apprît à votre élève à donner le change à ses sens et à suppléer aux occasions de les satisfaire : s'il connoît une fois ce dangereux supplément, il est perdu. Dès-lors il aura toujours le corps et le cœur énervés ; il portera jusqu'au tombeau les tristes effets de cette habitude, la plus funeste à laquelle un jeune homme puisse être assujetti. Sans doute il vaudroit mieux encore.... Si les fureurs d'un tempérament ardent deviennent invincibles, mon cher Émile, je te plains ; mais je ne balancerai pas un moment, je ne souffrirai point que la fin de la nature soit éludée. S'il faut qu'un tyran te subjugue, je te livre par préférence à celui dont je peux te délivrer : quoi qu'il arrive, je t'arracherai plus aisément aux femmes qu'à toi.

Jusqu'à vingt ans le corps croît, il a besoin de toute sa substance : la continence est alors dans l'ordre de la nature, et l'on n'y manque guère qu'aux dépens de sa constitution. Depuis vingt ans la continence est un devoir de morale ; elle importe pour apprendre à régner sur soi-même, à rester le maître de ses appétits. Mais les devoirs moraux ont leurs modifications, leurs exceptions, leurs règles. Quand la foiblesse humaine rend une alternative inévitable, de deux maux préférons le moindre ; en tout état de cause il vaut mieux commettre une faute que de contracter un vice.

Souvenez-vous que ce n'est plus de mon élève que je parle ici, c'est du vôtre. Ses passions, que vous avez laissées fermenter, vous subjuguent : cédez-leur donc ouvertement, et sans lui déguiser sa victoire. Si vous savez la lui montrer dans son vrai jour, il en sera moins fier que honteux, et vous vous ménagerez le droit de le guider durant son égarement, pour lui faire au moins éviter les précipices. Il importe que le disciple ne fasse rien que le maître ne le sache et ne le veuille, pas même ce qui est mal; et il vaut cent fois mieux que le gouverneur approuve une faute et se trompe, que s'il étoit trompé par son élève, et que la faute se fît sans qu'il en sût rien. Qui croit devoir fermer les yeux sur quelque chose se voit bientôt forcé de les fermer sur tout : le premier abus toléré en amène un autre ; et cette chaîne ne finit plus qu'au renversement de tout ordre et au mépris de toute loi.

Une autre erreur que j'ai déjà combattue, mais qui ne sortira jamais des petits esprits, c'est d'affecter toujours la dignité magistrale, et de vouloir passer pour un homme parfait dans l'esprit de son disciple. Cette méthode est à contre-sens. Comment ne voient-ils pas qu'en voulant affermir leur autorité ils la détruisent; que pour faire écouter ce qu'on dit il faut se mettre à la place de ceux à qui l'on s'adresse, et qu'il faut être homme pour savoir parler au cœur humain? Tous ces gens parfaits ne touchent ni ne persuadent; on se dit toujours qu'il leur est bien aisé de combattre des passions qu'ils ne sentent pas. Montrez vos foiblesses à votre élève, si vous voulez le guérir des siennes; qu'il voie en vous les mêmes combats qu'il éprouve, qu'il apprenne à se vaincre à votre exemple, et qu'il ne dise pas comme les autres : Ces vieillards, dépités de n'être plus jeunes, veulent traiter les jeunes gens en vieillards; et, parce que tous leurs désirs sont éteints, ils nous font un crime des nôtres.

Montaigne dit qu'il demandoit un jour au seigneur de Langey combien de fois, dans ses négociations d'Allemagne, il s'étoit enivré pour le service du roi [1]. Je demanderois volontiers au gouverneur de certain jeune homme combien de fois il est entré dans un mauvais lieu pour le service de son élève. Combien de fois? Je me trompe. Si la première n'ôte à jamais au libertin le désir d'y rentrer, s'il n'en rapporte le repentir et la honte, s'il ne verse dans votre sein des torrents de larmes, quittez-le à l'instant; il n'est qu'un monstre, ou vous n'êtes qu'un imbécile; vous ne lui servirez jamais à rien. Mais laissons ces expédients extrêmes, aussi tristes que dangereux, et qui n'ont aucun rapport avec notre éducation.

Que de précautions à prendre avec un jeune homme bien né avant de l'exposer au scandale des mœurs du siècle! Ces précautions sont pénibles, mais elles sont indispensables; c'est la né-

---

[1] * Il est question de Du Bellay, seigneur de Langey, excellent négociateur, bon capitaine et mauvais courtisan.

gligence en ce point qui perd toute la jeunesse ; c'est par le désordre du premier âge que les hommes dégénèrent, et qu'on les voit devenir ce qu'ils sont aujourd'hui. Vils et lâches dans leurs vices mêmes, ils n'ont que de petites ames, parce que leurs corps usés ont été corrompus de bonne heure ; à peine leur reste-t-il assez de vie pour se mouvoir. Leurs subtiles pensées marquent des esprits sans étoffe ; ils ne savent rien sentir de grand et de noble ; ils n'ont ni simplicité ni vigueur : abjects en toute chose, et bassement méchants, ils ne sont que vains, fripons, faux ; ils n'ont pas même assez de courage pour être d'illustres scélérats. Tels sont les méprisables hommes que forme la crapule de la jeunesse : s'il s'en trouvoit un seul qui sût être tempérant et sobre, qui sût, au milieu d'eux, préserver son cœur, son sang, ses mœurs, de la contagion de l'exemple, à trente ans il écraseroit tous ces insectes, et deviendroit leur maître avec moins de peine qu'il n'en eut à rester le sien.

Pour peu que la naissance ou la fortune eût fait pour Émile, il seroit cet homme s'il vouloit l'être : mais il les mépriseroit trop pour daigner les asservir. Voyons-le maintenant au milieu d'eux, entrant dans le monde, non pour y primer, mais pour le connoître et pour y trouver une compagne digne de lui.

Dans quelque rang qu'il puisse être né, dans

quelque société qu'il commence à s'introduire, son début sera simple et sans éclat : à Dieu ne plaise qu'il soit assez malheureux pour y briller! les qualités qui frappent au premier coup d'œil ne sont pas les siennes, il ne les a ni ne les veut avoir. Il met trop peu de prix aux jugements des hommes pour en mettre à leurs préjugés, et ne se soucie point qu'on l'estime avant que de le connoître. Sa manière de se présenter n'est ni modeste ni vaine; elle est naturelle et vraie; il ne connoît ni gêne ni déguisement, et il est au milieu d'un cercle ce qu'il est seul et sans témoin. Sera-t-il pour cela grossier, dédaigneux, sans attention pour personne? Tout au contraire, si seul il ne compte pas pour rien les autres hommes, pourquoi les compteroit-il pour rien vivant avec eux? Il ne les préfère point à lui dans ses manières, parce qu'il ne les préfère pas à lui dans son cœur; mais il ne leur montre pas non plus une indifférence qu'il est bien éloigné d'avoir : s'il n'a pas les formules de la politesse, il a les soins de l'humanité. Il n'aime à voir souffrir personne; il n'offrira pas sa place à un autre par simagrée, mais il la lui cédera volontiers par bonté, si, le voyant oublié, il juge que cet oubli le mortifie; car il en coûtera moins à mon jeune homme de rester debout volontairement, que de voir l'autre y rester par force.

Quoique en général Émile n'estime pas les

hommes, il ne leur montrera point de mépris, parce qu'il les plaint et s'attendrit sur eux. Ne pouvant leur donner le goût des biens réels, il leur laisse les biens de l'opinion, dont ils se contentent, de peur que, les leur ôtant à pure perte, il ne les rendît plus malheureux qu'auparavant. Il n'est donc point disputeur ni contredisant; il n'est pas non plus complaisant et flatteur; il dit son avis sans combattre celui de personne, parce qu'il aime la liberté par-dessus toute chose, et que la franchise en est un des plus beaux droits.

Il parle peu, parce qu'il ne se soucie guère qu'on s'occupe de lui; par la même raison il ne dit que des choses utiles : autrement, qu'est-ce qui l'engageroit à parler? Émile est trop instruit pour être jamais babillard. Le grand caquet vient nécessairement, ou de la prétention à l'esprit, dont je parlerai ci-après, ou du prix qu'on donne à des bagatelles, dont on croit sottement que les autres font autant de cas que nous. Celui qui connoît assez de choses pour donner à toutes leur véritable prix, ne parle jamais trop; car il sait apprécier aussi l'attention qu'on lui donne et l'intérêt qu'on peut prendre à ses discours. Généralement les gens qui savent peu parlent beaucoup, et les gens qui savent beaucoup parlent peu. Il est simple qu'un ignorant trouve important tout ce qu'il sait, et le dise à tout le monde. Mais un homme instruit n'ouvre pas aisément son répertoire ; il auroit trop à dire, et il voit encore plus à dire après lui ; il se tait.

Loin de choquer les manières des autres, Émile s'y conforme assez volontiers, non pour paroître instruit des usages, ni pour affecter les airs d'un homme poli, mais au contraire de peur qu'on ne le distingue, pour éviter d'être aperçu ; et jamais il n'est plus à son aise que quand on ne prend pas garde à lui.

Quoique entrant dans le monde il en ignore absolument les manières, il n'est pas pour cela timide et craintif ; s'il se dérobe, ce n'est point par embarras, c'est que pour bien voir il faut n'être pas vu : car ce qu'on pense de lui ne l'inquiète guère, et le ridicule ne lui fait pas la moindre peur. Cela fait qu'étant toujours tranquille et de sang-froid, il ne se trouble point par la mauvaise honte. Soit qu'on le regarde ou non, il fait toujours de son mieux ce qu'il fait ; et toujours tout à lui pour bien observer les autres, il saisit leurs manières avec une aisance que ne peuvent avoir les esclaves de l'opinion. On peut dire qu'il prend plutôt l'usage du monde, précisément parce qu'il en fait plus de cas.

Ne vous trompez pas cependant sur sa contenance, et n'allez pas la comparer à celle de vos jeunes agréables. Il est ferme et non suffisant ; ses manières sont libres et non dédaigneuses : l'air insolent n'appartient qu'aux esclaves, l'indépendance n'a rien d'affecté. Je n'ai jamais vu d'homme ayant de la fierté dans l'ame en montrer dans son maintien : cette affectation est bien plus propre aux ames viles et vaines, qui ne peuvent en imposer que par-là. Je lis dans un livre [1] qu'un étranger se présentant un jour dans la salle du fameux Marcel, celui-ci lui demanda de quel pays il étoit : « Je suis Anglois, répond l'étranger. Vous Anglois! « réplique le danseur ; vous seriez de cette île où « les citoyens ont part à l'administration publique « et sont une portion de la puissance souveraine [2] ! « Non, monsieur ; ce front baissé, ce regard ti- « mide, cette démarche incertaine, ne m'annon- « cent que l'esclave titré d'un électeur. »

Je ne sais si ce jugement montre une grande connoissance du vrai rapport qui est entre le caractère d'un homme et son extérieur. Pour moi, qui n'ai pas l'honneur d'être maître à danser, j'aurois pensé tout le contraire. J'aurois dit : « Cet « Anglois n'est pas courtisan ; je n'ai jamais ouï dire

---

[1] * *De l'Esprit*, Disc. II, chap. I.

[2] Comme s'il y avoit des citoyens qui ne fussent pas membres de la cité, et qui n'eussent pas, comme tels, part à l'autorité souveraine! Mais les François, ayant jugé à propos d'usurper ce respectable nom de citoyens, dû jadis aux membres des cités gauloises, en ont dénaturé l'idée, au point qu'on n'y conçoit plus rien. Un homme qui vient de m'écrire beaucoup de bêtises contre la *Nouvelle Héloïse*, a orné sa signature du titre de *citoyen de Paimbœuf*, et a cru me faire une excellente plaisanterie.

« que les courtisans eussent le front baissé et la
« démarche incertaine : un homme timide chez un
« danseur pourroit bien ne l'être pas dans la cham-
« bre des communes. » Assurément ce M. Marcel-
là doit prendre ses compatriotes pour autant de
Romains.

Quand on aime on veut être aimé; Émile aime
les hommes, il veut donc leur plaire. A plus forte
raison il veut plaire aux femmes; son âge, ses
mœurs, son projet, tout concourt à nourrir en lui
ce désir. Je dis ses mœurs, car elles y font beaucoup; les hommes qui en ont sont les vrais adora-
teurs des femmes. Ils n'ont pas comme les autres
je ne sais quel jargon moqueur de galanterie; mais
ils ont un empressement plus vrai, plus tendre,
et qui part du cœur. Je connoîtrois près d'une
jeune femme un homme qui a des mœurs et qui
commande à la nature, entre cent mille débau-
chés. Jugez de ce que doit être Émile avec un tempérament tout neuf, et tant de raisons d'y résister!
Pour auprès d'elles, je crois qu'il sera quelquefois
timide et embarrassé; mais sûrement cet embarras
ne leur déplaira pas, et les moins friponnes n'auront encor que trop souvent l'art d'en jouir et de
l'augmenter. Au reste, son empressement chan-
gera sensiblement de forme selon les états. Il sera
plus modeste et plus respectueux pour les femmes,
plus vif et plus tendre auprès des filles à marier. Il
ne perd point de vue l'objet de ses recherches, et

c'est toujours à ce qui les lui rappelle qu'il marque plus d'attention.

Personne ne sera plus exact à tous les égards fondés sur l'ordre de la nature, et même sur le bon ordre de la société; mais les premiers seront toujours préférés aux autres; et il respectera davantage un particulier plus vieux que lui, qu'un magistrat de son âge. Etant donc pour l'ordinaire un des plus jeunes des sociétés où il se trouvera, il sera toujours un des plus modestes, non par la vanité de paroître humble, mais par un sentiment naturel et fondé sur la raison. Il n'aura point l'impertinent savoir-vivre d'un jeune fat, qui, pour amuser la compagnie, parle plus haut que les sages et coupe la parole aux anciens: il n'autorisera point, pour sa part, la réponse d'un vieux gentilhomme à Louis XV, qui lui demandoit lequel il préféroit de son siècle ou de celui-ci: « Sire, j'ai passé ma jeunesse à respecter les vieil- « lards, et il faut que je passe ma vieillesse à res- « pecter les enfants. »

Ayant une ame tendre et sensible, mais n'appréciant rien sur le taux de l'opinion, quoiqu'il aime à plaire aux autres, il se souciera peu d'en être considéré. D'où il suit qu'il sera plus affectueux que poli, qu'il n'aura jamais d'airs ni de fastes, et qu'il sera plus touché d'une caresse que de mille éloges. Par les mêmes raisons il ne négligera ni ses manières ni son maintien; il pourra même avoir quelque recherche dans sa parure, non pour paroître un homme de goût, mais pour rendre sa figure plus agréable; il n'aura point recours au cadre doré, et jamais l'enseigne de la richesse ne souillera son ajustement.

On voit que tout cela n'exige point de ma part un étalage de préceptes, et n'est qu'un effet de sa première éducation. On nous fait un grand mystère de l'usage du monde ; comme si, dans l'âge où l'on prend cet usage, on ne le prenoit pas naturellement, et comme si ce n'étoit pas dans un cœur honnête qu'il faut chercher ses premières lois ! La véritable politesse consiste à marquer de la bienveillance aux hommes : elle se montre sans peine quand on en a; c'est pour celui qui n'en a pas qu'on est forcé de réduire en art ses apparences.

« Le plus malheureux effet de la politesse d'u-
« sage est d'enseigner l'art de se passer des vertus
« qu'elle imite. Qu'on nous inspire dans l'éduca-
« tion l'humanité et la bienfaisance, nous aurons
« la politesse, ou nous n'en aurons plus besoin.

« Si nous n'avons pas celle qui s'annonce par
« les grâces, nous aurons celle qui annonce l'hon-
« nête homme et le citoyen ; nous n'aurons pas
« besoin de recourir à la fausseté.

« Au lieu d'être artificieux pour plaire, il suffira
« d'être bon; au lieu d'être faux pour flatter les
« foiblesses des autres, il suffira d'être indulgent.

« Ceux avec qui l'on aura de tels procédés n'en
« seront ni enorgueillis ni corrompus; ils n'en
« seront que reconnoissants, et en deviendront
« meilleurs[1]. »

Il me semble que si quelque éducation doit produire l'espèce de politesse qu'exige ici M. Duclos, c'est celle dont j'ai tracé le plan jusqu'ici.

Je conviens pourtant qu'avec des maximes si différentes Émile ne sera point comme tout le monde, et Dieu le préserve de l'être jamais! mais, en ce qu'il sera différent des autres, il ne sera ni fâcheux, ni ridicule : la différence sera sensible sans être incommode. Émile sera, si l'on veut, un aimable étranger. D'abord on lui pardonnera ses singularités, en disant : *Il se formera.* Dans la suite on sera tout accoutumé à ses manières; et voyant qu'il n'en change pas, on les lui pardonnera encore en disant : *Il est fait ainsi.*

Il ne sera point fêté comme un homme aimable, mais on l'aimera sans savoir pourquoi; personne ne vantera son esprit, mais on le prendra volontiers pour juge entre les gens d'esprit : le sien sera net et borné, il aura le sens droit et le jugement sain. Ne courant jamais après les idées neuves, il ne sauroit se piquer d'esprit. Je lui ai fait sentir que toutes les idées salutaires et vraiment utiles aux hommes ont été les premières

[1] *Considérations sur les mœurs de ce siècle*, par M. Duclos.

connues, qu'elles font de tout temps les seuls vrais liens de la société, et qu'il ne reste aux esprits transcendants qu'à se distinguer par des idées pernicieuses et funestes au genre humain. Cette manière de se faire admirer ne le touche guère : il sait où il doit trouver le bonheur de sa vie, et en quoi il peut contribuer au bonheur d'autrui. La sphère de ses connoissances ne s'étend pas plus loin que ce qui est profitable. Sa route est étroite et bien marquée; n'étant point tenté d'en sortir, il reste confondu avec ceux qui la suivent; il ne veut ni s'égarer ni briller. Émile est un homme de bon sens, et ne veut pas être autre chose : on aura beau vouloir l'injurier par ce titre, il s'en tiendra toujours honoré.

Quoique le désir de plaire ne le laisse plus absolument indifférent sur l'opinion d'autrui, il ne prendra de cette opinion que ce qui se rapporte immédiatement à sa personne, sans se soucier des appréciations arbitraires qui n'ont de loi que la mode ou les préjugés. Il aura l'orgueil de vouloir bien faire tout ce qu'il fait, même de le vouloir faire mieux qu'un autre : à la course il voudra être le plus léger; à la lutte, le plus fort; au travail, le plus habile; aux jeux d'adresse, le plus adroit : mais il recherchera peu les avantages qui ne sont pas clairs par eux-mêmes, et qui ont besoin d'être constatés par le jugement d'autrui, comme d'avoir plus d'esprit qu'un autre, de parler mieux, d'être plus savant, etc.; encore moins ceux qui ne tiennent point du tout à la personne, comme d'être d'une plus grande naissance, d'être estimé plus riche, plus en crédit, plus considéré, d'en imposer par un plus grand faste.

Aimant les hommes parce qu'ils sont ses semblables, il aimera surtout ceux qui lui ressemblent le plus, parce qu'il se sentira bon; et, jugeant de cette ressemblance par la conformité des goûts dans les choses morales, en tout ce qui tient au bon caractère, il sera fort aise d'être approuvé. Il ne se dira pas précisément, Je me réjouis parce qu'on m'approuve; mais, Je me réjouis parce qu'on approuve ce que j'ai fait de bien; je me réjouis de ce que les gens qui m'honorent se font honneur : tant qu'ils jugeront aussi sainement, il sera beau d'obtenir leur estime.

Étudiant les hommes par leurs mœurs dans le monde comme il les étudioit ci-devant par leurs passions dans l'histoire, il aura souvent lieu de réfléchir sur ce qui flatte ou choque le cœur humain. Le voilà philosophant sur les principes du goût; et voilà l'étude qui lui convient durant cette époque.

Plus on va chercher loin les définitions du goût, et plus on s'égare; le goût n'est que la faculté de juger de ce qui plaît ou déplaît au plus grand nombre. Sortez de là, vous ne savez plus ce que c'est que le goût. Il ne s'ensuit pas qu'il y ait plus de gens de goût que d'autres ; car, bien que la pluralité juge sainement de chaque objet, il y a peu d'hommes qui jugent comme elle sur tous; et, bien que le concours des goûts les plus généraux fasse le bon goût, il y a peu de gens de goût, de même qu'il y a peu de belles personnes, quoique l'assemblage des traits les plus communs fasse la beauté.

Il faut remarquer qu'il ne s'agit pas ici de ce qu'on aime parce qu'il nous est utile, ni de ce qu'on hait parce qu'il nous nuit. Le goût ne s'exerce que sur les choses indifférentes ou d'un intérêt d'amusement tout au plus, et non sur celles qui tiennent à nos besoins : pour juger de celles-ci, le goût n'est pas nécessaire, le seul appétit suffit. Voilà ce qui rend si difficiles, et, ce semble, si arbitraires les pures décisions du goût; car, hors l'instinct qui le détermine, on ne voit plus la raison de ses décisions. On doit distinguer encore ses lois dans les choses morales et ses lois dans les choses physiques. Dans celles-ci, les principes du goût semblent absolument inexplicables[1]. Mais il importe d'observer qu'il entre du moral dans tout

---

[1] VAR. « .... Inexplicables; par exemple, qui est-ce qui nous « dira pourquoi tel chant est de goût et non pas tel autre? Qui « est-ce qui nous donnera des principes sur l'assortiment des cou- « leurs ? Qui est-ce qui nous apprendra pourquoi l'ovale plaît plus « que le rond dans un compartiment de gazon, et pourquoi le rond « plaît plus que l'ovale dans le bassin d'un jet d'eau ?... »

ce qui tient à l'imitation[1] : ainsi l'on explique des beautés qui paroissent physiques et qui ne le sont réellement point. J'ajouterai que le goût a des règles locales qui le rendent en mille choses dépendant des climats, des mœurs, du gouvernement, des choses d'institution; qu'il en a d'autres qui tiennent à l'âge, au sexe, au caractère, et que c'est en ce sens qu'il ne faut pas disputer des goûts.

Le goût est naturel à tous les hommes, mais ils ne l'ont pas tous en même mesure, il ne se développe pas dans tous au même degré; et, dans tous il est sujet à s'altérer par diverses causes. La mesure du goût qu'on peut avoir dépend de la sensibilité qu'on a reçue; sa culture et sa forme dépendent des sociétés où l'on a vécu. Premièrement il faut vivre dans des sociétés nombreuses pour faire beaucoup de comparaisons. Secondement il faut des sociétés d'amusement et d'oisiveté; car, dans celles d'affaires, on a pour règle, non le plaisir, mais l'intérêt. En troisième lieu il faut des sociétés où l'inégalité ne soit pas trop grande, où la tyrannie de l'opinion soit modérée, et où règne la volupté plus que la vanité; car, dans le cas contraire, la mode étouffe le goût;

---

[1] Cela est prouvé dans un *Essai sur l'Origine des Langues* [*], qu'on trouvera dans le recueil de mes écrits.

[*] Au lieu de ces mots: *dans un Essai sur l'Origine des Langues*, les éditions premières portent, *dans un Essai sur le Principe de la Mélodie.*

et l'on ne cherche plus ce qui plaît, mais ce qui distingue.

Dans ce dernier cas, il n'est plus vrai que le bon goût est celui du plus grand nombre. Pourquoi cela? Parce que l'objet change. Alors la multitude n'a plus de jugement à elle, elle ne juge plus que d'après ceux qu'elle croit plus éclairés qu'elle; elle approuve, non ce qui est bien, mais ce qu'ils ont approuvé. Dans tous les temps, faites que chaque homme ait son propre sentiment; et ce qui est le plus agréable en soi aura toujours la pluralité des suffrages.

Les hommes, dans leurs travaux, ne font rien de beau que par imitation. Tous les vrais modèles du goût sont dans la nature. Plus nous nous éloignons du maître, plus nos tableaux sont défigurés. C'est alors des objets que nous aimons que nous tirons nos modèles; et le beau de fantaisie, sujet au caprice et à l'autorité, n'est plus rien que ce qui plaît à ceux qui nous guident.

Ceux qui nous guident sont les artistes, les grands, les riches; et ce qui les guide eux-mêmes est leur intérêt ou leur vanité. Ceux-ci, pour étaler leurs richesses, et les autres pour en profiter, cherchent à l'envi de nouveaux moyens de dépense. Par-là le grand luxe établit son empire, et fait aimer ce qui est difficile et coûteux : alors le prétendu beau, loin d'imiter la nature, n'est tel qu'à force de la contrarier. Voilà comment le luxe et le mauvais goût sont inséparables. Partout où le goût est dispendieux, il est faux.

C'est surtout dans le commerce des deux sexes que le goût, bon ou mauvais, prend sa forme; sa culture est un effet nécessaire de l'objet de cette société. Mais, quand la facilité de jouir attiédit le désir de plaire, le goût doit dégénérer; et c'est là, ce me semble, une autre raison des plus sensibles pourquoi le bon goût tient aux bonnes mœurs.

Consultez le goût des femmes dans les choses physiques et qui tiennent au jugement des sens; celui des hommes dans les choses morales et qui dépendent plus de l'entendement. Quand les femmes seront ce qu'elles doivent être, elles se borneront aux choses de leur compétence, et jugeront toujours bien; mais depuis qu'elles se sont établies les arbitres de la littérature, depuis qu'elles se sont mises à juger les livres et à en faire à toute force, elles ne se connoissent plus à rien. Les auteurs qui consultent les savantes sur leurs ouvrages sont toujours sûrs d'être mal conseillés : les galants qui les consultent sur leur parure sont toujours ridiculement mis. J'aurai bientôt occasion de parler des vrais talents de ce sexe, de la manière de les cultiver, et des choses sur lesquelles ses décisions doivent alors être écoutées.

Voilà les considérations élémentaires que je poserai pour principes en raisonnant avec mon Émile sur une matière qui ne lui est rien moins qu'indifférente dans la circonstance où il se trouve, et dans la recherche dont il est occupé. Et à qui doit-elle être indifférente? La connoissance de ce qui peut être agréable ou désagréable aux hommes n'est pas seulement nécessaire à celui qui a besoin d'eux, mais encore à celui qui veut leur être utile : il importe même de leur plaire pour les servir; et l'art d'écrire n'est rien moins qu'une étude oiseuse quand on l'emploie à faire écouter la vérité.

Si, pour cultiver le goût de mon disciple, j'avois à choisir entre des pays où cette culture est encore à naître et d'autres où elle auroit déjà dégénéré, je suivrois l'ordre rétrograde; je commencerois sa tournée par ces derniers, et je finirois par les premiers. La raison de ce choix est que le goût se corrompt par une délicatesse excessive qui rend sensible à des choses que le gros des hommes n'aperçoit pas : cette délicatesse mène à l'esprit de discussion; car plus on subtilise les objets, plus ils se multiplient : cette subtilité rend le tact plus délicat et moins uniforme. Il se forme alors autant de goûts qu'il y a de têtes. Dans les disputes sur la préférence, la philosophie et les lumières s'étendent; et c'est ainsi qu'on apprend à penser. Les observations fines ne peuvent guère être faites que par des gens très-répandus, attendu qu'elles frappent après toutes les autres, et que les gens peu accoutumés aux sociétés nombreuses y épuisent leur attention sur les grands traits. Il n'y a pas peut-être à présent un lieu policé sur la terre où le goût général soit plus mauvais qu'à Paris. Cependant c'est dans cette capitale que le bon goût se cultive; et il paroît peu de livres estimés dans l'Europe dont l'auteur n'ait été se former à Paris. Ceux qui pensent qu'il suffit de lire les livres qui s'y font se trompent : on apprend beaucoup plus dans la conversation des auteurs que dans leurs livres; et les auteurs eux-mêmes ne sont pas ceux avec qui l'on apprend le plus. C'est l'esprit des sociétés qui développe une tête pensante, et qui porte la vue aussi loin qu'elle peut aller. Si vous avez une étincelle de génie, allez passer une année à Paris : bientôt vous serez tout ce que vous pouvez être, ou vous ne serez jamais rien.

On peut apprendre à penser dans les lieux où le mauvais goût règne, mais il ne faut pas penser comme ceux qui ont ce mauvais goût, et il est bien difficile que cela n'arrive quand on reste avec eux trop long-temps. Il faut perfectionner par leurs soins l'instrument qui juge, en évitant de l'employer comme eux. Je me garderai de polir le jugement d'Émile jusqu'à l'altérer; et, quand il aura le tact assez fin pour sentir et comparer les divers goûts des hommes, c'est sur des objets plus simples que je le ramènerai fixer le sien.

Je m'y prendrai de plus loin encore pour lui conserver un goût pur et sain. Dans le tumulte de la dissipation je saurai me ménager avec lui des entretiens utiles; et, les dirigeant toujours sur des objets qui lui plaisent, j'aurai soin de les lui rendre aussi amusants qu'instructifs. Voici le temps de la lecture et des livres agréables, voici le temps de lui apprendre à faire l'analyse du discours, de le rendre sensible à toutes les beautés de l'éloquence et de la diction. C'est peu de chose d'apprendre les langues pour elles-mêmes, leur usage n'est pas si important qu'on croit; mais l'étude des langues mène à celles de la grammaire générale. Il faut apprendre le latin pour bien savoir le français; il faut étudier et comparer l'un et l'autre pour entendre les règles de l'art de parler.

Il y a d'ailleurs une certaine simplicité de goût qui va au cœur, et qui ne se trouve que dans les écrits des anciens. Dans l'éloquence, dans la poésie, dans toute espèce de littérature, il les retrouvera comme dans l'histoire, abondants en choses, et sobres à juger. Nos auteurs, au contraire, disent peu et prononcent beaucoup. Nous donner sans cesse leur jugement pour loi n'est pas le moyen de former le nôtre. La différence des deux goûts se fait sentir dans tous les monuments et jusque sur les tombeaux. Les nôtres sont couverts d'éloges; sur ceux des anciens on lisoit des faits:

<blockquote>Sta, viator; heroem calcas.</blockquote>

Quand j'aurois trouvé cette épitaphe sur un monument antique, j'aurois d'abord deviné qu'elle étoit moderne; car rien n'est si commun que des héros parmi nous, mais chez les anciens ils étoient rares. Au lieu de dire qu'un homme étoit un héros, ils auroient dit ce qu'il avoit fait pour l'être. A l'épitaphe de ce héros, comparez celle de l'efféminé Sardanapale :

J'ai bâti Tarse et Anchiale en un jour, et maintenant je suis mort.

Laquelle dit plus, à votre avis? notre style lapidaire, avec son enflure, n'est bon qu'à souffler des nains. Les anciens montroient les hommes au naturel, et l'on voyoit que c'étoient des hommes. Xénophon honorant la mémoire de quelques guerriers tués en trahison dans la retraite des dix mille : *Ils moururent*, dit-il, *irréprochables dans la guerre et dans l'amitié*. Voilà tout : mais considérez, dans cet éloge si court et si simple, de quoi l'auteur devoit avoir le cœur plein. Malheur à qui ne trouve pas cela ravissant !

On lisoit ces mots gravés sur un marbre aux Thermopyles :

Passant, va dire à Sparte que nous sommes morts ici pour obéir à ses saintes lois.

On voit bien que ce n'est pas l'académie des inscriptions qui a composé celle-là [1].

Je suis trompé si mon élève, qui donne si peu de prix aux paroles, ne porte sa première atten-

---

[1] * L'épitaphe *Sta, viator, etc.*, a été faite pour François de

tion sur ces différences, et si elle n'influe sur le choix de ses lectures. Entraîné par la mâle éloquence de Démosthène, il dira c'est un orateur; mais en lisant Cicéron, il dira c'est un avocat.

En général, Émile prendra plus de goût pour les livres des anciens que pour les nôtres; par cela seul qu'étant les premiers, les anciens sont les plus près de la nature, et que leur génie est plus à eux. Quoi qu'en aient pu dire La Motte et l'abbé Terrasson, il n'y a point de vrai progrès de raison dans l'espèce humaine, parce que tout ce qu'on gagne d'un côté on le perd de l'autre; que tous les esprits partent toujours du même point, et que le temps qu'on emploie à savoir ce que d'autres ont pensé étant perdu pour apprendre à penser soi-même, on a plus de lumières acquises et moins de vigueur d'esprit. Nos esprits sont comme

Mercy, général allemand enterré sur le champ de bataille, à Nortlingen. Voyez Voltaire, *Siècle de Louis XIV*, chap. 3.

Le mot de Xénophon sur les guerriers grecs tués en trahison, est à la fin du second livre de son histoire, et l'épitaphe des Spartiates morts aux Thermopyles est dans Hérodote, livre vii, § 228.

Quant à l'épitaphe de Sardanapale, elle est rapportée par Strabon; mais dans cet auteur elle est beaucoup plus longue, et a un tout autre caractère que celui que Rousseau lui donne par la manière dont il la présente. Voici cette épitaphe : « Sardanapale, fils « d'Anacyndaraxes, fit bâtir en un seul jour la ville d'Anchiale et « celle de Tarsus. Passant, bois, mange, divertis-toi, car tout le « reste ne vaut pas même une chiquenaude. » (Traduction françoise, in-4°, tome iv, page 373.)

nos bras, exercés à tout faire avec des outils, et rien par eux-mêmes. Fontenelle disoit que toute cette dispute sur les anciens et les modernes se réduisoit à savoir si les arbres d'autrefois étoient plus grands que ceux d'aujourd'hui. Si l'agriculture avoit changé, cette question ne seroit pas impertinente à faire.

Après l'avoir ainsi fait remonter aux sources de la pure littérature, je lui en montre aussi les égouts dans les réservoirs des modernes compilateurs; journaux, traductions, dictionnaires : il jette un coup d'œil sur tout cela, puis le laisse pour n'y jamais revenir. Je lui fais entendre, pour le réjouir, le bavardage des académies; je lui fais remarquer que chacun de ceux qui les composent vaut toujours mieux seul qu'avec le corps : là-dessus il tirera de lui-même la conséquence de l'utilité de tous ces beaux établissements.

Je le mène aux spectacles, pour étudier, non les mœurs, mais le goût; car c'est là surtout qu'il se montre à ceux qui savent réfléchir. Laissez les préceptes et la morale, lui dirois-je; ce n'est pas ici qu'il faut les apprendre. Le théâtre n'est pas fait pour la vérité; il est fait pour flatter, pour amuser les hommes; il n'y a point d'école où l'on apprenne si bien l'art de leur plaire et d'intéresser le cœur humain. L'étude du théâtre mène à celle de la poésie; elles ont exactement le même objet. Qu'il ait une étincelle de goût pour elles, avec quel plaisir il cultivera les langues des poètes, le grec, le latin, l'italien! Ces études seront pour lui des amusements sans contrainte, et n'en profiteront que mieux; elles lui seront délicieuses dans un âge et des circonstances où le cœur s'intéresse avec tant de charme à tous les genres de beauté faits pour toucher. Figurez-vous d'un côté mon Émile, et de l'autre un polisson de collége, lisant le quatrième livre de l'Énéide, ou Tibulle, ou le Banquet de Platon : quelle différence! Combien le cœur de l'un est remué de ce qui n'affecte pas même l'autre! O bon jeune homme! arrête, suspends ta lecture, je te vois trop ému : je veux bien que le langage de l'amour te plaise, mais non pas qu'il t'égare : sois homme sensible, mais sois homme sage. Si tu n'es que l'un des deux, tu n'es rien. Au reste, qu'il réussisse ou non dans les langues mortes, dans les belles-lettres, dans la poésie, peu m'importe. Il n'en vaudra pas moins s'il ne sait rien de tout cela, et ce n'est pas de tous ces badinages qu'il s'agit dans son éducation.

Mon principal objet, en lui apprenant à sentir et aimer le beau dans tous les genres, est de fixer ses affections et ses goûts, d'empêcher que ses appétits naturels ne s'altèrent, et qu'il ne cherche un jour dans sa richesse les moyens d'être heureux, qu'il doit trouver plus près de lui. J'ai dit ailleurs que le goût n'étoit que l'art de se connoître en petites choses ¹, et cela est très-vrai : mais puisque c'est d'un tissu de petites choses que dépend l'agrément de la vie, de tels soins ne sont rien moins qu'indifférents; c'est par eux que nous apprenons à la remplir des biens mis à notre portée, dans toute la vérité qu'ils peuvent avoir pour nous. Je n'entends point ici les biens moraux qui tiennent à la bonne disposition de l'ame, mais seulement ce qui est de sensualité, de volupté réelle; mis à part les préjugés et l'opinion.

Qu'on me permette, pour mieux développer mon idée, de laisser un moment Émile, dont le cœur pur et sain ne peut plus servir de règle à personne, et de chercher en moi-même un exemple plus sensible et plus rapproché des mœurs du lecteur.

Il y a des états qui semblent changer de nature, et refondre, soit en mieux, soit en pis, les hommes qui les remplissent. Un poltron devint brave en entrant dans le régiment de Navarre. Ce n'est pas seulement dans le militaire que l'on prend l'esprit de corps, et ce n'est pas toujours en bien que ses effets se font sentir. J'ai pensé cent fois avec effroi que, si j'avois le malheur de remplir aujourd'hui tel emploi que je pense en certain pays, demain je serois presque inévitablement tyran, concussionnaire, destructeur du peuple, nuisible au prince, ennemi par état de toute hu-

---

¹ * Lettre à d'Alembert.

manité, de toute équité, de toute espèce de vertu.

De même, si j'étois riche, j'aurois fait tout ce qu'il faut pour le devenir : je serois donc insolent et bas, sensible et délicat pour moi seul, impitoyable et dur pour tout le monde, spectateur dédaigneux des misères de la canaille; car je ne donnerois plus d'autre nom aux indigents, pour faire oublier qu'autrefois je fus de leur classe. Enfin je ferois de ma fortune l'instrument de mes plaisirs, dont je serois uniquement occupé; et jusque-là je serois comme tous les autres.

Mais en quoi je crois que j'en différerois beaucoup, c'est que je serois sensuel et voluptueux plutôt qu'orgueilleux et vain, et que je me livrerois au luxe de mollesse bien plus qu'au luxe d'ostentation. J'aurois même quelque honte d'étaler trop ma richesse, et je croirois toujours voir l'envieux que j'écraserois de mon faste dire à ses voisins à l'oreille : *Voilà un fripon qui a grand'peur de n'être pas connu pour tel.*

De cette immense profusion de biens qui couvrent la terre, je chercherois ce qui m'est le plus agréable et que je puis le mieux m'approprier. Pour cela, le premier usage de ma richesse seroit d'en acheter du loisir et la liberté, à quoi j'ajouterois la santé, si elle étoit à prix; mais comme elle ne s'achète qu'avec la tempérance, et qu'il n'y a point sans la santé de vrai plaisir dans la vie, je serois tempérant par sensualité.

Je resterois toujours aussi près de la nature qu'il seroit possible pour flatter les sens que j'ai reçus d'elle, bien sûr que plus elle mettroit du sien dans mes jouissances, plus j'y trouverois de réalité. Dans le choix des objets d'imitation je la prendrois toujours pour modèle; dans mes appétits je lui donnerois la préférence; dans mes goûts je la consulterois toujours; dans les mets je voudrois toujours ceux dont elle fait le meilleur apprêt et qui passent par le moins de mains pour parvenir sur nos tables. Je préviendrois les falsifications et la fraude, j'irois au-devant du plaisir. Ma sotte et grossière gourmandise n'enrichiroit point un maître-d'hôtel; il ne me vendroit point au poids de l'or du poison pour du poisson; ma table ne seroit point couverte avec appareil de magnifiques ordures et de charognes lointaines; je prodiguerois ma propre peine pour satisfaire ma sensualité, puisqu'alors cette peine est un plaisir elle-même, et qu'elle ajoute à celui qu'on en attend. Si je voulois goûter un mets du bout du monde, j'irois, comme Apicius, plutôt l'y chercher que de l'en faire venir [1]; car les mets

[1] * On connoît trois Romains sous le nom d'Apicius, ayant vécu en différents temps, tous trois uniquement fameux par leur gourmandise. Athénée (liv. 1, chap. 6) nous apprend que l'un d'eux fit tout exprès le voyage d'Afrique, parce qu'on lui dit qu'on y trouvoit des espèces de sauterelles d'eau plus grosses que celles qu'il mangeoit à Minturnes. On croit que ces sauterelles n'étoient autre chose que des écrevisses.

les plus exquis manquent toujours d'un assaisonnement qu'on n'apporte pas avec eux et qu'aucun cuisinier ne leur donne, l'air du climat qui les a produits.

Par la même raison je n'imiterois pas ceux qui, ne se trouvant bien qu'où ils ne sont point, mettent toujours les saisons en contradiction avec elles-mêmes, et les climats en contradiction avec les saisons; qui, cherchant l'été en hiver, et l'hiver en été, vont avoir froid en Italie et chaud dans le nord, sans songer qu'en croyant fuir la rigueur des saisons ils la trouvent dans les lieux où l'on n'a point appris à s'en garantir. Moi, je resterois en place, ou je prendrois tout le contre-pied : je voudrois tirer d'une saison tout ce qu'elle a d'agréable, et d'un climat tout ce qu'il a de particulier. J'aurois une diversité de plaisirs et d'habitudes qui ne se ressembleroient point, et qui seroient toujours dans la nature; j'irois passer l'été à Naples, et l'hiver à Pétersbourg ; tantôt respirant un doux zéphyr à demi couché dans les fraîches grottes de Tarente; tantôt dans l'illumination d'un palais de glace, hors d'haleine et fatigué des plaisirs du bal.

Je voudrois dans le service de ma table, dans la parure de mon logement, imiter par des ornements très-simples la variété des saisons, et tirer de chacune toutes ses délices, sans anticiper sur celles qui la suivront. Il y a de la peine et non du goût à troubler ainsi l'ordre de la nature ; à lui arracher des productions involontaires qu'elle donne à regret, dans sa malédiction, et qui, n'ayant ni qualité ni saveur, ne peuvent ni nourrir l'estomac, ni flatter le palais. Rien n'est plus insipide que les primeurs ; ce n'est qu'à grands frais que tel riche de Paris, avec ses fourneaux et ses serres chaudes, vient à bout de n'avoir sur sa table toute l'année que de mauvais légumes et de mauvais fruits. Si j'avois des cerises quand il gèle, et des melons ambrés au cœur de l'hiver, avec quel plaisir les goûterois-je, quand mon palais n'a besoin d'être humecté ni rafraîchi ? Dans les ardeurs de la canicule, le lourd marron me seroit-il fort agréable ? le préférerois-je sortant de la poêle à la groseille, à la fraise et aux fruits désaltérants, qui me sont offerts sur la terre sans tant de soins ? Couvrir sa cheminée au mois de janvier de végétations forcées, de fleurs pâles et sans odeur, c'est moins parer l'hiver que déparer le printemps; c'est s'ôter le plaisir d'aller dans les bois chercher la première violette, épier le premier bourgeon, et s'écrier dans un saisissement de joie : Mortels, vous n'êtes pas abandonnés, la nature vit encore.

Pour être bien servi, j'aurois peu de domestiques : cela a déjà été dit, et cela est bon à redire encore. Un bourgeois tire plus de vrai service de son seul laquais qu'un duc des dix messieurs qui l'entourent. J'ai pensé cent fois qu'ayant à table mon verre à côté de moi je bois à l'instant qu'il me plaît; au lieu que si j'avois un grand couvert il faudroit que vingt voix répétassent à boire avant que je pusse étancher ma soif. Tout ce qu'on fait par autrui se fait mal, comme qu'on s'y prenne. Je n'enverrois pas chez les marchands, j'irois moi-même; j'irois pour que mes gens ne traitassent pas avec eux avant moi, pour choisir plus sûrement, et payer moins chèrement; j'irois pour faire un exercice agréable, pour voir un peu ce qui se fait hors de chez moi; cela récrée, et quelquefois cela instruit : enfin j'irois pour aller, c'est toujours quelque chose. L'ennui commence par la vie trop sédentaire; quand on va beaucoup, on s'ennuie peu. Ce sont de mauvais interprètes qu'un portier et des laquais; je ne voudrois point avoir toujours ces gens-là entre moi et le reste du monde, ni marcher toujours avec le fracas d'un carrosse, comme si j'avois peur d'être abordé. Les chevaux d'un homme qui se sert de ses jambes sont toujours prêts; s'ils sont fatigués ou malades, il.le sait avant tout autre; et il n'a pas peur d'être obligé de garder le logis sous ce prétexte, quand son cocher veut se donner du bon temps; en chemin mille embarras ne le font point sécher d'impatience, ni rester en place au moment qu'il voudroit voler. Enfin, si nul ne nous sert jamais si bien que nous-mêmes, fût-on plus puissant qu'Alexandre et plus riche que Crésus, on ne doit recevoir des autres que les services qu'on ne peut tirer de soi.

Je ne voudrois point avoir un palais pour demeure; car dans ce palais je n'habiterois qu'une chambre; toute pièce commune n'est à personne, et la chambre de chacun de mes gens me seroit aussi étrangère que celle de mon voisin. Les Orientaux, bien que très-voluptueux, sont tous logés et meublés simplement. Ils regardent la vie comme un voyage, et leur maison comme un cabaret. Cette raison prend peu sur nous autres riches, qui nous arrangeons pour vivre toujours : mais j'en aurois une différente qui produiroit le même effet. Il me sembleroit que m'établir avec tant d'appareil dans un lieu seroit me bannir de tous les autres, et m'emprisonner pour ainsi dire dans mon palais. C'est un assez beau palais que le monde; tout n'est-il pas au riche quand il veut jouir? *Ubi benè, ibi patria;* c'est là sa devise; ses lares sont les lieux où l'argent peut tout, son pays est partout où peut passer son coffre-fort, comme Philippe tenoit à lui toute place forte où pouvoit entrer un mulet chargé d'argent[1]. Pourquoi donc s'aller circonscrire par des murs et par des portes

---

[1] Un étranger superbement mis, interrogé dans Athènes de quel pays il étoit, répondit : *Je suis riche.* C'étoit, ce me semble, très-bien répondu[*].

[*] Cette note est dans le manuscrit autographe, mais ne se trouve dans aucune édition antérieure à celle de 1801 ; ce qui peut porter à croire que l'auteur a eu l'intention de la supprimer.

comme pour n'en sortir jamais ? Une épidémie, une guerre, une révolte me chasse-t-elle d'un lieu, je vais dans un autre, et j'y trouve mon hôtel arrivé avant moi. Pourquoi prendre le soin de m'en faire un moi-même, tandis qu'on en bâtit pour moi partout l'univers ? Pourquoi, si pressé de vivre, m'apprêter de si loin des jouissances que je puis trouver dès aujourd'hui ? L'on ne sauroit se faire un sort agréable en se mettant sans cesse en contradiction avec soi. C'est ainsi qu'Empédocle reprochoit aux Agrigentins d'entasser les plaisirs comme s'ils n'avoient qu'un jour à vivre, et de bâtir comme s'ils ne devoient jamais mourir [1].

D'ailleurs que me sert un logement si vaste, ayant si peu de quoi le peupler, et moins de quoi le remplir ? Mes meubles seroient simples comme mes goûts; je n'aurois ni galerie ni bibliothèque, surtout si j'aimois la lecture et que je me connusse en tableaux. Je saurois alors que de telles collections ne sont jamais complètes, et que le défaut de ce qui leur manque donne plus de chagrin que de n'avoir rien. En ceci l'abondance fait la misère; il n'y a pas un faiseur de collections qui ne l'ait éprouvé. Quand on s'y connoît, on n'en doit point faire : on n'a guère un cabinet à montrer aux autres quand on sait s'en servir pour soi.

Le jeu n'est point un amusement d'homme riche,

[1] * MONTAIGNE, livre II, chap. I.

il est la ressource d'un désœuvré ; et mes plaisirs me donneroient trop d'affaires pour me laisser bien du temps à si mal remplir. Je ne joue point du tout, étant solitaire et pauvre, si ce n'est quelquefois aux échecs, et cela de trop. Si j'étois riche, je jouerois moins encore, et seulement un très-petit jeu, pour ne voir point de mécontent, ni l'être. L'intérêt du jeu, manquant de motif dans l'opulence, ne peut jamais se changer en fureur que dans un esprit mal fait. Les profits qu'un homme riche peut faire au jeu lui sont toujours moins sensibles que les pertes ; et comme la forme des jeux modérés, qui en use le bénifice à la longue, fait qu'en général ils vont plus en pertes qu'en gains, on ne peut, en raisonnant bien, s'affectionner beaucoup à un amusement où les risques de toute espèce sont contre soi. Celui qui nourrit sa vanité des préférences de la fortune les peut chercher dans des objets beaucoup plus piquants, et ces préférences ne se marquent pas moins dans le plus petit jeu que dans le plus grand. Le goût du jeu, fruit de l'avarice et de l'ennui, ne prend que dans un esprit et dans un cœur vides ; et il me semble que j'aurois assez de sentiment et de connoissances pour me passer d'un tel supplément. On voit rarement les penseurs se plaire beaucoup au jeu, qui suspend cette habitude, ou la tourne sur d'arides combinaisons ; aussi l'un des biens, et peut-être le seul qu'ait produit le goût des sciences, est d'amortir un peu cette passion sordide ; on aimera mieux s'exercer à prouver l'utilité du jeu que de s'y livrer. Moi je le combattrois parmi les joueurs, et j'aurois plus de plaisir à me moquer d'eux en les voyant perdre, qu'à leur gagner leur argent.

Je serois le même dans ma vie privée et dans le commerce du monde. Je voudrois que ma fortune mît partout de l'aisance, et ne fît jamais sentir d'inégalité. Le clinquant de la parure est incommode à mille égards. Pour garder parmi les hommes toute la liberté possible, je voudrois être mis de manière que dans tous les rangs je parusse à ma place, et qu'on ne me distinguât dans aucun ; que, sans affectation, sans changement sur ma personne, je fusse peuple à la guinguette et bonne compagnie au Palais-Royal. Par-là plus maître de ma conduite, je mettrois toujours à ma portée les plaisirs de tous les états. Il y a, dit-on, des femmes qui ferment leur porte aux manchettes brodées, et ne reçoivent personne qu'en dentelle ; j'irois donc passer ma journée ailleurs : mais si ces femmes étoient jeunes et jolies, je pourrois quelquefois prendre de la dentelle pour y passer la nuit tout au plus.

Le seul lien de mes sociétés seroit l'attachement mutuel, la conformité des goûts, la convenance des caractères ; je me livrerois comme homme et non comme riche ; je ne souffrirois jamais que leur charme fût empoisonné par l'intérêt. Si mon opulence m'avoit laissé quelque humanité, j'étendrois au loin mes services et mes bienfaits; mais je voudrois avoir autour de moi une société et non une cour, des amis et non des protégés ; je ne serois point le patron de mes convives, je serois leur hôte. L'indépendance et l'égalité laisseroient à mes liaisons toute la candeur de la bienveillance, et où le devoir ni l'intérêt n'entreroient pour rien, le plaisir et l'amitié feroient seuls la loi.

On n'achète ni son ami ni sa maîtresse. Il est aisé d'avoir des femmes avec de l'argent; mais c'est le moyen de n'être jamais l'amant d'aucune. Loin que l'amour soit à vendre, l'argent le tue infailliblement. Quiconque paie, fût-il le plus aimable des hommes, par cela seul qu'il paie, ne peut être long-temps aimé. Bientôt il paiera pour un autre, ou plutôt cet autre sera payé de son argent; et, dans ce double lien, formé par l'intérêt, par la débauche, sans amour, sans honneur, sans vrai plaisir, la femme avide, infidèle et misérable, traitée par le vil qui reçoit comme elle traite le sot qui donne, reste ainsi quitte envers tous les deux. Il seroit doux d'être libéral envers ce qu'on aime, si cela ne faisoit un marché. Je ne connois qu'un moyen de satisfaire ce penchant avec sa maîtresse, sans empoisonner l'amour; c'est de lui tout donner et d'être ensuite nourri par elle. Reste à savoir où est la femme avec qui ce procédé ne fut pas extravagant.

Celui qui disoit, Je possède Laïs sans qu'elle me possède, disoit un mot sans esprit [1]. La possession qui n'est pas réciproque n'est rien : c'est tout au plus la possession du sexe, mais non pas de l'individu. Or, où le moral de l'amour n'est pas, pourquoi faire une si grande affaire du reste? Rien n'est si facile à trouver. Un muletier est là-dessus plus près du bonheur qu'un millionnaire.

Oh! si l'on pouvoit développer assez les inconséquences du vice, combien, lorsqu'il obtient ce qu'il a voulu, on le trouveroit loin de son compte! Pourquoi cette barbare avidité de corrompre l'innocence, de se faire une victime d'un jeune objet qu'on eût dû protéger, et que de ce premier pas on traîne inévitablement dans un gouffre de misère dont il ne sortira qu'à la mort? Brutalité, vanité, sottise, erreur; et rien davantage. Ce plaisir même n'est pas de la nature; il est de l'opinion, et de l'opinion la plus vile, puisqu'elle tient au mépris de soi. Celui qui se sent le dernier des hommes craint la comparaison de tout autre, et veut passer le premier pour être moins odieux. Voyez si les plus avides de ce ragoût imaginaire sont jamais de jeunes gens aimables, dignes de plaire, et qui seroient plus excusables d'être difficiles. Non : avec de la figure, du mérite et des sentiments, on craint peu l'expérience de sa maîtresse; dans une juste confiance, on lui dit : Tu connois les plaisirs,

---

[1] * C'étoit le philosophe Aristippe. Dioc. Laert., *in Aristippo*.

n'importe; mon cœur t'en promet que tu n'as jamais connus.

Mais un vieux satyre usé de débauche, sans agrément, sans ménagement, sans égard, sans aucune espèce d'honnêteté, incapable, indigne de plaire à toute femme qui se connoît en gens aimables, croit suppléer à tout cela chez une jeune innocente, en gagnant de vitesse sur l'expérience, et lui donnant la première émotion des sens. Son dernier espoir est de plaire à la faveur de la nouveauté; c'est incontestablement là le motif secret de cette fantaisie : mais il se trompe, l'horreur qu'il fait n'est pas moins de la nature que n'en sont les désirs qu'il voudroit exciter. Il se trompe aussi dans sa folle attente : cette même nature a soin de revendiquer ses droits : toute fille qui se vend s'est déjà donnée; et s'étant donnée à son choix, elle a fait la comparaison qu'il craint. Il achète donc un plaisir imaginaire, et n'en est pas moins abhorré.

Pour moi, j'aurai beau changer étant riche, il est un point où je ne changerai jamais. S'il ne me reste ni mœurs ni vertu, il me restera du moins quelque goût, quelque sens, quelque délicatesse; et cela me garantira d'user ma fortune en dupe à courir après des chimères, d'épuiser ma bourse et ma vie à me faire trahir et moquer par des enfants. Si j'étois jeune, je chercherois les plaisirs de la jeunesse; et, les voulant dans toute leur volupté, je ne les chercherois pas en homme riche. Si je restois tel que je suis, ce seroit autre chose ; je me bornerois prudemment aux plaisirs de mon âge ; je prendrois les goûts dont je peux jouir, et j'étoufferois ceux qui ne feroient plus que mon supplice. Je n'irois point offrir ma barbe grise aux dédains railleurs des jeunes filles ; je ne supporterois point de voir mes dégoûtantes caresses leur faire soulever le cœur, de leur préparer à mes dépens les récits les plus ridicules, de les imaginer décrivant les vilains plaisirs du vieux singe de manière à se venger de les avoir endurés. Que si des habitudes mal combattues avoient tourné mes anciens désirs en besoins, j'y satisferois peut-être, mais avec honte, mais en rougissant de moi. J'ôterois la passion du besoin, je m'assortirois le mieux qu'il me seroit possible, et m'en tiendrois là : je ne me ferois plus une occupation de ma foiblesse, et je voudrois surtout n'en avoir qu'un seul témoin. La vie humaine a d'autres plaisirs quand ceux-là lui manquent ; en courant vainement après ceux qui fuient, on s'ôte encore ceux qui nous sont laissés. Changeons de goûts avec les années, ne déplaçons pas plus les âges que les saisons : il faut être soi dans tous les temps, et ne point lutter contre la nature : ces vains efforts usent la vie et nous empêchent d'en user.

Le peuple ne s'ennuie guère, sa vie est active ; si ses amusements ne sont pas variés, ils sont rares ;

beaucoup de jours de fatigue lui font goûter avec délices quelques jours de fêtes. Une alternative de longs travaux et de courts loisirs tient lieu d'assaisonnement aux plaisirs de son état. Pour les riches, leur grand fléau c'est l'ennui : au sein de tant d'amusements rassemblés à grands frais, au milieu de tant de gens concourant à leur plaire, l'ennui les consume et les tue, ils passent leur vie à le fuir et à en être atteints; ils sont accablés de son poids insupportable : les femmes surtout, qui ne savent plus ni s'occuper ni s'amuser, en sont dévorées sous le nom de vapeurs ; il se transforme pour elles en un mal horrible, qui leur ôte quelquefois la raison, et enfin la vie. Pour moi, je ne connois point de sort plus affreux que celui d'une jolie femme de Paris, après celui du petit agréable qui s'attache à elle, qui, changé de même en femme oisive, s'éloigne ainsi doublement de son état, et à qui la vanité d'être homme à bonnes fortunes fait supporter la longueur des plus tristes jours qu'ait jamais passés créature humaine.

Les bienséances, les modes, les usages qui dérivent du luxe et du bon air, renferment le cours de la vie dans la plus maussade uniformité. Le plaisir qu'on veut avoir aux yeux des autres est perdu pour tout le monde : on ne l'a ni pour eux ni pour soi [1]. Le ridicule, que l'opinion redoute

---

[1] Deux femmes du monde, pour avoir l'air de s'amuser beaucoup, se font une loi de ne jamais se coucher qu'à cinq heures du matin.

sur toute chose, est toujours à côté d'elle pour la tyranniser et pour la punir. On n'est jamais ridicule que par des formes déterminées : celui qui sait varier ses situations et ses plaisirs efface aujourd'hui l'impression d'hier : il est comme nul dans l'esprit des hommes; mais il jouit, car il est tout entier à chaque heure et à chaque chose. Ma seule forme constante seroit celle-là; dans chaque situation je ne m'occuperois d'aucune autre, et je prendrois chaque jour en lui-même, comme indépendant de la veille et du lendemain. Comme je serois peuple avec le peuple, je serois campagnard aux champs; et quand je parlerois d'agriculture, le paysan ne se moqueroit pas de moi. Je n'irois pas me bâtir une ville en campagne, et mettre au fond d'une province les Tuileries devant mon appartement. Sur le penchant de quelque agréable colline bien ombragée, j'aurois une petite maison rustique; une maison blanche avec des contrevents verts; et quoique une couverture de chaume soit en toute saison la meilleure, je préférerois magnifiquement, non la triste ardoise, mais la tuile, parce qu'elle a l'air plus propre et plus gai que le chaume, qu'on ne couvre pas autrement

Dans la rigueur de l'hiver, leurs gens passent la nuit dans la rue à les attendre, fort embarrassés à s'y garantir d'être gelés. On entre un soir, ou, pour mieux dire, un matin, dans l'appartement où ces deux personnes si amusées laissoient couler les heures sans les compter : on les trouve exactement seules, dormant chacune dans son fauteuil.

les maisons dans mon pays, et que cela me rappelleroit un peu l'heureux temps de ma jeunesse. J'aurois pour cour une basse-cour, et pour écurie une étable avec des vaches, pour avoir du laitage que j'aime beaucoup. J'aurois un potager pour jardin, et pour parc un joli verger semblable à celui dont il sera parlé ci-après. Les fruits, à la discrétion des promeneurs, ne seroient ni comptés ni cueillis par mon jardinier; et mon avare magnificence n'étaleroit point aux yeux des espaliers superbes auxquels à peine on osât toucher. Or, cette petite prodigalité seroit peu coûteuse, parce que j'aurois choisi mon asile dans quelque province éloignée où l'on voit peu d'argent et beaucoup de denrées, et où règnent l'abondance et la pauvreté.

Là, je rassemblerois une société, plus choisie que nombreuse, d'amis aimant le plaisir et s'y connoissant, de femmes qui pussent sortir de leur fauteuil et se prêter aux jeux champêtres, prendre quelquefois, au lieu de la navette et des cartes, la ligne, les gluaux, le râteau des faneuses, et le panier des vendangeuses. Là, tous les airs de la ville seroient oubliés, et, devenu villageois au village, nous nous trouverions livrés à des foules d'amusements divers qui ne nous donneroient chaque soir que l'embarras du choix pour le lendemain. L'exercice et la vie active nous feroient un nouvel estomac et de nouveaux goûts.

Tous nos repas seroient des festins, où l'abondance plairoit plus que la délicatesse. La gaieté, les travaux rustiques, les folâtres jeux, sont les premiers cuisiniers du monde, et les ragoûts fins sont bien ridicules à des gens en haleine depuis le lever du soleil. Le service n'auroit pas plus d'ordre que d'élégance ; la salle à manger seroit partout, dans le jardin, dans un bateau, sous un arbre ; quelquefois au loin, près d'une source vive, sur l'herbe verdoyante et fraîche, sous des touffes d'aunes et de coudriers ; une longue procession de gais convives porteroit en chantant l'apprêt du festin ; on auroit le gazon pour table et pour chaise, les bords de la fontaine serviroient de buffet, et le dessert pendroit aux arbres. Les mets seroient servis sans ordre, l'appétit dispenseroit des façons ; chacun, se préférant ouvertement à tout autre, trouveroit bon que tout autre se préférât de même à lui : de cette familiarité cordiale et modérée naîtroit, sans grossièreté, sans fausseté, sans contrainte, un conflit badin plus charmant cent fois que la politesse, et plus fait pour lier les cœurs. Point d'importun laquais épiant nos discours, critiquant tout bas nos maintiens, comptant nos morceaux d'un œil avide, s'amusant à nous faire attendre à boire, et murmurant d'un trop long dîner. Nous serions nos valets pour être nos maîtres ; chacun seroit servi par tous ; le temps passeroit sans le compter ; le repas seroit le repos, et dureroit autant que l'ardeur du jour. S'il passoit près de nous quelque paysan retournant au travail, ses outils sur l'épaule, je lui réjouirois le cœur par quelques bons propos, par quelques coups de bon vin qui lui feroient porter plus gaiement sa misère ; et moi j'aurois aussi le plaisir de me sentir émouvoir un peu les entrailles, et de me dire en secret : Je suis encore homme.

Si quelque fête champêtre rassembloit les habitants du lieu, j'y serois des premiers avec ma troupe ; si quelques mariages, plus bénis du ciel que ceux des villes, se faisoient à mon voisinage, on sauroit que j'aime la joie, et j'y serois invité. Je porterois à ces bonnes gens quelques dons simples comme eux, qui contribueroient à la fête ; et j'y trouverois en échange des biens d'un prix inestimable, des biens si peu connus de mes égaux, la franchise et le vrai plaisir. Je souperois gaiement au bout de leur longue table ; j'y ferois chorus au refrain d'une vieille chanson rustique, et je danserois dans leur grange de meilleur cœur qu'au bal de l'Opéra.

Jusqu'ici tout est à merveille, me dira-t-on ; mais la chasse ? est-ce être en campagne que de n'y pas chasser ? J'entends : je ne voulois qu'une métairie, et j'avois tort. Je me suppose riche, il me faut donc des plaisirs exclusifs, des plaisirs destructifs : voici de tout autres affaires. Il me faut des terres, des bois, des gardes, des redevances; des honneurs seigneuriaux, surtout de l'encens et de l'eau bénite.

Fort bien. Mais cette terre aura des voisins jaloux de leurs droits et désireux d'usurper ceux des autres[1]; nos gardes se chamailleront, et peut-être les maîtres : voilà des altercations, des querelles, des haines, des procès tout au moins : cela n'est déjà pas fort agréable. Mes vassaux ne verront point avec plaisir labourer leurs blés par mes lièvres, et leurs fèves par mes sangliers; chacun, n'osant tuer l'ennemi qui détruit son travail, voudra du moins le chasser de son champ : après avoir passé le jour à cultiver leurs terres, il faudra qu'ils passent la nuit à les garder; ils auront des mâtins, des tambours, des cornets, des sonnettes : avec tout ce tintamarre ils troubleront mon sommeil. Je songerai malgré moi à la misère de ces pauvres gens, et ne pourrai m'empêcher

---

[1] Dans ce que dit Rousseau sur la chasse, il avoit en vue le comte de Charolois, dont l'odieuse conduite étoit généralement connue. Ayant appris ensuite que les officiers de monsieur le prince de Conti maltraitoient les paysans, il regretta de n'avoir pas mieux désigné le comte, craignant qu'on n'appliquât au second ce qu'il avoit dit du premier. Mais la matière étoit délicate. Les mêmes abus régnoient partout, soit à la connoissance des grands propriétaires sur les terres desquels ils se commettoient, soit à leur insu. Des gens officieux voulurent faire croire au duc de Choiseul qu'il étoit désigné; ils ne réussirent point : ils furent plus heureux dans l'interprétation d'un passage du *Contrat social*, dont nous parlerons. M. M. P.

de me la reprocher. Si j'avois l'honneur d'être prince, tout cela ne me toucheroit guère; mais moi, nouveau parvenu, nouveau riche, j'aurai le cœur encore un peu roturier.

Ce n'est pas tout; l'abondance du gibier tentera les chasseurs; j'aurai bientôt des braconniers à punir; il me faudra des prisons, des geôliers, des archers, des galères : tout cela me paroît assez cruel. Les femmes de ces malheureux viendront assiéger ma porte et m'importuner de leurs cris, ou bien il faudra qu'on les chasse, qu'on les maltraite. Les pauvres gens qui n'auront point braconné, et dont mon gibier aura fourragé la récolte, viendront se plaindre de leur côté : les uns seront punis pour avoir tué le gibier, les autres ruinés pour l'avoir épargné : quelle triste alternative! je ne verrai de tous côtés qu'objets de misère, je n'entendrai que gémissements : cela doit troubler beaucoup, ce me semble, le plaisir de massacrer à son aise des foules de perdrix et de lièvres presque sous ses pieds.

Voulez-vous dégager les plaisirs de leurs peines, ôtez-en l'exclusion : plus vous les laisserez communs aux hommes, plus vous les goûterez toujours purs. Je ne ferai donc point tout ce que je viens de dire; mais, sans changer de goûts, je suivrai celui que je me propose à moindres frais. J'établirai mon séjour champêtre dans un pays où la chasse soit libre à tout le monde, et où j'en puisse avoir l'amusement sans embarras. Le gibier sera plus rare; mais il y aura plus d'adresse à le chercher et de plaisir à l'atteindre. Je me souviendrai des battements de cœur qu'éprouvoit mon père au vol de la première perdrix, et des transports de joie avec lesquels il trouvoit le lièvre qu'il avoit cherché tout le jour. Oui, je soutiens que, seul avec son chien, chargé de son fusil, de son carnier, de son fourniment, de sa petite proie, il revenoit le soir, rendu de fatigue et déchiré des ronces, plus content de sa journée que tous vos chasseurs de ruelle, qui, sur un bon cheval, suivis de vingt fusils chargés, ne font qu'en changer, tirer, et tuer autour d'eux, sans art, sans gloire, et presque sans exercice. Le plaisir n'est donc pas moindre, et l'inconvénient est ôté quand on n'a ni terre à garder, ni braconnier à punir, ni misérable à tourmenter : voilà donc une solide raison de préférence. Quoi qu'on fasse, on ne tourmente point sans fin les hommes qu'on n'en reçoive aussi quelque malaise : et les longues malédictions du peuple rendent tôt ou tard le gibier amer.

Encore un coup, les plaisirs exclusifs sont la mort du plaisir. Les vrais amusements sont ceux qu'on partage avec le peuple; ceux qu'on veut avoir à soi seul, on ne les a plus. Si les murs que j'élève autour de mon parc m'en font une triste clôture, je n'ai fait à grands frais que m'ôter le plaisir de la promenade; me voilà forcé de l'aller chercher au loin. Le démon de la propriété infecte tout ce qu'il touche. Un riche veut être partout le maître, et ne se trouve bien qu'où il ne l'est pas : il est forcé de se fuir toujours. Pour moi, je ferai là-dessus, dans ma richesse, ce que j'ai fait dans ma pauvreté. Plus riche maintenant du bien des autres que je ne serai jamais du mien, je m'empare de tout ce qui me convient dans mon voisinage : il n'y a pas de conquérant plus déterminé que moi; j'usurpe sur les princes mêmes; je m'accommode sans distinction de tous les terrains ouverts qui me plaisent ; je leur donne des noms ; je fais de l'un mon parc, de l'autre ma terrasse, et m'en voilà le maître; dès-lors je m'y promène impunément; j'y reviens souvent pour maintenir la possession; j'use autant que je veux le sol à force d'y marcher ; et l'on ne me persuadera jamais que le titulaire du fonds que je m'approprie tire plus d'usage de l'argent qu'il lui produit que j'en tire de son terrain. Que si l'on vient à me vexer par des fossés, par des haies, peu m'importe; je prends mon parc sur mes épaules, et je vais le poser ailleurs; les emplacements ne manquent pas aux environs, et j'aurai long-temps à piller mes voisins avant de manquer d'asile.

Voilà quelque essai du vrai goût dans le choix des loisirs agréables; voilà dans quel esprit on jouit; tout le reste n'est qu'illusion, chimère, sotte vanité. Quiconque s'écartera de ces règles, quelque riche qu'il puisse être, mangera son or en fumier, et ne connoîtra jamais le prix de la vie.

On m'objectera sans doute que de tels amusements sont à la portée de tous les hommes, et qu'on n'a pas besoin d'être riche pour les goûter. C'est précisément à quoi j'en voulois venir. On a du plaisir quand on en veut avoir : c'est l'opinion seule qui rend tout difficile, qui chasse le bonheur devant nous; et il est cent fois plus aisé d'être heureux que de le paroître. L'homme de goût et vraiment voluptueux n'a que faire de richesses ; il lui suffit d'être libre et maître de lui. Quiconque jouit de la santé et ne manque pas du nécessaire, s'il arrache de son cœur les biens de l'opinion, est assez riche ; c'est l'*aurea mediocritas* d'Horace. Gens à coffres-forts, cherchez donc quelque autre emploi de votre opulence, car pour le plaisir elle n'est bonne à rien. Émile ne saura pas tout cela mieux que moi; mais ayant le cœur plus pur et plus sain, il le sentira mieux encore, et toutes ses observations dans le monde ne feront que le lui confirmer [1].

En passant ainsi le temps, nous cherchons toujours Sophie, et nous ne la trouvons point. Il importoit qu'elle ne se trouvât pas si vite, et

---

[1] * Var. «.... Le lui confirmer. Cette manière de former son goût « vaut bien celle des livres. Horace et Chaulieu ne lui en diront pas « plus. Reste à savoir, je le redis encore, si ce sont ici des préceptes « vagues et stériles, ou s'ils lui sont bien appropriés. »

nous l'avons cherchée où j'étois bien sûr qu'elle n'étoit pas[1].

Enfin le moment presse; il est temps de la chercher tout de bon, de peur qu'il ne s'en fasse une qu'il prenne pour elle, et qu'il ne connoisse trop tard son erreur. Adieu donc, Paris, ville célèbre, ville de bruit, de fumée et de boue, où les femmes ne croient plus à l'honneur ni les hommes à la vertu. Adieu, Paris : nous cherchons l'amour, le bonheur, l'innocence; nous ne serons jamais assez loin de toi.

[1] « Mulierem fortem quis inveniet? Procul, et de ultimis finibus « pretium ejus. » Prov. xxxj, 10.

FIN DU TOME SECOND.

www.ingramcontent.com/pod-product-compliance
Lightning Source LLC
Chambersburg PA
CBHW072007150426
43194CB00008B/1024